PERSISCH

WORTSCHATZ

FÜR DAS SELBSTSTUDIUM

DEUTSCH
PERSISCH

Die nützlichsten Wörter
Zur Erweiterung Ihres Wortschatzes und
Verbesserung der Sprachfertigkeit

9000 Wörter

Wortschatz Deutsch-Persisch für das Selbststudium - 9000 Wörter
Von Andrey Taranov

T&P Books Vokabelbücher sind dafür vorgesehen, beim Lernen einer Fremdsprache zu helfen, Wörter zu memorieren und zu wiederholen. Das Wörterbuch ist nach Themen aufgeteilt und deckt alle wichtigen Bereiche des täglichen Lebens, Berufs, Wissenschaft, Kultur etc. ab.

Durch das Benutzen der themenbezogenen T&P Books ergeben sich folgende Vorteile für den Lernprozess:

- Sachgemäß geordnete Informationen bestimmen den späteren Erfolg auf den darauffolgenden Stufen der Memorisierung
- Die Verfügbarkeit von Wörtern, die sich aus der gleichen Wurzel ableiten lassen, erlaubt die Memorisierung von Worteinheiten (mehr als bei einzeln stehenden Wörtern)
- Kleine Worteinheiten unterstützen den Aufbauprozess von assoziativen Verbindungen für die Festigung des Wortschatzes
- Die Kenntnis der Sprache kann aufgrund der Anzahl der gelernten Wörter eingeschätzt werden

T&P Books Publishing
www.tpbooks.com

ISBN: 978-1-78716-758-2

Dieses Buch ist auch im E-Book Format erhältlich.
Besuchen Sie uns auch auf www.tpbooks.com oder auf einer der bedeutenden Buchhandlungen online.

WORTSCHATZ DEUTSCH-PERSISCH
für das Selbststudium

Die Vokabelbücher von T&P Books sind dafür vorgesehen, Ihnen beim Lernen einer Fremdsprache zu helfen, Wörter zu memorieren und zu wiederholen. Der Wortschatz enthält über 9000 häufig gebrauchte, thematisch geordnete Wörter.

- Der Wortschatz enthält die am häufigsten benutzten Wörter
- Eignet sich als Ergänzung zu jedem Sprachkurs
- Erfüllt die Bedürfnisse von Anfängern und fortgeschrittenen Lernenden von Fremdsprachen
- Praktisch für den täglichen Gebrauch, zur Wiederholung und um sich selbst zu testen
- Ermöglicht es, Ihren Wortschatz einzuschätzen

Besondere Merkmale des Wortschatzes:

- Wörter sind entsprechend ihrer Bedeutung und nicht alphabetisch organisiert
- Wörter werden in drei Spalten präsentiert, um das Wiederholen und den Selbstüberprüfungsprozess zu erleichtern
- Wortgruppen werden in kleinere Einheiten aufgespalten, um den Lernprozess zu fördern
- Der Wortschatz bietet eine praktische und einfache Lautschrift jedes Wortes der Fremdsprache

Der Wortschatz hat 256 Themen, einschließlich:

Grundbegriffe, Zahlen, Farben, Monate, Jahreszeiten, Maßeinheiten, Kleidung und Accessoires, Essen und Ernährung, Restaurant, Familienangehörige, Verwandte, Charaktereigenschaften, Empfindungen, Gefühle, Krankheiten, Großstadt, Kleinstadt, Sehenswürdigkeiten, Einkaufen, Geld, Haus, Zuhause, Büro, Import & Export, Marketing, Arbeitssuche, Sport, Ausbildung, Computer, Internet, Werkzeug, Natur, Länder, Nationalitäten und vieles mehr...

INHALT

LEITFADEN FÜR DIE AUSSPRACHE

T&P phonetisches Alphabet	Persisch Beispiel	Deutsch Beispiel
['] (ayn)	دعوا [da'vā]	stimmhafte pharyngale Frikativ
['] (hamza)	تایید [ta'id]	Glottisschlag
[a]	رود [ravad]	schwarz
[ā]	آتش [ātaš]	Zahlwort
[b]	بانک [bānk]	Brille
[č]	جند [čand]	Matsch
[d]	مشتاد [haštād]	Detektiv
[e]	عشق [ešq]	Pferde
[f]	فندک [fandak]	fünf
[g]	لوگو [logo]	gelb
[h]	گیاه [giyāh]	brauchbar
[i]	جزیره [jazire]	ihr, finden
[j]	جشن [jašn]	Kambodscha
[k]	کاج [kāj]	Kalender
[l]	لیمو [limu]	Juli
[m]	ماجرا [mājarā]	Mitte
[n]	نروژ [norvež]	Vorhang
[o]	گلف [golf]	orange
[p]	اپرا [operā]	Polizei
[q]	لاغر [lāqar]	Vogel (Berlinerisch)
[r]	رقم [raqam]	richtig
[s]	سوپ [sup]	sein
[š]	دوش [duš]	Chance
[t]	ترجمه [tarjome]	still
[u]	نیرو [niru]	kurz
[v]	ورشو [varšow]	November
[w]	روشن [rowšan]	schwanger
[x]	کاخ [kāx]	billig
[y]	بیابان [biyābān]	Jacke
[z]	زنجیر [zanjir]	sein
[ž]	ژوئن [žuan]	Regisseur

ABKÜRZUNGEN
die im Vokabular verwendet werden

Deutsch. Abkürzungen

Adj	-	Adjektiv
Adv	-	Adverb
Amtsspr.	-	Amtssprache
f	-	Femininum
f, n	-	Femininum, Neutrum
Fem.	-	Femininum
m	-	Maskulinum
m, f	-	Maskulinum, Femininum
m, n	-	Maskulinum, Neutrum
Mask.	-	Maskulinum
n	-	Neutrum
pl	-	Plural
Sg.	-	Singular
ugs.	-	umgangssprachlich
unzähl.	-	unzählbar
usw.	-	und so weiter
v mod	-	Modalverb
vi	-	intransitives Verb
vi, vt	-	intransitives, transitives Verb
vt	-	transitives Verb
zähl.	-	zählbar
z.B.	-	zum Beispiel

GRUNDBEGRIFFE

Grundbegriffe. Teil 1

1. Pronomen

ich	man	من
du	to	تو
er, sie, es	u	او
wir	mā	ما
ihr	šomā	شما
sie	ān-hā	آنها

2. Grüße. Begrüßungen. Verabschiedungen

Hallo! (Amtsspr.)	salām	سلام
Guten Morgen!	sobh bexeyr	صبح بخیر
Guten Tag!	ruz bexeyr!	روز بخیر!
Guten Abend!	asr bexeyr	عصربخیر
grüßen (vi, vt)	salām kardan	سلام کردن
Hallo! (ugs.)	salām	سلام
Gruß (m)	salām	سلام
begrüßen (vt)	salām kardan	سلام کردن
Wie geht es Ihnen?	haletān četowr ast?	حالتان چطور است؟
Wie geht's dir?	četorid?	چطورید؟
Was gibt es Neues?	če xabar?	چه خبر؟
Auf Wiedersehen!	xodāhāfez	خداحافظ
Wiedersehen! Tschüs!	bāy bāy	بای بای
Bis bald!	be omid-e didār!	به امید دیدار!
Lebe wohl! Leben Sie wohl!	xodāhāfez!	خداحافظ!
sich verabschieden	xodāhāfezi kardan	خداحافظی کردن
Tschüs!	tā bezudi!	تا بزودی!
Danke!	motešakker-am!	متشکرم!
Dankeschön!	besyār motešakker-am!	بسیار متشکرم!
Bitte (Antwort)	xāheš mikonam	خواهش می کنم
Keine Ursache.	tašakkor lāzem nist	تشکر لازم نیست
Nichts zu danken.	qābel-i nadārad	قابلی ندارد
Entschuldige!	bebaxšid!	ببخشید!
entschuldigen (vt)	baxšidan	بخشیدن
sich entschuldigen	ozr xāstan	عذر خواستن
Verzeihung!	ozr mixāham	عذرمی خواهم

Es tut mir leid!	bebaxšid!	ببخشید!
verzeihen (vt)	baxšidan	بخشیدن
Das macht nichts!	mohem nist	مهم نیست
bitte (Die Rechnung, ~!)	lotfan	لطفاً

Nicht vergessen!	farāmuš nakonid!	فراموش نکنید!
Natürlich!	albate!	البته!
Natürlich nicht!	albate ke neh!	البته که نه!
Gut! Okay!	besyār xob!	بسیارخوب!
Es ist genug!	bas ast!	بس است!

3. Jemanden ansprechen

Entschuldigen Sie!	bebaxšid!	ببخشید!
Herr	āqā	آقا
Frau	xānom	خانم
Frau (Fräulein)	xānom	خانم
Junger Mann	mard-e javān	مرد جوان
Junge	pesar bače	پسر بچه
Mädchen	doxtar bačče	دخترچه

4. Grundzahlen. Teil 1

null	sefr	صفر
eins	yek	یک
zwei	do	دو
drei	se	سه
vier	čāhār	چهار

fünf	panj	پنج
sechs	šeš	شش
sieben	haft	هفت
acht	hašt	هشت
neun	neh	نه

zehn	dah	ده
elf	yāzdah	یازده
zwölf	davāzdah	دوازده
dreizehn	sizdah	سیزده
vierzehn	čāhārdah	چهارده

fünfzehn	pānzdah	پانزده
sechzehn	šānzdah	شانزده
siebzehn	hefdah	هفده
achtzehn	hijdah	هیجده
neunzehn	nuzdah	نوزده

zwanzig	bist	بیست
einundzwanzig	bist-o yek	بیست ویک
zweiundzwanzig	bist-o do	بیست ودو
dreiundzwanzig	bist-o se	بیست وسه
dreißig	si	سی

einunddreißig	si-yo yek	سی ویک
zweiunddreißig	si-yo do	سی ودو
dreiunddreißig	si-yo se	سی وسه

vierzig	čehel	چهل
einundvierzig	čehel-o yek	چهل ویک
zweiundvierzig	čehel-o do	چهل ودو
dreiundvierzig	čehel-o se	چهل وسه

fünfzig	panjāh	پنجاه
einundfünfzig	panjāh-o yek	پنجاه ویک
zweiundfünfzig	panjāh-o do	پنجاه ودو
dreiundfünfzig	panjāh-o se	پنجاه وسه

sechzig	šast	شصت
einundsechzig	šast-o yek	شصت ویک
zweiundsechzig	šast-o do	شصت ودو
dreiundsechzig	šast-o se	شصت وسه

siebzig	haftād	هفتاد
einundsiebzig	haftād-o yek	هفتاد ویک
zweiundsiebzig	haftād-o do	هفتاد ودو
dreiundsiebzig	haftād-o se	هفتاد وسه

achtzig	haštād	هشتاد
einundachtzig	haštād-o yek	هشتاد ویک
zweiundachtzig	haštād-o do	هشتاد ودو
dreiundachtzig	haštād-o se	هشتاد وسه

neunzig	navad	نود
einundneunzig	navad-o yek	نود ویک
zweiundneunzig	navad-o do	نود ودو
dreiundneunzig	navad-o se	نود وسه

5. Grundzahlen. Teil 2

einhundert	sad	صد
zweihundert	devist	دویست
dreihundert	sisad	سیصد
vierhundert	čāhārsad	چهارصد
fünfhundert	pānsad	پانصد

sechshundert	šešsad	ششصد
siebenhundert	haftsad	هفتصد
achthundert	haštsad	هشتصد
neunhundert	nohsad	نهصد

eintausend	hezār	هزار
zweitausend	dohezār	دوهزار
dreitausend	se hezār	سه هزار
zehntausend	dah hezār	ده هزار
hunderttausend	sad hezār	صد هزار
Million (f)	milyun	میلیون
Milliarde (f)	milyārd	میلیارد

6. Ordnungszahlen

der erste	avvalin	اولین
der zweite	dovvomin	دومین
der dritte	sevvomin	سومین
der vierte	čāhāromin	چهارمین
der fünfte	panjomin	پنجمین

der sechste	šešomin	ششمین
der siebte	haftomin	هفتمین
der achte	haštomin	هشتمین
der neunte	nohomin	نهمین
der zehnte	dahomin	دهمین

7. Zahlen. Brüche

Bruch (m)	kasr	کسر
Hälfte (f)	yek dovvom	یک دوم
Drittel (n)	yek sevvom	یک سوم
Viertel (n)	yek čāhārom	یک چهارم

Achtel (m, n)	yek panjom	یک هشتم
Zehntel (n)	yek dahom	یک دهم
zwei Drittel	do sevvom	دو سوم
drei Viertel	se čāhārrom	سه چهارم

8. Zahlen. Grundrechenarten

Subtraktion (f)	tafriq	تفریق
subtrahieren (vt)	tafriq kardan	تفریق کردن
Division (f)	taqsim	تقسیم
dividieren (vt)	taqsim kardan	تقسیم کردن

Addition (f)	jam'	جمع
addieren (vt)	jam' kardan	جمع کردن
hinzufügen (vt)	ezāfe kardan	اضافه کردن
Multiplikation (f)	zarb	ضرب
multiplizieren (vt)	zarb kardan	ضرب کردن

9. Zahlen. Verschiedenes

Ziffer (f)	raqam	رقم
Zahl (f)	adad	عدد
Zahlwort (n)	adadi	عددی
Minus (n)	manfi	منفی
Plus (n)	mosbat	مثبت
Formel (f)	formul	فرمول
Berechnung (f)	mohāsebe	محاسبه
zählen (vt)	šemordan	شمردن

berechnen (vt)	mohāsebe kardan	محاسبه کردن
vergleichen (vt)	moqāyse kardan	مقایسه کردن

Wie viel, -e?	čeqadr?	چقدر؟
Summe (f)	jam'-e kol	جمع کل
Ergebnis (n)	natije	نتیجه
Rest (m)	bāqimānde	باقیمانده

einige (~ Tage)	čand	چند
wenig (Adv)	kami	کمی
Übrige (n)	baqiye	بقیه
anderthalb	yek-o nim	یک و نیم
Dutzend (n)	dojin	دوجین

entzwei (Adv)	be do qesmat	به دو قسمت
zu gleichen Teilen	be tāsavi	به تساوی
Hälfte (f)	nim	نیم
Mal (n)	daf'e	دفعه

10. Die wichtigsten Verben. Teil 1

abbiegen (nach links ~)	pičidan	پیچیدن
abschicken (vt)	ferestādan	فرستادن
ändern (vt)	avaz kardan	عوض کردن
andeuten (vt)	sarnax dādan	سرنخ دادن
Angst haben	tarsidan	ترسیدن

ankommen (vi)	residan	رسیدن
antworten (vi)	javāb dādan	جواب دادن
arbeiten (vi)	kār kardan	کار کردن
auf ... zählen	hesāb kardan	حساب کردن
aufbewahren (vt)	hefz kardan	حفظ کردن

aufschreiben (vt)	neveštan	نوشتن
ausgehen (vi)	birun raftan	بیرون رفتن
aussprechen (vt)	talaffoz kardan	تلفظ کردن
bedauern (vt)	afsus xordan	افسوس خوردن
bedeuten (vt)	ma'ni dāštan	معنی داشتن
beenden (vt)	be pāyān resāndan	به پایان رساندن

befehlen (Milit.)	farmān dādan	فرمان دادن
befreien (Stadt usw.)	āzād kardan	آزاد کردن
beginnen (vt)	šoru' kardan	شروع کردن
bemerken (vt)	motevajjeh šodan	متوجه شدن
beobachten (vt)	mošāhede kardan	مشاهده کردن

berühren (vt)	lams kardan	لمس کردن
besitzen (vt)	sāheb budan	صاحب بودن
besprechen (vt)	bahs kardan	بحث کردن
bestehen auf	esrār kardan	اصرار کردن
bestellen (im Restaurant)	sefāreš dādan	سفارش دادن

bestrafen (vt)	tanbih kardan	تنبیه کردن
beten (vi)	do'ā kardan	دعا کردن

bitten (vt)	xāstan	خواستن
brechen (vt)	šekastan	شکستن
denken (vi, vt)	fekr kardan	فکر کردن

drohen (vi)	tahdid kardan	تهدید کردن
Durst haben	tešne budan	تشنه بودن
einladen (vt)	da'vat kardan	دعوت کردن
einstellen (vt)	bas kardan	بس کردن
einwenden (vt)	moxalefat kardan	مخالفت کردن
empfehlen (vt)	towsie kardan	توصیه کردن

erklären (vt)	touzih dādan	توضیح دادن
erlauben (vt)	ejāze dādan	اجازه دادن
ermorden (vt)	koštan	کشتن
erwähnen (vt)	zekr kardan	ذکر کردن
existieren (vi)	vojud dāštan	وجود داشتن

11. Die wichtigsten Verben. Teil 2

fallen (vi)	oftādan	افتادن
fallen lassen	andāxtan	انداختن
fangen (vt)	gereftan	گرفتن
finden (vt)	peydā kardan	پیدا کردن
fliegen (vi)	parvāz kardan	پرواز کردن

folgen (Folge mir!)	donbāl kardan	دنبال کردن
fortsetzen (vt)	edāme dādan	ادامه دادن
fragen (vt)	porsidan	پرسیدن
frühstücken (vi)	sobhāne xordan	صبحانه خوردن
geben (vt)	dādan	دادن

gefallen (vi)	dust dāštan	دوست داشتن
gehen (zu Fuß gehen)	raftan	رفتن
gehören (vi)	ta'alloq dāštan	تعلق داشتن
graben (vt)	kandan	کندن

haben (vt)	dāštan	داشتن
helfen (vi)	komak kardan	کمک کردن
herabsteigen (vi)	pāyin āmadan	پایین آمدن
hereinkommen (vi)	vāred šodan	وارد شدن

hoffen (vi)	omid dāštan	امید داشتن
hören (vt)	šenidan	شنیدن
hungrig sein	gorosne budan	گرسنه بودن
informieren (vt)	āgah kardan	آگاه کردن
jagen (vi)	šekār kardan	شکار کردن

kennen (vt)	šenāxtan	شناختن
klagen (vi)	šekāyat kardan	شکایت کردن
können (v mod)	tavānestan	توانستن
kontrollieren (vt)	kontorol kardan	کنترل کردن
kosten (vt)	qeymat dāštan	قیمت داشتن
kränken (vt)	towhin kardan	توهین کردن
lächeln (vi)	labxand zadan	لبخند زدن

lachen (vi)	xandidan	خنديدن
laufen (vi)	davidan	دويدن
leiten (Betrieb usw.)	edāre kardan	اداره كردن

lernen (vt)	dars xāndan	درس خواندن
lesen (vi, vt)	xāndan	خواندن
lieben (vt)	dust dāštan	دوست داشتن
machen (vt)	anjām dādan	انجام دادن

mieten (Haus usw.)	ejāre kardan	اجاره كردن
nehmen (vt)	bardāštan	برداشتن
noch einmal sagen	tekrār kardan	تكرار كردن
nötig sein	hāmi budan	حامی بودن
öffnen (vt)	bāz kardan	باز كردن

12. Die wichtigsten Verben. Teil 3

planen (vt)	barnāmerizi kardan	برنامه ريزی كردن
prahlen (vi)	be rox kešidan	به رخ كشيدن
raten (vt)	nasihat kardan	نصيحت كردن
rechnen (vt)	šemordan	شمردن
reservieren (vt)	rezerv kardan	رزرو كردن

retten (vt)	najāt dādan	نجات دادن
richtig raten (vt)	hads zadan	حدس زدن
rufen (um Hilfe ~)	komak xāstan	كمك خواستن
sagen (vt)	goftan	گفتن
schaffen (Etwas Neues zu ~)	ijād kardan	ايجاد كردن

schelten (vt)	da'vā kardan	دعوا كردن
schießen (vi)	tirandāzi kardan	تيراندازی كردن
schmücken (vt)	tazyin kardan	تزيين كردن
schreiben (vi, vt)	nevextan	نوشتن
schreien (vi)	faryād zadan	فرياد زدن
schweigen (vi)	sāket māndan	ساكت ماندن
schwimmen (vi)	šenā kardan	شنا كردن
schwimmen gehen	ābtani kardan	آبتنی كردن
sehen (vi, vt)	didan	ديدن

sein (vi)	budan	بودن
sich beeilen	ajale kardan	عجله كردن
sich entschuldigen	ozr xāstan	عذر خواستن

sich interessieren	alāqe dāštan	علاقه داشتن
sich irren	eštebāh kardan	اشتباه كردن
sich setzen	nešastan	نشستن
sich weigern	rad kardan	رد كردن
spielen (vi, vt)	bāzi kardan	بازی كردن

sprechen (vi)	harf zadan	حرف زدن
staunen (vi)	mote'ajjeb šodan	متعجب شدن
stehlen (vt)	dozdidan	دزديدن
stoppen (vt)	motevaghef šodan	متوقف شدن
suchen (vt)	jostoju kardan	جستجو كردن

13. Die wichtigsten Verben. Teil 4

täuschen (vt)	farib dādan	فریب دادن
teilnehmen (vi)	šerekat kardan	شرکت کردن
übersetzen (Buch usw.)	tarjome kardan	ترجمه کردن
unterschätzen (vt)	dast-e kam gereftan	دست کم گرفتن
unterschreiben (vt)	emzā kardan	امضا کردن
vereinigen (vt)	mottahed kardan	متحد کردن
vergessen (vt)	farāmuš kardan	فراموش کردن
vergleichen (vt)	moqāyse kardan	مقایسه کردن
verkaufen (vt)	foruxtan	فروختن
verlangen (vt)	darxāst kardan	درخواست کردن
versäumen (vt)	qāyeb budan	غایب بودن
versprechen (vt)	qowl dādan	قول دادن
verstecken (vt)	penhān kardan	پنهان کردن
verstehen (vt)	fahmidan	فهمیدن
versuchen (vt)	talāš kardan	تلاش کردن
verteidigen (vt)	defā' kardan	دفاع کردن
vertrauen (vi)	etminān kardan	اطمینان کردن
verwechseln (vt)	qāti kardan	قاطی کردن
verzeihen (vi, vt)	baxšidan	بخشیدن
verzeihen (vt)	baxšidan	بخشیدن
voraussehen (vt)	pišbini kardan	پیش بینی کردن
vorschlagen (vt)	pišnahād dādan	پیشنهاد دادن
vorziehen (vt)	tarjih dādan	ترجیح دادن
wählen (vt)	entexāb kardan	انتخاب کردن
warnen (vt)	hošdār dādan	هشدار دادن
warten (vi)	montazer budan	منتظر بودن
weinen (vi)	gerye kardan	گریه کردن
wissen (vt)	dānestan	دانستن
Witz machen	šuxi kardan	شوخی کردن
wollen (vt)	xāstan	خواستن
zahlen (vt)	pardāxtan	پرداختن
zeigen (jemandem etwas)	nešān dādan	نشان دادن
zu Abend essen	šām xordan	شام خوردن
zu Mittag essen	nāhār xordan	ناهار خوردن
zubereiten (vt)	poxtan	پختن
zustimmen (vi)	movāfeqat kardan	موافقت کردن
zweifeln (vi)	šok dāštan	شک داشتن

14. Farben

Farbe (f)	rang	رنگ
Schattierung (f)	teyf-e rang	طیف رنگ
Farbton (m)	rangmaye	رنگمایه
Regenbogen (m)	rangin kamān	رنگین کمان
weiß	sefid	سفید

| schwarz | siyāh | سیاه |
| grau | xākestari | خاکستری |

grün	sabz	سبز
gelb	zard	زرد
rot	sorx	سرخ

blau	abi	آبی
hellblau	ābi rowšan	آبی روشن
rosa	surati	صورتی
orange	nārenji	نارنجی
violett	banafš	بنفش
braun	qahve i	قهوه ای

| golden | talāyi | طلایی |
| silbrig | noqre i | نقره ای |

beige	baž	بژ
cremefarben	kerem	کرم
türkis	firuze i	فیروزه ای
kirschrot	ālbāluyi	آلبالویی
lila	banafš yasi	بنفش یاسی
himbeerrot	zereški	زرشکی

hell	rowšan	روشن
dunkel	tire	تیره
grell	rowšan	روشن

Farb- (z.B. -stifte)	rangi	رنگی
Farb- (z.B. -film)	rangi	رنگی
schwarz-weiß	siyāh-o sefid	سیاه و سفید
einfarbig	yek rang	یک رنگ
bunt	rangārang	رنگارنگ

15. Fragen

Wer?	če kas-i?	چه کسی؟
Was?	če čiz-i?	چه چیزی؟
Wo?	kojā?	کجا؟
Wohin?	kojā?	کجا؟
Woher?	az kojā?	از کجا؟
Wann?	če vaqt?	چه وقت؟
Wozu?	čerā?	چرا؟
Warum?	čerā?	چرا؟
Wofür?	barā-ye če?	برای چه؟
Wie?	četor?	چطور؟
Welcher?	kodām?	کدام؟

Wem?	barā-ye ki?	برای کی؟
Über wen?	dar bāre-ye ki?	درباره کی؟
Wovon? (~ sprichst du?)	darbāre-ye či?	درباره چی؟
Mit wem?	bā ki?	با کی؟
Wie viel? Wie viele?	čeqadr?	چقدر؟
Wessen?	māl-e ki?	مال کی؟

16. Präpositionen

mit (Frau ~ Katzen)	bā	با
ohne (~ Dich)	bedune	بدون
nach (~ London)	be	به
über (~ Geschäfte sprechen)	rāje' be	راجع به
vor (z.B. ~ acht Uhr)	piš az	پیش از
vor (z.B. ~ dem Haus)	dar moqābel	در مقابل

unter (~ dem Schirm)	zir	زیر
über (~ dem Meeresspiegel)	bālā-ye	بالای
auf (~ dem Tisch)	ruy	روی
aus (z.B. ~ München)	az	از
aus (z.B. ~ Porzellan)	az	از

in (~ zwei Tagen)	tā	تا
über (~ zaun)	az bālāye	از بالای

17. Funktionswörter. Adverbien. Teil 1

Wo?	kojā?	کجا؟
hier	in jā	این جا
dort	ānjā	آنجا

irgendwo	jā-yi	جایی
nirgends	hič kojā	هیچ کجا

an (bei)	nazdik	نزدیک
am Fenster	nazdik panjere	نزدیک پنجره

Wohin?	kojā?	کجا؟
hierher	in jā	این جا
dahin	ānjā	آنجا
von hier	az injā	از اینجا
von da	az ānjā	از آنجا

nah (Adv)	nazdik	نزدیک
weit, fern (Adv)	dur	دور

in der Nähe von …	nazdik	نزدیک
in der Nähe	nazdik	نزدیک
unweit (~ unseres Hotels)	nazdik	نزدیک

link (Adj)	čap	چپ
links (Adv)	dast-e čap	دست چپ
nach links	be čap	به چپ

recht (Adj)	rāst	راست
rechts (Adv)	dast-e rāst	دست راست
nach rechts	be rāst	به راست

vorne (Adv)	jelo	جلو
Vorder-	jelo	جلو

vorwärts	jelo	جلو
hinten (Adv)	aqab	عقب
von hinten	az aqab	از عقب
rückwärts (Adv)	aqab	عقب

Mitte (f)	vasat	وسط
in der Mitte	dar vasat	در وسط

seitlich (Adv)	pahlu	پهلو
überall (Adv)	hame jā	همه جا
ringsherum (Adv)	atrāf	اطراف

von innen (Adv)	az daxel	از داخل
irgendwohin (Adv)	jā-yi	جایی
geradeaus (Adv)	mostaqim	مستقیم
zurück (Adv)	aqab	عقب

irgendwoher (Adv)	az har jā	از هر جا
von irgendwo (Adv)	az yek jā-yi	از یک جایی

erstens	avvalan	اولاً
zweitens	dumā	دوما
drittens	sālesan	ثالثاً

plötzlich (Adv)	nāgahān	ناگهان
zuerst (Adv)	dar avval	در اول
zum ersten Mal	barā-ye avvalin bār	برای اولین بار
lange vor...	xeyli vaqt piš	خیلی وقت پیش
von Anfang an	az now	از نو
für immer	barā-ye hamiše	برای همیشه

nie (Adv)	hič vaqt	هیچ وقت
wieder (Adv)	dobāre	دوباره
jetzt (Adv)	alān	الان
oft (Adv)	aqlab	اغلب
damals (Adv)	ān vaqt	آن وقت
dringend (Adv)	foran	فوراً
gewöhnlich (Adv)	ma'mulan	معمولاً

übrigens, ...	rāst-i	راستی
möglicherweise (Adv)	momken ast	ممکن است
wahrscheinlich (Adv)	ehtemālan	احتمالاً
vielleicht (Adv)	šāyad	شاید
außerdem ...	bealāve	بعلاوه
deshalb ...	be hamin xāter	به همین خاطر
trotz ...	alāraqm	علیرغم
dank ...	be lotf	به لطف

was (~ ist denn?)	če?	چه؟
das (~ ist alles)	ke	که
etwas	yek čiz-i	یک چیزی
irgendwas	yek kāri	یک کاری
nichts	hič čiz	هیچ چیز

wer (~ ist ~?)	ki	کی
jemand	yek kas-i	یک کسی

23

irgendwer	yek kas-i	یک کسی
niemand	hič kas	هیچ کس
nirgends	hič kojā	هیچ کجا
niemandes (~ Eigentum)	māl-e hičkas	مال هیچ کس
jemandes	har kas-i	هر کسی

so (derart)	xeyli	خیلی
auch	ham	هم
ebenfalls	ham	هم

18. Funktionswörter. Adverbien. Teil 2

Warum?	čerā?	چرا؟
aus irgendeinem Grund	be dalil-i	به دلیلی
weil ...	čon	چون
zu irgendeinem Zweck	barā-ye maqsudi	برای مقصودی

und	va	و
oder	yā	یا
aber	ammā	اما
für (präp)	barā-ye	برای

zu (~ viele)	besyār	بسیار
nur (~ einmal)	faqat	فقط
genau (Adv)	daqiqan	دقیقا
etwa	taqriban	تقریباً

ungefähr (Adv)	taqriban	تقریباً
ungefähr (Adj)	taqribi	تقریبی
fast	taqriban	تقریباً
Übrige (n)	baqiye	بقیه

der andere	digar	دیگر
andere	digar	دیگر
jeder (~ Mann)	har	هر
beliebig (Adj)	har	هر
viel	ziyād	زیاد
viele Menschen	besyāri	بسیاری
alle (wir ~)	hame	همه

im Austausch gegen ...	dar avaz	در عوض
dafür (Adv)	dar barābar	در برابر
mit der Hand (Hand-)	dasti	دستی
schwerlich (Adv)	baid ast	بعید است
wahrscheinlich (Adv)	ehtemālan	احتمالاً
absichtlich (Adv)	amdan	عمداً
zufällig (Adv)	tasādofi	تصادفی

sehr (Adv)	besyār	بسیار
zum Beispiel	masalan	مثلاً
zwischen	beyn	بین
unter (Wir sind ~ Mördern)	miyān	میان
so viele (~ Ideen)	in qadr	این قدر
besonders (Adv)	maxsusan	مخصوصاً

Grundbegriffe. Teil 2

19. Wochentage

Montag (m)	došanbe	دوشنبه
Dienstag (m)	se šanbe	سه شنبه
Mittwoch (m)	čāhāršanbe	چهارشنبه
Donnerstag (m)	panj šanbe	پنج شنبه
Freitag (m)	jom'e	جمعه
Samstag (m)	šanbe	شنبه
Sonntag (m)	yek šanbe	یک شنبه
heute	emruz	امروز
morgen	fardā	فردا
übermorgen	pas fardā	پس فردا
gestern	diruz	دیروز
vorgestern	pariruz	پریروز
Tag (m)	ruz	روز
Arbeitstag (m)	ruz-e kāri	روز کاری
Feiertag (m)	ruz-e jašn	روز جشن
freier Tag (m)	ruz-e ta'til	روز تعطیل
Wochenende (n)	āxar-e hafte	آخر هفته
den ganzen Tag	tamām-e ruz	تمام روز
am nächsten Tag	ruz-e ba'd	روز بعد
zwei Tage vorher	do ruz-e piš	دو روز پیش
am Vortag	ruz-e qabl	روز قبل
täglich (Adj)	ruzāne	روزانه
täglich (Adv)	har ruz	هر روز
Woche (f)	hafte	هفته
letzte Woche	hafte-ye gozašte	هفته گذشته
nächste Woche	hafte-ye āyande	هفته آینده
wöchentlich (Adj)	haftegi	هفتگی
wöchentlich (Adv)	har hafte	هر هفته
zweimal pro Woche	do bār dar hafte	دو بار درهفته
jeden Dienstag	har sešanbe	هر سه شنبه

20. Stunden. Tag und Nacht

Morgen (m)	sobh	صبح
morgens	sobh	صبح
Mittag (m)	zohr	ظهر
nachmittags	ba'd az zohr	بعد ازظهر
Abend (m)	asr	عصر
abends	asr	عصر

Nacht (f)	šab	شب
nachts	šab	شب
Mitternacht (f)	nesfe šab	نصفه شب

Sekunde (f)	sānie	ثانیه
Minute (f)	daqiqe	دقیقه
Stunde (f)	sā'at	ساعت
eine halbe Stunde	nim sā'at	نیم ساعت
Viertelstunde (f)	yek rob'	یک ربع
fünfzehn Minuten	pānzdah daqiqe	پانزده دقیقه
Tag und Nacht	šabāne ruz	شبانه روز

Sonnenaufgang (m)	tolu-'e āftāb	طلوع آفتاب
Morgendämmerung (f)	sahar	سحر
früher Morgen (m)	sobh-e zud	صبح زود
Sonnenuntergang (m)	qorub	غروب

früh am Morgen	sobh-e zud	صبح زود
heute Morgen	emruz sobh	امروز صبح
morgen früh	fardā sobh	فردا صبح

heute Mittag	emruz zohr	امروز ظهر
nachmittags	ba'd az zohr	بعد ازظهر
morgen Nachmittag	fardā ba'd az zohr	فردا بعد ازظهر

| heute Abend | emšab | امشب |
| morgen Abend | fardā šab | فردا شب |

Punkt drei Uhr	sar-e sā'at-e se	سر ساعت ۳
gegen vier Uhr	nazdik-e sā'at-e čāhār	نزدیک ساعت ۴
um zwölf Uhr	nazdik zohr	نزدیک ظهر

in zwanzig Minuten	bist daqiqe-ye digar	۲۰ دقیقه دیگر
in einer Stunde	yek sā'at-e digar	یک ساعت دیگر
rechtzeitig (Adv)	be moqe'	به موقع

Viertel vor ...	yek rob' be	یک ربع به
innerhalb einer Stunde	yek sā'at-e digar	یک ساعت دیگر
alle fünfzehn Minuten	har pānzdah daqiqe	هر ۵۱ دقیقه
Tag und Nacht	šabāne ruz	شبانه روز

21. Monate. Jahreszeiten

Januar (m)	žānvie	ژانویه
Februar (m)	fevriye	فوریه
März (m)	mārs	مارس
April (m)	āvril	آوریل
Mai (m)	meh	مه
Juni (m)	žuan	ژوئن

Juli (m)	žuiye	ژوئیه
August (m)	owt	اوت
September (m)	septāmbr	سپتامبر
Oktober (m)	oktobr	اکتبر

| November (m) | novāmbr | نوامبر |
| Dezember (m) | desāmr | دسامبر |

Frühling (m)	bahār	بهار
im Frühling	dar bahār	در بهار
Frühlings-	bahāri	بهاری

Sommer (m)	tābestān	تابستان
im Sommer	dar tābestān	در تابستان
Sommer-	tābestāni	تابستانی

Herbst (m)	pāyiz	پاییز
im Herbst	dar pāyiz	در پاییز
Herbst-	pāyizi	پاییزی

Winter (m)	zemestān	زمستان
im Winter	dar zemestān	در زمستان
Winter-	zemestāni	زمستانی

Monat (m)	māh	ماه
in diesem Monat	in māh	این ماه
nächsten Monat	māh-e āyande	ماه آینده
letzten Monat	māh-e gozašte	ماه گذشته
vor einem Monat	yek māh qabl	یک ماه قبل
über eine Monat	yek māh digar	یک ماه دیگر
in zwei Monaten	do māh-e digar	۲ماه دیگر
den ganzen Monat	tamām-e māh	تمام ماه

monatlich (Adj)	māhāne	ماهانه
monatlich (Adv)	māhāne	ماهانه
jeden Monat	har māh	هر ماه
zweimal pro Monat	do bār dar māh	دو بار درماه

Jahr (n)	sāl	سال
dieses Jahr	emsāl	امسال
nächstes Jahr	sāl-e āyande	سال آینده
voriges Jahr	sāl-e gozašte	سال گذشته

vor einem Jahr	yek sāl qabl	یک سال قبل
in einem Jahr	yek sāl-e digar	یک سال دیگر
in zwei Jahren	do sāl-e digar	۲سال دیگر
das ganze Jahr	tamām-e sāl	تمام سال

jedes Jahr	har sāl	هر سال
jährlich (Adj)	sālāne	سالانه
jährlich (Adv)	sālāne	سالانه
viermal pro Jahr	čāhār bār dar sāl	چهار بار در سال

Datum (heutige ~)	tārix	تاریخ
Datum (Geburts-)	tārix	تاریخ
Kalender (m)	taqvim	تقویم

ein halbes Jahr	nim sāl	نیم سال
Halbjahr (n)	nim sāl	نیم سال
Saison (f)	fasl	فصل
Jahrhundert (n)	qarn	قرن

22. Zeit. Verschiedenes

Zeit (f)	zamān	زمان
Augenblick (m)	lahze	لحظه
Moment (m)	lahze	لحظه
augenblicklich (Adj)	āni	آنی
Zeitspanne (f)	baxši az zamān	بخشی از زمان
Leben (n)	zendegi	زندگی
Ewigkeit (f)	abadiyat	ابدیت
Epoche (f)	asr	عصر
Ära (f)	dowre	دوره
Zyklus (m)	čarxe	چرخه
Periode (f)	dowre	دوره
Frist (äußerste ~)	mohlat	مهلت
Zukunft (f)	āyande	آینده
zukünftig (Adj)	āyande	آینده
nächstes Mal	daf'e-ye ba'd	دفعه بعد
Vergangenheit (f)	gozašte	گذشته
vorig (Adj)	gozašte	گذشته
letztes Mal	daf'e-ye gozašte	دفعه گذشته
später (Adv)	ba'dan	بعداً
danach	ba'd az	بعد از
zur Zeit	aknun	اکنون
jetzt	alān	الان
sofort	foran	فوراً
bald	be zudi	به زودی
im Voraus	az qabl	از قبل
lange her	moddathā piš	مدت ها پیش
vor kurzem	axiran	اخیراً
Schicksal (n)	sarnevešt	سرنوشت
Erinnerungen (pl)	xāterāt	خاطرات
Archiv (n)	āršiv	آرشیو
während ...	dar zamān	در زمان
lange (Adv)	tulāni	طولانی
nicht lange (Adv)	kutāh	کوتاه
früh (~ am Morgen)	zud	زود
spät (Adv)	dir	دیر
für immer	barā-ye hamiše	برای همیشه
beginnen (vt)	šoru' kardan	شروع کردن
verschieben (vt)	mowkul kardan	موکول کردن
gleichzeitig	ham zamān	هم زمان
ständig (Adv)	dāemi	دائمی
konstant (Adj)	dāemi	دائمی
zeitweilig (Adj)	movaqqati	موقتی
manchmal	gāh-i	گاهی
selten (Adv)	be nodrat	به ندرت
oft	aqlab	اغلب

23. Gegenteile

reich (Adj)	servatmand	ثروتمند
arm (Adj)	faqir	فقیر
krank (Adj)	bimār	بیمار
gesund (Adj)	sālem	سالم
groß (Adj)	bozorg	بزرگ
klein (Adj)	kučak	کوچک
schnell (Adv)	sari'	سریع
langsam (Adv)	āheste	آهسته
schnell (Adj)	sari'	سریع
langsam (Adj)	āheste	آهسته
froh (Adj)	xošhāl	خوشحال
traurig (Adj)	qamgin	غمگین
zusammen	bāham	باهم
getrennt (Adv)	jodāgāne	جداگانه
laut (~ lesen)	boland	بلند
still (~ lesen)	be ārāmi	به آرامی
hoch (Adj)	boland	بلند
niedrig (Adj)	kutāh	کوتاه
tief (Adj)	amiq	عمیق
flach (Adj)	sathi	سطحی
ja	bale	بله
nein	neh	نه
fern (Adj)	dur	دور
nah (Adj)	nazdik	نزدیک
weit (Adv)	dur	دور
nebenan (Adv)	nazdik	نزدیک
lang (Adj)	derāz	دراز
kurz (Adj)	kutāh	کوتاه
gut (gütig)	mehrbān	مهربان
böse (der ~ Geist)	badjens	بدجنس
verheiratet (Ehemann)	mote'ahhel	متاهل
ledig (Adj)	mojarrad	مجرد
verbieten (vt)	mamnu' kardan	ممنوع کردن
erlauben (vt)	ejāze dādan	اجازه دادن
Ende (n)	pāyān	پایان
Anfang (m)	šoru'	شروع

| link (Adj) | čap | چپ |
| recht (Adj) | rāst | راست |

| der erste | avvalin | اولین |
| der letzte | āxarin | آخرین |

| Verbrechen (n) | jenāyat | جنایت |
| Bestrafung (f) | mojāzāt | مجازات |

| befehlen (vt) | farmān dādan | فرمان دادن |
| gehorchen (vi) | etā'at kardan | اطاعت کردن |

| gerade (Adj) | mostaqim | مستقیم |
| krumm (Adj) | monhani | منحنی |

| Paradies (n) | behešt | بهشت |
| Hölle (f) | jahannam | جهنم |

| geboren sein | motevalled šodan | متولد شدن |
| sterben (vi) | mordan | مردن |

| stark (Adj) | nirumand | نیرومند |
| schwach (Adj) | za'if | ضعیف |

| alt | kohne | کهنه |
| jung (Adj) | javān | جوان |

| alt (Adj) | qadimi | قدیمی |
| neu (Adj) | jadid | جدید |

| hart (Adj) | soft | سفت |
| weich (Adj) | narm | نرم |

| warm (Adj) | garm | گرم |
| kalt (Adj) | sard | سرد |

| dick (Adj) | čāq | چاق |
| mager (Adj) | lāqar | لاغر |

| eng (Adj) | bārik | باریک |
| breit (Adj) | vasi' | وسیع |

| gut (Adj) | xub | خوب |
| schlecht (Adj) | bad | بد |

| tapfer (Adj) | šojā' | شجاع |
| feige (Adj) | tarsu | ترسو |

24. Linien und Formen

Quadrat (n)	morabba'	مربع
quadratisch	morabba'	مربع
Kreis (m)	dāyere	دایره
rund	gard	گرد

| Dreieck (n) | mosallas | مثلث |
| dreieckig | mosallasi | مثلثی |

Oval (n)	beyzi	بیضی
oval	beyzi	بیضی
Rechteck (n)	mostatil	مستطیل
rechteckig	mostatil	مستطیل

Pyramide (f)	heram	هرم
Rhombus (m)	lowz-i	لوزی
Trapez (n)	zuzanaqe	ذوزنقه
Würfel (m)	moka'ab	مکعب
Prisma (n)	manšur	منشور

Kreis (m)	mohit-e monhani	محیط منحنی
Sphäre (f)	kare	کره
Kugel (f)	kare	کره
Durchmesser (m)	qotr	قطر
Radius (m)	šo'ā'	شعاع
Umfang (m)	mohit	محیط
Zentrum (n)	markaz	مرکز

waagerecht (Adj)	ofoqi	افقی
senkrecht (Adj)	amudi	عمودی
Parallele (f)	movāzi	موازی
parallel (Adj)	movāzi	موازی

Linie (f)	xat	خط
Strich (m)	xat	خط
Gerade (f)	xatt-e mostaqim	خط مستقیم
Kurve (f)	monhani	منحنی
dünn (schmal)	nāzok	نازک
Kontur (f)	borun namā	برون نما

Schnittpunkt (m)	taqāto'	تقاطع
rechter Winkel (m)	zāvie-ye qāem	زاویه قائم
Segment (n)	qet'e	قطعه
Sektor (m)	baxš	بخش
Seite (f)	taraf	طرف
Winkel (m)	zāvie	زاویه

25. Maßeinheiten

Gewicht (n)	vazn	وزن
Länge (f)	tul	طول
Breite (f)	arz	عرض
Höhe (f)	ertefā'	ارتفاع
Tiefe (f)	omq	عمق
Volumen (n)	hajm	حجم
Fläche (f)	masāhat	مساحت

Gramm (n)	garm	گرم
Milligramm (n)	mili geram	میلی گرم
Kilo (n)	kilugeram	کیلوگرم

Tonne (f)	ton	تن
Pfund (n)	pond	پوند
Unze (f)	ons	اونس

Meter (m)	metr	متر
Millimeter (m)	mili metr	میلی متر
Zentimeter (m)	sãntimetr	سانتیمتر
Kilometer (m)	kilumetr	کیلومتر
Meile (f)	mãyel	مایل

Zoll (m)	inč	اینچ
Fuß (m)	fowt	فوت
Yard (n)	yãrd	یارد

| Quadratmeter (m) | metr morabba' | متر مربع |
| Hektar (n) | hektãr | هکتار |

Liter (m)	litr	لیتر
Grad (m)	daraje	درجه
Volt (n)	volt	ولت
Ampere (n)	ãmper	آمپر
Pferdestärke (f)	asb-e boxãr	اسب بخار

Anzahl (f)	meqdãr	مقدار
etwas ...	kami	کمی
Hälfte (f)	nim	نیم
Dutzend (n)	dojin	دوجین
Stück (n)	tã	تا

| Größe (f) | andãze | اندازه |
| Maßstab (m) | meqyãs | مقیاس |

minimal (Adj)	haddeaqal	حداقل
der kleinste	kučaktarin	کوچکترین
mittler, mittel-	motevasset	متوسط
maximal (Adj)	haddeaksar	حداکثر
der größte	bištarin	بیشترین

26. Behälter

Glas (Einmachglas)	šišeh konserv	شیشه کنسرو
Dose (z.B. Bierdose)	quti	قوطی
Eimer (m)	satl	سطل
Fass (n), Tonne (f)	boške	بشکه

Waschschüssel (n)	tašt	تشت
Tank (m)	maxzan	مخزن
Flachmann (m)	qomqome	قمقمه
Kanister (m)	dabbe	دبه
Zisterne (f)	maxzan	مخزن

Kaffeebecher (m)	livãn	لیوان
Tasse (f)	fenjãn	فنجان
Untertasse (f)	na'lbeki	نعلبکی

Wasserglas (n)	estekān	استکان
Weinglas (n)	gilās-e šarāb	گیلاس شراب
Kochtopf (m)	qāblame	قابلمه

| Flasche (f) | botri | بطری |
| Flaschenhals (m) | gardan-e botri | گردن بطری |

Karaffe (f)	tong	تنگ
Tonkrug (m)	pārč	پارچ
Gefäß (n)	zarf	ظرف
Tontopf (m)	sofāl	سفال
Vase (f)	goldān	گلدان

Flakon (n)	botri	بطری
Fläschchen (n)	viyāl	ویال
Tube (z.B. Zahnpasta)	tiyub	تیوب

Sack (~ Kartoffeln)	kise	کیسه
Tüte (z.B. Plastiktüte)	pākat	پاکت
Schachtel (f)	baste	بسته
(z.B. Zigaretten~)		

Karton (z.B. Schuhkarton)	ja'be	جعبه
Kiste (z.B. Bananenkiste)	sanduq	صندوق
Korb (m)	sabad	سبد

27. Werkstoffe

Stoff (z.B. Baustoffe)	mādde	ماده
Holz (n)	deraxt	درخت
hölzern	čubi	چوبی

| Glas (n) | šiše | شیشه |
| gläsern, Glas- | šiše i | شیشه ای |

| Stein (m) | sang | سنگ |
| steinern | sangi | سنگی |

| Kunststoff (m) | pelāstik | پلاستیک |
| Kunststoff- | pelāstiki | پلاستیکی |

| Gummi (n) | lāstik | لاستیک |
| Gummi- | lāstiki | لاستیکی |

| Stoff (m) | pārče | پارچه |
| aus Stoff | pārče-i | پارچه ی |

| Papier (n) | kāqaz | کاغذ |
| Papier- | kāqazi | کاغذی |

Pappe (f)	kārton	کارتن
Pappen-	kārtoni	کارتنی
Polyäthylen (n)	polietilen	پلیاتیلن
Zellophan (n)	solofān	سلوفان

| Linoleum (n) | linoleom | لینولئوم |
| Furnier (n) | taxte-ye čand lāyi | تخته چند لایی |

Porzellan (n)	čini	چینی
aus Porzellan	čini	چینی
Ton (m)	xāk-e ros	خاک رس
Ton-	sofāli	سفالی
Keramik (f)	serāmik	سرامیک
keramisch	serāmiki	سرامیکی

28. Metalle

Metall (n)	felez	فلز
metallisch, Metall-	felezi	فلزی
Legierung (f)	ālyiāž	آلیاژ

Gold (n)	talā	طلا
golden	talā	طلا
Silber (n)	noqre	نقره
silbern, Silber-	noqre	نقره

Eisen (n)	āhan	آهن
eisern, Eisen-	āhani	آهنی
Stahl (m)	fulād	فولاد
stählern	fulādi	فولادی
Kupfer (n)	mes	مس
kupfern, Kupfer-	mesi	مسی

Aluminium (n)	ālominiyom	آلومینیوم
Aluminium-	ālominiyomi	آلومینیومی
Bronze (f)	boronz	برنز
bronzen	boronzi	برنزی

Messing (n)	berenj	برنج
Nickel (n)	nikel	نیکل
Platin (n)	pelātin	پلاتین
Quecksilber (n)	jive	جیوه
Zinn (n)	qal'	قلع
Blei (n)	sorb	سرب
Zink (n)	ruy	روی

DER MENSCH

Der Mensch. Körper

29. Menschen. Grundbegriffe

Mensch (m)	ensān	انسان
Mann (m)	mard	مرد
Frau (f)	zan	زن
Kind (n)	kudak	کودک
Mädchen (n)	doxtar	دختر
Junge (m)	pesar bače	پسر بچه
Teenager (m)	nowjavān	نوجوان
Greis (m)	pirmard	پیرمرد
alte Frau (f)	pirzan	پیرزن

30. Anatomie des Menschen

Organismus (m)	orgānism	ارگانیسم
Herz (n)	qalb	قلب
Blut (n)	xun	خون
Arterie (f)	sorxrag	سرخرگ
Vene (f)	siyāhrag	سیاهرگ
Gehirn (n)	maqz	مغز
Nerv (m)	asab	عصب
Nerven (pl)	a'sāb	اعصاب
Wirbel (m)	mohre	مهره
Wirbelsäule (f)	sotun-e faqarāt	ستون فقرات
Magen (m)	me'de	معده
Gedärm (n)	rude	روده
Darm (z.B. Dickdarm)	rude	روده
Leber (f)	kabed	کبد
Niere (f)	kolliye	کلیه
Knochen (m)	ostexān	استخوان
Skelett (n)	eskelet	اسکلت
Rippe (f)	dande	دنده
Schädel (m)	jomjome	جمجمه
Muskel (m)	azole	عضله
Bizeps (m)	azole-ye dosar	عضله دوسر
Trizeps (m)	azole-ye se sar	عضله سه سر
Sehne (f)	tāndon	تاندون
Gelenk (n)	mofassal	مفصل

Lungen (pl)	rie	ريه
Geschlechtsorgane (pl)	andām hā-ye tanāsol-i	اندام های تناسلی
Haut (f)	pust	پوست

31. Kopf

Kopf (m)	sar	سر
Gesicht (n)	surat	صورت
Nase (f)	bini	بینی
Mund (m)	dahān	دهان

Auge (n)	češm	چشم
Augen (pl)	češm-hā	چشم ها
Pupille (f)	mardomak	مردمک
Augenbraue (f)	abru	ابرو
Wimper (f)	može	مژه
Augenlid (n)	pelek	پلک

Zunge (f)	zabān	زبان
Zahn (m)	dandān	دندان
Lippen (pl)	lab-hā	لب ها
Backenknochen (pl)	ostexānhā-ye gune	استخوان های گونه
Zahnfleisch (n)	lase	لثه
Gaumen (m)	saqf-e dahān	سقف دهان

Nasenlöcher (pl)	surāxhā-ye bini	سوراخ های بینی
Kinn (n)	čāne	چانه
Kiefer (m)	fak	فک
Wange (f)	gune	گونه

Stirn (f)	pišāni	پیشانی
Schläfe (f)	gijgāh	گیجگاه
Ohr (n)	guš	گوش
Nacken (m)	pas gardan	پس گردن
Hals (m)	gardan	گردن
Kehle (f)	galu	گلو

Haare (pl)	mu-hā	مو ها
Frisur (f)	model-e mu	مدل مو
Haarschnitt (m)	model-e mu	مدل مو
Perücke (f)	kolāh-e gis	کلاه گیس

Schnurrbart (m)	sebil	سبیل
Bart (m)	riš	ریش
haben (einen Bart ~)	gozāštan	گذاشتن
Zopf (m)	muy-ye bāfte	موی بافته
Backenbart (m)	xatt-e riš	خط ریش

rothaarig	muqermez	موقرمز
grau	sefid-e mu	سفید مو
kahl	tās	طاس
Glatze (f)	tāsi	طاسی
Pferdeschwanz (m)	dom-e asbi	دم اسبی
Pony (Ponyfrisur)	čatri	چتری

32. Menschlicher Körper

Hand (f)	dast	دست
Arm (m)	bāzu	بازو

Finger (m)	angošt	انگشت
Zehe (f)	šast-e pā	شصت پا
Daumen (m)	šost	شست
kleiner Finger (m)	angošt-e kučak	انگشت کوچک
Nagel (m)	nāxon	ناخن

Faust (f)	mošt	مشت
Handfläche (f)	kaf-e dast	کف دست
Handgelenk (n)	moč-e dast	مچ دست
Unterarm (m)	sā'ed	ساعد
Ellbogen (m)	āranj	آرنج
Schulter (f)	ketf	کتف

Bein (n)	pā	پا
Fuß (m)	pā	پا
Knie (n)	zānu	زانو
Wade (f)	sāq	ساق
Hüfte (f)	rān	ران
Ferse (f)	pāšne-ye pā	پاشنهٔ پا

Körper (m)	badan	بدن
Bauch (m)	šekam	شکم
Brust (f)	sine	سینه
Busen (m)	sine	سینه
Seite (f), Flanke (f)	pahlu	پهلو
Rücken (m)	pošt	پشت
Kreuz (n)	kamar	کمر
Taille (f)	dur-e kamar	دور کمر

Nabel (m)	nāf	ناف
Gesäßbacken (pl)	nešiman-e gāh	نشیمن گاه
Hinterteil (n)	bāsan	باسن

Leberfleck (m)	xāl	خال
Muttermal (n)	xāl-e mādarzād	خال مادرزاد
Tätowierung (f)	xāl kubi	خال کوبی
Narbe (f)	jā-ye zaxm	جای زخم

Kleidung & Accessoires

33. Oberbekleidung. Mäntel

Kleidung (f)	lebās	لباس
Oberkleidung (f)	lebās-e ru	لباس رو
Winterkleidung (f)	lebās-e zemestāni	لباس زمستانی
Mantel (m)	pāltow	پالتو
Pelzmantel (m)	pālto-ye pustin	پالتوی پوستین
Pelzjacke (f)	kot-e pustin	کت پوستین
Daunenjacke (f)	kāpšan	کاپشن
Jacke (z.B. Lederjacke)	kot	کت
Regenmantel (m)	bārāni	بارانی
wasserdicht	zed-e āb	ضد آب

34. Herren- & Damenbekleidung

Hemd (n)	pirāhan	پیراهن
Hose (f)	šalvār	شلوار
Jeans (pl)	jin	جین
Jackett (n)	kot	کت
Anzug (m)	kat-o šalvār	کت و شلوار
Damenkleid (n)	lebās	لباس
Rock (m)	dāman	دامن
Bluse (f)	boluz	بلوز
Strickjacke (f)	jeliqe-ye kešbāf	جلیقه کشباف
Jacke (Damen Kostüm)	kot	کت
T-Shirt (n)	tey šarr-at	تی شرت
Shorts (pl)	šalvarak	شلوارک
Sportanzug (m)	lebās-e varzeši	لباس ورزشی
Bademantel (m)	howle-ye hamām	حوله حمام
Schlafanzug (m)	pižāme	پیژامه
Sweater (m)	poliver	پلیور
Pullover (m)	poliver	پلیور
Weste (f)	jeliqe	جلیقه
Frack (m)	kat-e dāman gerd	کت دامن گرد
Smoking (m)	esmoking	اسموکینگ
Uniform (f)	oniform	اونیفورم
Arbeitskleidung (f)	lebās-e kār	لباس کار
Overall (m)	rupuš	روپوش
Kittel (z.B. Arztkittel)	rupuš	روپوش

35. Kleidung. Unterwäsche

Unterwäsche (f)	lebās-e zir	لباس زير
Herrenslip (m)	šort-e bākser	شورت باكسر
Damenslip (m)	šort-e zanāne	شورت زنانه
Unterhemd (n)	zir-e pirāhan-i	زير پيراهنى
Socken (pl)	jurāb	جوراب

Nachthemd (n)	lebās-e xāb	لباس خواب
Büstenhalter (m)	sine-ye band	سينه بند
Kniestrümpfe (pl)	sāq	ساق
Strumpfhose (f)	jurāb-e šalvāri	جوراب شلوارى
Strümpfe (pl)	jurāb-e sāqeboland	جوراب ساقه بلند
Badeanzug (m)	māyo	مايو

36. Kopfbekleidung

Mütze (f)	kolāh	كلاه
Filzhut (m)	šāpo	شاپو
Baseballkappe (f)	kolāh beysbāl	كلاه بيس بال
Schiebermütze (f)	kolāh-e taxt	كلاه تخت

Baskenmütze (f)	kolāh barre	كلاه بره
Kapuze (f)	kolāh-e bārāni	كلاه بارانى
Panamahut (m)	kolāh-e dowre-ye boland	كلاه دوره بلند
Strickmütze (f)	kolāh-e bāftani	كلاه بافتنى

Kopftuch (n)	rusari	روسرى
Damenhut (m)	kolāh-e zanāne	كلاه زنانه

Schutzhelm (m)	kolāh-e imeni	كلاه ايمنى
Feldmütze (f)	kolāh-e pādegān	كلاه پادگان
Helm (z.B. Motorradhelm)	kolāh-e imeni	كلاه ايمنى

Melone (f)	kolāh-e namadi	كلاه نمدى
Zylinder (m)	kolāh-e ostovānei	كلاه استوانه اى

37. Schuhwerk

Schuhe (pl)	kafš	كفش
Stiefeletten (pl)	putin	پوتين
Halbschuhe (pl)	kafš	كفش
Stiefel (pl)	čakme	چكمه
Hausschuhe (pl)	dampāyi	دمپايى

Tennisschuhe (pl)	kafš katān-i	كفش كتانى
Leinenschuhe (pl)	kafš katān-i	كفش كتانى
Sandalen (pl)	sandal	صندل

Schuster (m)	kaffāš	كفاش
Absatz (m)	pāšne-ye kafš	پاشنة كفش

Paar (n)	yek joft	یک جفت
Schnürsenkel (m)	band-e kafš	بند کفش
schnüren (vt)	band-e kafš bastan	بند کفش بستن
Schuhlöffel (m)	pāšne keš	پاشنه کش
Schuhcreme (f)	vāks	واکس

38. Textilien. Stoffe

Baumwolle (f)	panbe	پنبه
Baumwolle-	panbe i	پنبه ای
Leinen (m)	katān	کتان
Leinen-	katāni	کتانی

Seide (f)	abrišam	ابریشم
Seiden-	abrišami	ابریشمی
Wolle (f)	pašm	پشم
Woll-	pašmi	پشمی

Samt (m)	maxmal	مخمل
Wildleder (n)	jir	جیر
Cord (m)	maxmal-e kebriti	مخمل کبریتی

Nylon (n)	nāylon	نایلون
Nylon-	nāyloni	نایلونی
Polyester (m)	poliester	پلی‌استر
Polyester-	poliester	پلناستر

Leder (n)	čarm	چرم
Leder-	čarmi	چرمی
Pelz (m)	xaz	خز
Pelz-	xaz	خز

39. Persönliche Accessoires

Handschuhe (pl)	dastkeš	دستکش
Fausthandschuhe (pl)	dastkeš-e yek angošti	دستکش یک انگشتی
Schal (Kaschmir-)	šāl-e gardan	شال گردن

Brille (f)	eynak	عینک
Brillengestell (n)	qāb	قاب
Regenschirm (m)	čatr	چتر
Spazierstock (m)	asā	عصا
Haarbürste (f)	bores-e mu	برس مو
Fächer (m)	bādbezan	بادبزن

Krawatte (f)	kerāvāt	کراوات
Fliege (f)	pāpiyon	پاپیون
Hosenträger (pl)	band šalvār	بند شلوار
Taschentuch (n)	dastmāl	دستمال

| Kamm (m) | šāne | شانه |
| Haarspange (f) | sanjāq-e mu | سنجاق مو |

| Haarnadel (f) | sanjāq-e mu | سنجاق مو |
| Schnalle (f) | sagak | سگک |

| Gürtel (m) | kamarband | کمربند |
| Umhängegurt (m) | tasme | تسمه |

Tasche (f)	keyf	کیف
Handtasche (f)	keyf-e zanāne	کیف زنانه
Rucksack (m)	kule pošti	کولۀ پشتی

40. Kleidung. Verschiedenes

Mode (f)	mod	مد
modisch	mod	مد
Modedesigner (m)	tarrāh-e lebas	طراح لباس

Kragen (m)	yaqe	یقه
Tasche (f)	jib	جیب
Taschen-	jibi	جیبی
Ärmel (m)	āstin	آستین
Aufhänger (m)	band-e āviz	بند آویز
Hosenschlitz (m)	zip	زیپ

Reißverschluss (m)	zip	زیپ
Verschluss (m)	sagak	سگک
Knopf (m)	dokme	دکمه
Knopfloch (n)	surāx-e dokme	سوراخ دکمه
abgehen (Knopf usw.)	kande šodan	کنده شدن

nähen (vi, vt)	duxtan	دوختن
sticken (vt)	golduzi kardan	گلدوزی کردن
Stickerei (f)	golduzi	گلدوزی
Nadel (f)	suzan	سوزن
Faden (m)	nax	نخ
Naht (f)	darz	درز

sich beschmutzen	kasif šodan	کثیف شدن
Fleck (m)	lakke	لکه
sich knittern	čoruk šodan	چروک شدن
zerreißen (vt)	pāre kardan	پاره کردن
Motte (f)	šab parre	شب پره

41. Kosmetikartikel. Kosmetik

Zahnpasta (f)	xamir-e dandān	خمیر دندان
Zahnbürste (f)	mesvāk	مسواک
Zähne putzen	mesvāk zadan	مسواک زدن

Rasierer (m)	tiq	تیغ
Rasiercreme (f)	kerem-e riš tarāši	کرم ریش تراشی
sich rasieren	riš tarāšidan	ریش تراشیدن
Seife (f)	sābun	صابون

Shampoo (n)	šāmpu	شامپو
Schere (f)	qeyči	قیچی
Nagelfeile (f)	sohan-e nāxon	سوهان ناخن
Nagelzange (f)	nāxon gir	ناخن گیر
Pinzette (f)	mučin	موچین

Kosmetik (f)	lavāzem-e ārāyeši	لوازم آرایشی
Gesichtsmaske (f)	māsk	ماسک
Maniküre (f)	mānikur	مانیکور
Maniküre machen	mānikur kardan	مانیکور کردن
Pediküre (f)	pedikur	پدیکور

Kosmetiktasche (f)	kife lavāzem-e ārāyeši	کیف لوازم آرایشی
Puder (m)	pudr	پودر
Puderdose (f)	ja'be-ye pudr	جعبهٔ پودر
Rouge (n)	sorxāb	سرخاب

Parfüm (n)	atr	عطر
Duftwasser (n)	atr	عطر
Lotion (f)	losiyon	لوسیون
Kölnischwasser (n)	odkolon	اودکلن

Lidschatten (m)	sāye-ye češm	سایه چشم
Kajalstift (m)	medād čašm	مداد چشم
Wimperntusche (f)	rimel	ریمل

Lippenstift (m)	mātik	ماتیک
Nagellack (m)	lāk-e nāxon	لاک ناخن
Haarlack (m)	esperey-ye mu	اسپری مو
Deodorant (n)	deodyrant	دئودورانت

Creme (f)	kerem	کرم
Gesichtscreme (f)	kerem-e surat	کرم صورت
Handcreme (f)	kerem-e dast	کرم دست
Anti-Falten-Creme (f)	kerem-e zedd-e čoruk	کرم ضد چروک
Tagescreme (f)	kerem-e ruz	کرم روز
Nachtcreme (f)	kerem-e šab	کرم شب
Tages-	ruzāne	روزانه
Nacht-	šab	شب

Tampon (m)	tāmpon	تامپون
Toilettenpapier (n)	kāqaz-e tuālet	کاغذ توالت
Föhn (m)	sešovār	سشوار

42. Schmuck

Schmuck (m)	javāherāt	جواهرات
Edel- (stein)	qeymati	قیمتی
Repunze (f)	ayār	عیار

Ring (m)	angoštar	انگشتر
Ehering (m)	halqe	حلقه
Armband (n)	alangu	النگو
Ohrringe (pl)	gušvāre	گوشواره

Kette (f)	gardan band	گردن بند
Krone (f)	tāj	تاج
Halskette (f)	gardan band	گردن بند

Brillant (m)	almās	الماس
Smaragd (m)	zomorrod	زمرد
Rubin (m)	yāqut	یاقوت
Saphir (m)	yāqut-e kabud	یاقوت کبود
Perle (f)	morvārid	مروارید
Bernstein (m)	kahrobā	کهربا

43. Armbanduhren Uhren

Armbanduhr (f)	sā'at-e mođi	ساعت مچی
Zifferblatt (n)	safhe-ye sā'at	صفحهٔ ساعت
Zeiger (m)	aqrabe	عقربه
Metallarmband (n)	band-e sāat	بند ساعت
Uhrenarmband (n)	band-e čarmi	بند چرمی

Batterie (f)	bātri	باطری
verbraucht sein	tamām šodan bātri	تمام شدن باتری
die Batterie wechseln	bātri avaz kardan	باطری عوض کردن
vorgehen (vi)	jelo oftādan	جلو افتادن
nachgehen (vi)	aqab māndan	عقب ماندن

Wanduhr (f)	sā'at-e divāri	ساعت دیواری
Sanduhr (f)	sā'at-e šeni	ساعت شنی
Sonnenuhr (f)	sā'at-e āftābi	ساعت آفتابی
Wecker (m)	sā'at-e zang dār	ساعت زنگ دار
Uhrmacher (m)	sā'at sāz	ساعت ساز
reparieren (vt)	ta'mir kardan	تعمیر کردن

Essen. Ernährung

44. Essen

Fleisch (n)	gušt	گوشت
Hühnerfleisch (n)	morq	مرغ
Küken (n)	juje	جوجه
Ente (f)	ordak	اردک
Gans (f)	qāz	غاز
Wild (n)	gušt-e šekār	گوشت شکار
Pute (f)	gušt-e buqalamun	گوشت بوقلمون

Schweinefleisch (n)	gušt-e xuk	گوشت خوک
Kalbfleisch (n)	gušt-e gusāle	گوشت گوساله
Hammelfleisch (n)	gušt-e gusfand	گوشت گوسفند
Rindfleisch (n)	gušt-e gāv	گوشت گاو
Kaninchenfleisch (n)	xarguš	خرگوش

Wurst (f)	kālbās	کالباس
Würstchen (n)	sosis	سوسیس
Schinkenspeck (m)	beykon	بیکن
Schinken (m)	žāmbon	ژامبون
Räucherschinken (m)	rān xuk	ران خوک

Pastete (f)	pāte	پاته
Leber (f)	jegar	جگر
Hackfleisch (n)	hamberger	همبرگر
Zunge (f)	zabān	زبان

Ei (n)	toxm-e morq	تخم مرغ
Eier (pl)	toxm-e morq-ha	تخم مرغ ها
Eiweiß (n)	sefide-ye toxm-e morq	سفیده تخم مرغ
Eigelb (n)	zarde-ye toxm-e morq	زرده تخم مرغ

Fisch (m)	māhi	ماهی
Meeresfrüchte (pl)	qazā-ye daryāyi	غذای دریایی
Krebstiere (pl)	saxtpustān	سختپوستان
Kaviar (m)	xāviār	خاویار

Krabbe (f)	xarčang	خرچنگ
Garnele (f)	meygu	میگو
Auster (f)	sadaf-e xorāki	صدف خوراکی
Languste (f)	xarčang-e xārdār	خرچنگ خاردار
Krake (m)	hašt pā	هشت پا
Kalmar (m)	māhi-ye morakkab	ماهی مرکب

Störfleisch (n)	māhi-ye xāviār	ماهی خاویار
Lachs (m)	māhi-ye salemon	ماهی سالمون
Heilbutt (m)	halibut	هالیبوت
Dorsch (m)	māhi-ye rowqan	ماهی روغن

Makrele (f)	māhi-ye esqumeri	ماهی اسقومری
Tunfisch (m)	tan māhi	تن ماهی
Aal (m)	mārmāhi	مارماهی

Forelle (f)	māhi-ye qezelālā	ماهی قزل آلا
Sardine (f)	sārdin	ساردین
Hecht (m)	ordak māhi	اردک ماهی
Hering (m)	māhi-ye šur	ماهی شور

Brot (n)	nān	نان
Käse (m)	panir	پنیر
Zucker (m)	qand	قند
Salz (n)	namak	نمک

Reis (m)	berenj	برنج
Teigwaren (pl)	mākāroni	ماکارونی
Nudeln (pl)	rešte-ye farangi	رشته فرنگی

Butter (f)	kare	کره
Pflanzenöl (n)	rowqan-e nabāti	روغن نباتی
Sonnenblumenöl (n)	rowqan āftābgardān	روغن آفتاب گردان
Margarine (f)	mārgārin	مارگارین

| Oliven (pl) | zeytun | زیتون |
| Olivenöl (n) | rowqan-e zeytun | روغن زیتون |

Milch (f)	šir	شیر
Kondensmilch (f)	šir-e čegāl	شیر چگال
Joghurt (m)	mās-at	ماست
saure Sahne (f)	xāme-ye torš	خامة ترش
Sahne (f)	saršir	سرشیر

| Mayonnaise (f) | māyonez | مایونز |
| Buttercreme (f) | xāme | خامه |

Grütze (f)	hobubāt	حبوبات
Mehl (n)	ārd	آرد
Konserven (pl)	konserv-hā	کنسرو ها

Maisflocken (pl)	bereštuk	برشتوک
Honig (m)	asal	عسل
Marmelade (f)	morabbā	مربا
Kaugummi (m, n)	ādāms	آدامس

45. Getränke

Wasser (n)	āb	آب
Trinkwasser (n)	āb-e āšāmidani	آب آشامیدنی
Mineralwasser (n)	āb-e ma'dani	آب معدنی

still	bedun-e gāz	بدون گاز
mit Kohlensäure	gāzdār	گازدار
mit Gas	gāzdār	گازدار
Eis (n)	yax	یخ

mit Eis	yax dār	یخ دار
alkoholfrei (Adj)	bi alkol	بی الکل
alkoholfreies Getränk (n)	nušābe-ye bi alkol	نوشابهٔ بی الکل
Erfrischungsgetränk (n)	nušābe-ye xonak	نوشابهٔ خنک
Limonade (f)	limunād	لیموناد
Spirituosen (pl)	mašrubāt-e alkoli	مشروبات الکلی
Wein (m)	šarāb	شراب
Weißwein (m)	šarāb-e sefid	شراب سفید
Rotwein (m)	šarāb-e sorx	شراب سرخ
Likör (m)	likor	لیکور
Champagner (m)	šāmpāyn	شامپاین
Wermut (m)	vermut	ورموت
Whisky (m)	viski	ویسکی
Wodka (m)	vodkā	ودکا
Gin (m)	jin	جین
Kognak (m)	konyāk	کنیاک
Rum (m)	araq-e neyšekar	عرق نیشکر
Kaffee (m)	qahve	قهوه
schwarzer Kaffee (m)	qahve-ye talx	قهوهٔ تلخ
Milchkaffee (m)	šir-qahve	شیرقهوه
Cappuccino (m)	kāpočino	کاپوچینو
Pulverkaffee (m)	qahve-ye fowri	قهوه فوری
Milch (f)	šir	شیر
Cocktail (m)	kuktel	کوکتل
Milchcocktail (m)	kuktele šir	کوکتل شیر
Saft (m)	āb-e mive	آب میوه
Tomatensaft (m)	āb-e gowjefarangi	آب گوجه فرنگی
Orangensaft (m)	āb-e porteqāl	آب پرتقال
frisch gepresster Saft (m)	āb-e mive-ye taze	آب میوهٔ تازه
Bier (n)	ābejow	آبجو
Helles (n)	ābejow-ye sabok	آبجوی سبک
Dunkelbier (n)	ābejow-ye tire	آبجوی تیره
Tee (m)	čāy	چای
schwarzer Tee (m)	čāy-e siyāh	چای سیاه
grüner Tee (m)	čāy-e sabz	چای سبز

46. Gemüse

Gemüse (n)	sabzijāt	سبزیجات
grünes Gemüse (pl)	sabzi	سبزی
Tomate (f)	gowje farangi	گوجه فرنگی
Gurke (f)	xiyār	خیار
Karotte (f)	havij	هویج
Kartoffel (f)	sib zamini	سیب زمینی
Zwiebel (f)	piyāz	پیاز

Knoblauch (m)	sir	سیر
Kohl (m)	kalam	کلم
Blumenkohl (m)	gol kalam	گل کلم
Rosenkohl (m)	koll-am boruksel	کلم بروکسل
Brokkoli (m)	kalam borokli	کلم بروکلی

Rote Bete (f)	čoqondar	چغندر
Aubergine (f)	bādenjān	بادنجان
Zucchini (f)	kadu sabz	کدو سبز
Kürbis (m)	kadu tanbal	کدو تنبل
Rübe (f)	šalqam	شلغم

Petersilie (f)	ja'fari	جعفری
Dill (m)	šavid	شوید
Kopf Salat (m)	kāhu	کاهو
Sellerie (m)	karafs	کرفس
Spargel (m)	mārčube	مارچوبه
Spinat (m)	esfenāj	اسفناج

Erbse (f)	noxod	نخود
Bohnen (pl)	lubiyā	لوبیا
Mais (m)	zorrat	ذرت
weiße Bohne (f)	lubiyā qermez	لوبیا قرمز

Paprika (m)	felfel	فلفل
Radieschen (n)	torobče	تربچه
Artischocke (f)	kangar farangi	کنگرفرنگی

47. Obst. Nüsse

Frucht (f)	mive	میوه
Apfel (m)	sib	سیب
Birne (f)	golābi	گلابی
Zitrone (f)	limu	لیمو
Apfelsine (f)	porteqāl	پرتقال
Erdbeere (f)	tut-e farangi	توت فرنگی

Mandarine (f)	nārengi	نارنگی
Pflaume (f)	ālu	آلو
Pfirsich (m)	holu	هلو
Aprikose (f)	zardālu	زردآلو
Himbeere (f)	tamešk	تمشک
Ananas (f)	ānānās	آناناس

Banane (f)	mowz	موز
Wassermelone (f)	hendevāne	هندوانه
Weintrauben (pl)	angur	انگور
Sauerkirsche (f)	ālbālu	آلبالو
Süßkirsche (f)	gilās	گیلاس
Melone (f)	xarboze	خربزه

Grapefruit (f)	gerip forut	گریپ فوروت
Avocado (f)	āvokādo	اووکادو
Papaya (f)	pāpāyā	پاپایا

Mango (f)	anbe	انبه
Granatapfel (m)	anār	انار

rote Johannisbeere (f)	angur-e farangi-ye sorx	انگور فرنگی سرخ
schwarze Johannisbeere (f)	angur-e farangi-ye siyāh	انگور فرنگی سیاه
Stachelbeere (f)	angur-e farangi	انگور فرنگی
Heidelbeere (f)	zoqāl axte	زغال اخته
Brombeere (f)	šāh tut	شاه توت

Rosinen (pl)	kešmeš	کشمش
Feige (f)	anjir	انجیر
Dattel (f)	xormā	خرما

Erdnuss (f)	bādām zamin-i	بادام زمینی
Mandel (f)	bādām	بادام
Walnuss (f)	gerdu	گردو
Haselnuss (f)	fandoq	فندق
Kokosnuss (f)	nārgil	نارگیل
Pistazien (pl)	peste	پسته

48. Brot. Süßigkeiten

Konditorwaren (pl)	širini jāt	شیرینی جات
Brot (n)	nān	نان
Keks (m, n)	biskuit	بیسکویت

Schokolade (f)	šokolāt	شکلات
Schokoladen-	šokolāti	شکلاتی
Bonbon (m, n)	āb nabāt	آب نبات
Kuchen (m)	nān-e širini	نان شیرینی
Torte (f)	širini	شیرینی

Kuchen (Apfel-)	keyk	کیک
Füllung (f)	čāšni	چاشنی

Konfitüre (f)	morabbā	مربا
Marmelade (f)	mārmālād	مارمالاد
Waffeln (pl)	vāfel	وافل
Eis (n)	bastani	بستنی
Pudding (m)	puding	پودینگ

49. Gerichte

Gericht (n)	qazā	غذا
Küche (f)	qazā	غذا
Rezept (n)	dastur-e poxt	دستور پخت
Portion (f)	pors	پرس

Salat (m)	sālād	سالاد
Suppe (f)	sup	سوپ
Brühe (f), Bouillon (f)	pāye-ye sup	پایه سوپ
belegtes Brot (n)	sāndevič	ساندویچ

Spiegelei (n)	nimru	نیمرو
Hamburger (m)	hamberger	همبرگر
Beefsteak (n)	esteyk	استیک

Beilage (f)	moxallafāt	مخلفات
Spaghetti (pl)	espāgeti	اسپاگتی
Kartoffelpüree (n)	pure-ye sibi zamini	پورۀ سیب زمینی
Pizza (f)	pitzā	پیتزا
Brei (m)	šurbā	شوربا
Omelett (n)	ommol-at	املت

gekocht	āb paz	آب پز
geräuchert	dudi	دودی
gebraten	sorx šode	سرخ شده
getrocknet	xošk	خشک
tiefgekühlt	yax zade	یخ زده
mariniert	torši	ترشی

süß	širin	شیرین
salzig	šur	شور
kalt	sard	سرد
heiß	dāq	داغ
bitter	talx	تلخ
lecker	xoš mazze	خوش مزه

kochen (vt)	poxtan	پختن
zubereiten (vt)	poxtan	پختن
braten (vt)	sorx kardan	سرخ کردن
aufwärmen (vt)	garm kardan	گرم کردن

salzen (vt)	namak zadan	نمک زدن
pfeffern (vt)	felfel pāšidan	فلفل پاشیدن
reiben (vt)	rande kardan	رنده کردن
Schale (f)	pust	پوست
schälen (vt)	pust kandan	پوست کندن

50. Gewürze

Salz (n)	namak	نمک
salzig (Adj)	šur	شور
salzen (vt)	namak zadan	نمک زدن

schwarzer Pfeffer (m)	felfel-e siyāh	فلفل سیاه
roter Pfeffer (m)	felfel-e sorx	فلفل سرخ
Senf (m)	xardal	خردل
Meerrettich (m)	torob-e kuhi	ترب کوهی

Gewürz (n)	adviye	ادویه
Gewürz (n)	adviye	ادویه
Soße (f)	ses	سس
Essig (m)	serke	سرکه

Anis (m)	rāziyāne	رازیانه
Basilikum (n)	reyhān	ریحان

Nelke (f)	mixak	ميخک
Ingwer (m)	zanjefil	زنجفيل
Koriander (m)	gešniz	گشنيز
Zimt (m)	dārčin	دارچين

Sesam (m)	konjed	کنجد
Lorbeerblatt (n)	barg-e bu	برگ بو
Paprika (m)	paprika	پاپريکا
Kümmel (m)	zire	زيره
Safran (m)	za'ferān	زعفران

51. Mahlzeiten

| Essen (n) | qazā | غذا |
| essen (vi, vt) | xordan | خوردن |

Frühstück (n)	sobhāne	صبحانه
frühstücken (vi)	sobhāne xordan	صبحانه خوردن
Mittagessen (n)	nāhār	ناهار
zu Mittag essen	nāhār xordan	ناهار خوردن
Abendessen (n)	šām	شام
zu Abend essen	šām xordan	شام خوردن

| Appetit (m) | eštehā | اشتها |
| Guten Appetit! | nuš-e jān | نوش جان |

öffnen (vt)	bāz kardan	باز کردن
verschütten (vt)	rixtan	ريختن
verschüttet werden	rixtan	ريختن

kochen (vi)	jušidan	جوشيدن
kochen (Wasser ~)	jušāndan	جوشاندن
gekocht (Adj)	jušide	جوشيده
kühlen (vt)	sard kardan	سرد کردن
abkühlen (vi)	sard šodan	سرد شدن

| Geschmack (m) | maze | مزه |
| Beigeschmack (m) | maze | مزه |

auf Diät sein	lāqar kardan	لاغر کردن
Diät (f)	režim	رژيم
Vitamin (n)	vitāmin	ويتامين
Kalorie (f)	kālori	کالری

| Vegetarier (m) | giyāh xār | گياه خوار |
| vegetarisch (Adj) | giyāh xāri | گياه خواری |

Fett (n)	čarbi-hā	چربی ها
Protein (n)	porotein	پروتئين
Kohlenhydrat (n)	karbohidrāt-hā	کربو هيدرات ها

Scheibchen (n)	qet'e	قطعه
Stück (ein ~ Kuchen)	tekke	تکه
Krümel (m)	zarre	ذره

52. Gedeck

Löffel (m)	qāšoq	قاشق
Messer (n)	kārd	کارد
Gabel (f)	čangāl	چنگال
Tasse (eine ~ Tee)	fenjān	فنجان
Teller (m)	bošqāb	بشقاب
Untertasse (f)	na'lbeki	نعلبکی
Serviette (f)	dastmāl	دستمال
Zahnstocher (m)	xelāl-e dandān	خلال دندان

53. Restaurant

Restaurant (n)	resturān	رستوران
Kaffeehaus (n)	kāfe	کافه
Bar (f)	bār	بار
Teesalon (m)	qahve xāne	قهوه خانه
Kellner (m)	pišxedmat	پیشخدمت
Kellnerin (f)	pišxedmat	پیشخدمت
Barmixer (m)	motesaddi-ye bār	متصدی بار
Speisekarte (f)	meno	منو
Weinkarte (f)	kārt-e šarāb	کارت شراب
einen Tisch reservieren	miz rezerv kardan	میز رزرو کردن
Gericht (n)	qazā	غذا
bestellen (vt)	sefāreš dādan	سفارش دادن
eine Bestellung aufgeben	sefāreš dādan	سفارش دادن
Aperitif (m)	mašrub-e piš qazā	مشروب پیش غذا
Vorspeise (f)	piš qazā	پیش غذا
Nachtisch (m)	deser	دسر
Rechnung (f)	surat hesāb	صورت حساب
Rechnung bezahlen	surat-e hesāb rā pardāxtan	صورت حساب را پرداختن
das Wechselgeld geben	baqiye rā dādan	بقیه را دادن
Trinkgeld (n)	an'ām	انعام

Familie, Verwandte und Freunde

54. Persönliche Informationen. Formulare

Vorname (m)	esm	اسم
Name (m)	nãm-e xãnevãdegi	نام خانوادگی
Geburtsdatum (n)	tãrix-e tavallod	تاریخ تولد
Geburtsort (m)	mahall-e tavallod	محل تولد
Nationalität (f)	melliyat	ملیت
Wohnort (m)	mahall-e sokunat	محل سکونت
Land (n)	kešvar	کشور
Beruf (m)	šoql	شغل
Geschlecht (n)	jens	جنس
Größe (f)	qad	قد
Gewicht (n)	vazn	وزن

55. Familienmitglieder. Verwandte

Mutter (f)	mãdar	مادر
Vater (m)	pedar	پدر
Sohn (m)	pesar	پسر
Tochter (f)	doxtar	دختر
jüngste Tochter (f)	doxtar-e kučak	دختر کوچک
jüngste Sohn (m)	pesar-e kučak	پسر کوچک
ältere Tochter (f)	doxtar-e bozorg	دختر بزرگ
älterer Sohn (m)	pesar-e bozorg	پسر بزرگ
Bruder (m)	barãdar	برادر
älterer Bruder (m)	barãdar-e bozorg	برادر بزرگ
jüngerer Bruder (m)	barãdar-e kučak	برادر کوچک
Schwester (f)	xãhar	خواهر
ältere Schwester (f)	xãhar-e bozorg	خواهر بزرگ
jüngere Schwester (f)	xãhar-e kučak	خواهر کوچک
Cousin (m)	pesar 'amu	پسر عمو
Cousine (f)	doxtar amu	دخترعمو
Mama (f)	mãmãn	مامان
Papa (m)	bãbã	بابا
Eltern (pl)	vãledeyn	والدین
Kind (n)	kudak	کودک
Kinder (pl)	bače-hã	بچه ها
Großmutter (f)	mãdarbozorg	مادربزرگ
Großvater (m)	pedar-bozorg	پدربزرگ

Enkel (m)	nave	نوه
Enkelin (f)	nave	نوه
Enkelkinder (pl)	nave-hā	نوه ها

Onkel (m)	amu	عمو
Tante (f)	xāle yā amme	خاله یا عمه
Neffe (m)	barādar-zāde	برادرزاده
Nichte (f)	xāhar-zāde	خواهرزاده

Schwiegermutter (f)	mādarzan	مادرزن
Schwiegervater (m)	pedar-šowhar	پدرشوهر
Schwiegersohn (m)	dāmād	داماد
Stiefmutter (f)	nāmādari	نامادری
Stiefvater (m)	nāpedari	ناپدری

Säugling (m)	nowzād	نوزاد
Kleinkind (n)	širxār	شیرخوار
Kleine (m)	pesar-e kučulu	پسر کوچولو

Frau (f)	zan	زن
Mann (m)	šowhar	شوهر
Ehemann (m)	hamsar	همسر
Gemahlin (f)	hamsar	همسر

verheiratet (Ehemann)	mote'ahhel	متاهل
verheiratet (Ehefrau)	mote'ahhel	متاهل
ledig	mojarrad	مجرد
Junggeselle (m)	mojarrad	مجرد
geschieden (Adj)	talāq gerefte	طلاق گرفته
Witwe (f)	bive zan	بیوه زن
Witwer (m)	bive	بیوه

Verwandte (m)	xišāvand	خویشاوند
naher Verwandter (m)	aqvām-e nazdik	اقوام نزدیک
entfernter Verwandter (m)	aqvām-e dur	اقوام دور
Verwandte (pl)	aqvām	اقوام

Waise (m, f)	yatim	یتیم
Vormund (m)	qayyem	قیم
adoptieren (einen Jungen)	be pesari gereftan	به پسری گرفتن
adoptieren (ein Mädchen)	be doxtari gereftan	به دختری گرفتن

56. Freunde. Arbeitskollegen

Freund (m)	dust	دوست
Freundin (f)	dust	دوست
Freundschaft (f)	dusti	دوستی
befreundet sein	dust budan	دوست بودن

Freund (m)	rafiq	رفیق
Freundin (f)	rafiq	رفیق
Partner (m)	šarik	شریک
Chef (m)	ra'is	رئیس
Vorgesetzte (m)	ra'is	رئیس

53

Besitzer (m)	sāheb	صاحب
Untergeordnete (m)	zirdast	زیردست
Kollege (m), Kollegin (f)	hamkār	همکار

Bekannte (m)	āšnā	آشنا
Reisegefährte (m)	hamsafar	همسفر
Mitschüler (m)	ham kelās	هم کلاس

Nachbar (m)	hamsāye	همسایه
Nachbarin (f)	hamsāye	همسایه
Nachbarn (pl)	hamsāye-hā	همسایه ها

57. Mann. Frau

Frau (f)	zan	زن
Mädchen (n)	doxtar	دختر
Braut (f)	arus	عروس

schöne	zibā	زیبا
große	qad boland	قد بلند
schlanke	xoš andām	خوش اندام
kleine (~ Frau)	qad kutāh	قد کوتاه

Blondine (f)	mu bur	مو بور
Brünette (f)	mu siyāh	مو سیاه

Damen-	zanāne	زنانه
Jungfrau (f)	bākere	باکره
schwangere	bārdār	باردار

Mann (m)	mard	مرد
Blonde (m)	mu bur	مو بور
Brünette (m)	mu siyāh	مو سیاه
hoch	qad boland	قد بلند
klein	qad kutāh	قد کوتاه

grob	xašen	خشن
untersetzt	tanumand	تنومند
robust	tanumand	تنومند
stark	nirumand	نیرومند
Kraft (f)	niru	نیرو

dick	čāq	چاق
dunkelhäutig	sabze ru	سبزه رو
schlank	xoš andām	خوش اندام
elegant	barāzande	برازنده

58. Alter

Alter (n)	sen	سن
Jugend (f)	javāni	جوانی
jung	javān	جوان

| jünger (~ als Sie) | kučaktar | کوچکتر |
| älter (~ als ich) | bozorgtar | بزرگتر |

Junge (m)	mard-e javān	مرد جوان
Teenager (m)	nowjavān	نوجوان
Bursche (m)	mard	مرد

| Greis (m) | pirmard | پیرمرد |
| alte Frau (f) | pirzan | پیرزن |

Erwachsene (m)	bāleq	بالغ
in mittleren Jahren	miyānsāl	میانسال
älterer (Adj)	sālmand	سالمند
alt (Adj)	mosen	مسن

Ruhestand (m)	mostamerri	مستمری
in Rente gehen	bāznešaste šodan	بازنشسته شدن
Rentner (m)	bāznešaste	بازنشسته

59. Kinder

Kind (n)	kudak	کودک
Kinder (pl)	bače-hā	بچه ها
Zwillinge (pl)	doqolu	دوقلو

Wiege (f)	gahvāre	گهواره
Rassel (f)	jeqjeqe	جغجغه
Windel (f)	pušak	پوشک

Schnuller (m)	pestānak	پستانک
Kinderwagen (m)	kāleske	کالسکه
Kindergarten (m)	kudakestān	کودکستان
Kinderfrau (f)	parastār bače	پرستار بچه

Kindheit (f)	kudaki	کودکی
Puppe (f)	arusak	عروسک
Spielzeug (n)	asbāb bāzi	اسباب بازی
Baukasten (m)	xāne sāzi	خانه سازی

wohlerzogen	bā tarbiyat	با تربیت
ungezogen	bi tarbiyat	بی تربیت
verwöhnt	lus	لوس

unartig sein	šeytanat kardan	شیطنت کردن
unartig	bāziguš	بازیگوش
Unart (f)	šeytāni	شیطانی
Schelm (m)	šeytān	شیطان

| gehorsam | moti' | مطیع |
| ungehorsam | sarkeš | سرکش |

fügsam	āqel	عاقل
klug	bāhuš	باهوش
Wunderkind (n)	kudak nābeqe	کودک نابغه

60. Ehepaare. Familienleben

küssen (vt)	busidan	بوسیدن
sich küssen	hamdigar rā busidan	همدیگررا بوسیدن
Familie (f)	xānevāde	خانواده
Familien-	xānevādegi	خانوادگی
Paar (n)	zoj	زوج
Ehe (f)	ezdevāj	ازدواج
Heim (n)	kāšāne	کاشانه
Dynastie (f)	selsele	سلسله
Rendezvous (n)	qarār	قرار
Kuss (m)	buse	بوسه
Liebe (f)	ešq	عشق
lieben (vt)	dust dāštan	دوست داشتن
geliebt	mahbub	محبوب
Zärtlichkeit (f)	mehrbāni	مهربانی
zärtlich	mehrbān	مهربان
Treue (f)	vafā	وفا
treu (Adj)	vafādār	وفادار
Fürsorge (f)	tavajjoh	توجه
sorgsam	ba molāheze	با ملاحظه
Frischvermählte (pl)	tāze ezdevāj karde	تازه ازدواج کرده
Flitterwochen (pl)	māh-e asal	ماه عسل
heiraten (einen Mann ~)	ezdevāj kardan	ازدواج کردن
heiraten (ein Frau ~)	ezdevāj kardan	ازدواج کردن
Hochzeit (f)	arusi	عروسی
goldene Hochzeit (f)	panjāhomin sālgard-e arusi	پنجاهمین سالگرد عروسی
Jahrestag (m)	sālgard	سالگرد
Geliebte (m)	ma'šuq	معشوق
Geliebte (f)	ma'šuqe	معشوقه
Ehebruch (m)	xiyānat	خیانت
Ehebruch begehen	xiyānat kardan	خیانت کردن
eifersüchtig	hasud	حسود
eifersüchtig sein	hasud budan	حسود بودن
Scheidung (f)	talāq	طلاق
sich scheiden lassen	talāq gereftan	طلاق گرفتن
streiten (vi)	da'vā kardan	دعوا کردن
sich versöhnen	āšti kardan	آشتی کردن
zusammen (Adv)	bāham	باهم
Sex (m)	seks	سکس
Glück (n)	xošbaxti	خوشبختی
glücklich	xošbaxt	خوشبخت
Unglück (n)	badbaxti	بدبختی
unglücklich	badbaxt	بدبخت

Charakter. Empfindungen. Gefühle

61. Empfindungen. Gefühle

Gefühl (n)	ehsās	احساس
Gefühle (pl)	ehsāsat	احساسات
fühlen (vt)	ehsās kardan	احساس کردن
Hunger (m)	gorosnegi	گرسنگی
hungrig sein	gorosne budan	گرسنه بودن
Durst (m)	tešnegi	تشنگی
Durst haben	tešne budan	تشنه بودن
Schläfrigkeit (f)	xāb āludegi	خواب آلودگی
schlafen wollen	xābālud budan	خواب آلود بودن
Müdigkeit (f)	xastegi	خستگی
müde	xaste	خسته
müde werden	xaste šodan	خسته شدن
Laune (f)	xolq	خلق
Langeweile (f)	bi hoselegi	بی حوصلگی
sich langweilen	hosele sar raftan	حوصله سررفتن
Zurückgezogenheit (n)	guše nešini	گوشه نشینی
sich zurückziehen	guše nešini kardan	گوشه نشینی کردن
beunruhigen (vt)	negarān kardan	نگران کردن
sorgen (vi)	negarān šodan	نگران شدن
Besorgnis (f)	negarāni	نگرانی
Angst (~ um ...)	negarāni	نگرانی
besorgt (Adj)	moztareb	مضطرب
nervös sein	asabi šodan	عصبی شدن
in Panik verfallen (vi)	vahšat kardan	وحشت کردن
Hoffnung (f)	omid	امید
hoffen (vi)	omid dāštan	امید داشتن
Sicherheit (f)	etminān	اطمینان
sicher	motmaen	مطمئن
Unsicherheit (f)	adam-e etminān	عدم اطمینان
unsicher	nā motmaen	نا مطمئن
betrunken	mast	مست
nüchtern	hošyār	هوشیار
schwach	za'if	ضعیف
glücklich	xošbaxt	خوشبخت
erschrecken (vt)	tarsāndan	ترساندن
Wut (f)	qeyz	غیظ
Rage (f)	xašm	خشم
Depression (f)	afsordegi	افسردگی
Unbehagen (n)	nārāhati	ناراحتی

Komfort (m)	āsāyeš	آسایش
bedauern (vt)	afsus xordan	افسوس خوردن
Bedauern (n)	afsus	افسوس
Missgeschick (n)	bad šāns-i	بد شانسی
Kummer (m)	delxori	دلخوری

Scham (f)	šarm	شرم
Freude (f)	šādi	شادی
Begeisterung (f)	eštiyāq	اشتیاق
Enthusiast (m)	moštāq	مشتاق
Begeisterung zeigen	eštiyāq dāštan	اشتیاق داشتن

62. Charakter. Persönlichkeit

Charakter (m)	šaxsiyat	شخصیت
Charakterfehler (m)	naqs	نقص
Verstand (m), Vernunft (f)	aql	عقل

Gewissen (n)	vejdān	وجدان
Gewohnheit (f)	ādat	عادت
Fähigkeit (f)	este'dād	استعداد
können (v mod)	tavānestan	توانستن

geduldig	bā howsele	با حوصله
ungeduldig	bi hosele	بی حوصله
neugierig	konjkāv	کنجکاو
Neugier (f)	konjkāvi	کنجکاوی

Bescheidenheit (f)	forutani	فروتنی
bescheiden	forutan	فروتن
unbescheiden	gostāx	گستاخ

Faulheit (f)	tanbali	تنبلی
faul	tanbal	تنبل
Faulenzer (m)	tanbal	تنبل

Listigkeit (f)	mokāri	مکاری
listig	makkār	مکار
Misstrauen (n)	bad gomāni	بد گمانی
misstrauisch	bad gomān	بد گمان

Freigebigkeit (f)	sexāvat	سخاوت
freigebig	ba sexāvat	با سخاوت
talentiert	bā este'dād	با استعداد
Talent (n)	este'dād	استعداد

tapfer	šojā'	شجاع
Tapferkeit (f)	šojā'at	شجاعت
ehrlich	sādeq	صادق
Ehrlichkeit (f)	sedāqat	صداقت

vorsichtig	bā ehtiyāt	با احتیاط
tapfer	bi bāk	بی باک
ernst	jeddi	جدی

streng	saxt gir	سخت گیر
entschlossen	mosammam	مصمم
unentschlossen	do del	دو دل
schüchtern	xejālati	خجالتی
Schüchternheit (f)	xejālat	خجالت

Vertrauen (n)	e'temād	اعتماد
vertrauen (vi)	bāvar kardan	باور کردن
vertrauensvoll	zud bāvar	زود باور

aufrichtig (Adv)	sādeqāne	صادقانه
aufrichtig (Adj)	sādeq	صادق
Aufrichtigkeit (f)	sedāqat	صداقت
offen	sarih	صریح

still (Adj)	ārām	آرام
freimütig	rok	رک
naiv	sāde lowh	ساده لوح
zerstreut	sar be havā	سربه هوا
drollig, komisch	xande dār	خنده دار

Gier (f)	hers	حرص
habgierig	haris	حریص
geizig	xasis	خسیس
böse	badjens	بدجنس
hartnäckig	lajuj	لجوج
unangenehm	nāxošāyand	ناخوشایند

Egoist (m)	xodxāh	خودخواه
egoistisch	xodxāhi	خودخواهی
Feigling (m)	tarsu	ترسو
feige	tarsu	ترسو

63. Schlaf. Träume

schlafen (vi)	xābidan	خوابیدن
Schlaf (m)	xāb	خواب
Traum (m)	royā	رویا
träumen (im Schlaf)	xāb didan	خواب دیدن
verschlafen	xāb ālud	خواب آلود

Bett (n)	taxt-e xāb	تخت خواب
Matratze (f)	tošak	تشک
Decke (f)	patu	پتو
Kissen (n)	bālešt	بالشت
Laken (n)	malāfe	ملافه

Schlaflosigkeit (f)	bi-xābi	بیخوابی
schlaflos	bi xāb	بی خواب
Schlafmittel (n)	xāb āvar	خواب آور
Schlafmittel nehmen	xābāvar xordan	خواب آور خوردن

| schlafen wollen | xābālud budan | خواب آلود بودن |
| gähnen (vi) | xamyāze kešidan | خمیازه کشیدن |

schlafen gehen	be raxtexāb raftan	به رختخواب رفتن
das Bett machen	raxtexāb-e pahn kardan	رختخواب پهن کردن
einschlafen (vi)	xābidan	خوابیدن

Alptraum (m)	kābus	کابوس
Schnarchen (n)	xoropof	خروپف
schnarchen (vi)	xoropof kardan	خروپف کردن

Wecker (m)	sāʿat-e zang dār	ساعت زنگ دار
aufwecken (vt)	bidār kardan	بیدار کردن
erwachen (vi)	bidār šodan	بیدار شدن
aufstehen (vi)	boland šodan	بلند شدن
sich waschen	dast-o ru šostan	دست و روشستن

64. Humor. Lachen. Freude

Humor (m)	šuxi	شوخی
Sinn (m) für Humor	šux taʿbi	شوخ طبعی
sich amüsieren	šādi kardan	شادی کردن
froh (Adj)	šād	شاد
Fröhlichkeit (f)	šādi	شادی

Lächeln (n)	labxand	لبخند
lächeln (vi)	labxand zadan	لبخند زدن
auflachen (vi)	xandidan	خندیدن
lachen (vi)	xandidan	خندیدن
Lachen (n)	xande	خنده

Anekdote, Witz (m)	latife	لطیفه
lächerlich	xande dār	خنده دار
komisch	xande dār	خنده دار

Witz machen	šuxi kardan	شوخی کردن
Spaß (m)	šuxi	شوخی
Freude (f)	šādi	شادی
sich freuen	xošhāl šodan	خوشحال شدن
froh (Adj)	xošhāl	خوشحال

65. Diskussion, Unterhaltung. Teil 1

| Kommunikation (f) | ertebāt | ارتباط |
| kommunizieren (vi) | ertebāt dāštan | ارتباط داشتن |

Konversation (f)	mokāleme	مکالمه
Dialog (m)	goftogu	گفتگو
Diskussion (f)	mobāhese	مباحثه
Streitgespräch (n)	mošājere	مشاجره
streiten (vi)	mošājere kardan	مشاجره کردن

Gesprächspartner (m)	ham soxan	هم سخن
Thema (n)	mowzuʿ	موضوع
Gesichtspunkt (m)	noqte nazar	نقطه نظر

Meinung (f)	nazar	نظر
Rede (f)	soxanrāni	سخنرانی
Besprechung (f)	mozākere	مذاکره
besprechen (vt)	bahs kardan	بحث کردن
Gespräch (n)	goftogu	گفتگو
Gespräche führen	goftogu kardan	گفتگو کردن
Treffen (n)	didār	دیدار
sich treffen	molāqāt kardan	ملاقات کردن
Sprichwort (n)	zarb-ol-masal	ضرب المثل
Redensart (f)	zarb-ol-masal	ضرب المثل
Rätsel (n)	mo'ammā	معما
ein Rätsel aufgeben	mo'ammā matrah kardan	معما مطرح کردن
Parole (f)	ramz	رمز
Geheimnis (n)	rāz	راز
Eid (m), Schwur (m)	sowgand	سوگند
schwören (vi, vt)	sowgand xordan	سوگند خوردن
Versprechen (n)	va'de	وعده
versprechen (vt)	qowl dādan	قول دادن
Rat (m)	nasihat	نصیحت
raten (vt)	nasihat kardan	نصیحت کردن
einen Rat befolgen	nasihat-e kasi rā donbāl kardan	نصیحت کسی را دنبال کردن
gehorchen (jemandem ~)	guš kardan	گوش کردن
Neuigkeit (f)	xabar	خبر
Sensation (f)	hayajān	هیجان
Informationen (pl)	ettelā'āt	اطلاعات
Schlussfolgerung (f)	natije	نتیجه
Stimme (f)	sedā	صدا
Kompliment (n)	ta'rif	تعریف
freundlich	bā mohabbat	با محبت
Wort (n)	kalame	کلمه
Phrase (f)	ebārat	عبارت
Antwort (f)	javāb	جواب
Wahrheit (f)	haqiqat	حقیقت
Lüge (f)	doruq	دروغ
Gedanke (m)	fekr	فکر
Idee (f)	fekr	فکر
Phantasie (f)	fāntezi	فانتزی

66. Diskussion, Unterhaltung. Teil 2

angesehen (Adj)	mohtaram	محترم
respektieren (vt)	ehterām gozāštan	احترام گذاشتن
Respekt (m)	ehterām	احترام
Sehr geehrter ...	gerāmi	گرامی
bekannt machen	mo'arrefi kardan	معرفی کردن

kennenlernen (vt)	āšnā šodan	آشنا شدن
Absicht (f)	qasd	قصد
beabsichtigen (vt)	qasd dāštan	قصد داشتن
Wunsch (m)	ārezu	آرزو
wünschen (vt)	ārezu kardan	آرزو کردن
Staunen (n)	ta'ajjob	تعجب
erstaunen (vt)	mote'ajjeb kardan	متعجب کردن
staunen (vi)	mote'ajjeb šodan	متعجب شدن
geben (vt)	dādan	دادن
nehmen (vt)	bardāštan	برداشتن
herausgeben (vt)	bargardāndan	برگرداندن
zurückgeben (vt)	pas dādan	پس دادن
sich entschuldigen	ozr xāstan	عذر خواستن
Entschuldigung (f)	ozr xāhi	عذر خواهی
verzeihen (vt)	baxšidan	بخشیدن
sprechen (vi)	harf zadan	حرف زدن
hören (vt), zuhören (vi)	guš dādan	گوش دادن
sich anhören	xub guš dādan	خوب گوش دادن
verstehen (vt)	fahmidan	فهمیدن
zeigen (vt)	nešān dādan	نشان دادن
ansehen (vt)	negāh kardan	نگاه کردن
rufen (vt)	sedā kardan	صدا کردن
belästigen (vt)	mozāhem šodan	مزاحم شدن
stören (vt)	mozāhem šodan	مزاحم شدن
übergeben (vt)	dādan	دادن
Bitte (f)	xāheš	خواهش
bitten (vt)	xāheš kardan	خواهش کردن
Verlangen (n)	taqāzā	تقاضا
verlangen (vt)	darxāst kardan	درخواست کردن
necken (vt)	dast endāxtan	دست انداختن
spotten (vi)	masxare kardan	مسخره کردن
Spott (m)	masxare	مسخره
Spitzname (m)	laqab	لقب
Andeutung (f)	kenāye	کنایه
andeuten (vt)	kenāye zadan	کنایه زدن
meinen (vt)	ma'ni dāštan	معنی داشتن
Beschreibung (f)	towsif	توصیف
beschreiben (vt)	towsif kardan	توصیف کردن
Lob (n)	tahsin	تحسین
loben (vt)	tahsin kardan	تحسین کردن
Enttäuschung (f)	nāomidi	ناامیدی
enttäuschen (vt)	nāomid kardan	ناامید کردن
enttäuscht sein	nāomid šodan	ناامید شدن
Vermutung (f)	farz	فرض
vermuten (vt)	farz kardan	فرض کردن

| Warnung (f) | extār | اخطار |
| warnen (vt) | extār dādan | اخطار دادن |

67. Diskussion, Unterhaltung. Teil 3

| überreden (vt) | rāzi kardan | راضی کردن |
| beruhigen (vt) | ārām kardan | آرام کردن |

Schweigen (n)	sokut	سکوت
schweigen (vi)	sāket māndan	ساکت ماندن
flüstern (vt)	najvā kardan	نجوا کردن
Flüstern (n)	najvā	نجوا

| offen (Adv) | sādeqāne | صادقانه |
| meiner Meinung nach ... | be nazar-e man | به نظرمن |

Detail (n)	joz'iyāt	جزئیات
ausführlich (Adj)	mofassal	مفصل
ausführlich (Adv)	be tafsil	به تفصیل

| Tipp (m) | sarnax | سرنخ |
| einen Tipp geben | sarnax dādan | سرنخ دادن |

Blick (m)	nazar	نظر
anblicken (vt)	nazar andāxtan	نظر انداختن
starr (z.B. -en Blick)	bi harekat	بی حرکت
blinzeln (mit den Augen)	pelk zadan	پلک زدن
zwinkern (mit den Augen)	češmak zadan	چشمک زدن
nicken (vi)	sar-e tekān dādan	سر تکان دادن

Seufzer (m)	āh	آه
aufseufzen (vi)	āh kešidan	آه کشیدن
zusammenzucken (vi)	larzidan	لرزیدن
Geste (f)	žest	ژست
berühren (vt)	lams kardan	لمس کردن
ergreifen (vt)	gereftan	گرفتن
klopfen (vt)	zadan	زدن

Vorsicht!	movāzeb bāš!	مواظب باش!
Wirklich?	vāqe'an?	واقعاً؟
Sind Sie sicher?	motmaenn-i?	مطمئنی؟
Viel Glück!	movaffaq bāšid!	موفق باشید!
Klar!	albate!	البته!
Schade!	heyf!	حیف!

68. Zustimmung. Ablehnung

Einverständnis (n)	movāfeqat	موافقت
zustimmen (vi)	movāfeqat kardan	موافقت کردن
Billigung (f)	ta'id	تایید
billigen (vt)	ta'id kardan	تایید کردن
Absage (f)	emtenā'	امتناع

63

sich weigern	rad kardan	رد کردن
Ausgezeichnet!	āli	عالی
Ganz recht!	xub	خوب
Gut! Okay!	besyār xob!	بسیارخوب!

verboten (Adj)	mamnu'	ممنوع
Es ist verboten	mamnu' ast	ممنوع است
Es ist unmöglich	qeyr-e momken ast	غیر ممکن است
falsch	nādorost	نادرست

ablehnen (vt)	rad kardan	رد کردن
unterstützen (vt)	poštibāni kardan	پشتیبانی کردن
akzeptieren (vt)	qabul kardan	قبول کردن

bestätigen (vt)	ta'yid kardan	تأیید کردن
Bestätigung (f)	ta'yid	تأیید
Erlaubnis (f)	ejāze	اجازه
erlauben (vt)	ejāze dādan	اجازه دادن
Entscheidung (f)	tasmim	تصمیم
schweigen (nicht antworten)	sokut kardan	سکوت کردن

Bedingung (f)	šart	شرط
Ausrede (f)	bahāne	بهانه
Lob (n)	tahsin	تحسین
loben (vt)	tahsin kardan	تحسین کردن

69. Erfolg. Alles Gute. Misserfolg

Erfolg (m)	movaffaqiyat	موفقیت
erfolgreich (Adv)	bā movaffaqiyat	با موفقیت
erfolgreich (Adj)	movaffaqiyat āmiz	موفقیت آمیز

Glück (Glücksfall)	šāns	شانس
Viel Glück!	movaffaq bāšid!	موفق باشید!
Glücks- (z.B. -tag)	šāns	شانس
glücklich (Adj)	xoš šāns	خوش شانس

Misserfolg (m)	nākāmi	ناکامی
Missgeschick (n)	bad šāns-i	بد شانسی
Unglück (n)	bad šāns-i	بد شانسی

missglückt (Adj)	nā movaffaq	نا موفق
Katastrophe (f)	fāje'e	فاجعه

Stolz (m)	eftexār	افتخار
stolz	maqrur	مغرور
stolz sein	eftexār kardan	افتخارکردن

Sieger (m)	barande	برنده
siegen (vi)	piruz šodan	پیروز شدن
verlieren (Spiel usw.)	bāxtan	باختن
Versuch (m)	talāš	تلاش
versuchen (vt)	talāš kardan	تلاش کردن
Chance (f)	šāns	شانس

70. Streit. Negative Gefühle

Schrei (m)	faryād	فریاد
schreien (vi)	faryād zadan	فریاد زدن
beginnen zu schreien	faryād zadan	فریاد زدن

Zank (m)	da'vā	دعوا
sich zanken	da'vā kardan	دعوا کردن
Riesenkrach (m)	mošājere	مشاجره
Krach haben	janjāl kardan	جنجال کردن
Konflikt (m)	dargiri	درگیری
Missverständnis (n)	su'-e tafāhom	سوء تفاهم

Kränkung (f)	towhin	توهین
kränken (vt)	towhin kardan	توهین کردن
gekränkt (Adj)	towhin šode	توهین شده
Beleidigung (f)	ranješ	رنجش
beleidigen (vt)	ranjāndan	رنجاندن
sich beleidigt fühlen	ranjidan	رنجیدن

Empörung (f)	xašm	خشم
sich empören	xašmgin šodan	خشمگین شدن
Klage (f)	šekāyat	شکایت
klagen (vi)	šekāyat kardan	شکایت کردن

Entschuldigung (f)	ozr xāhi	عذر خواهی
sich entschuldigen	ozr xāstan	عذر خواستن
um Entschuldigung bitten	ozr xāstan	عذر خواستن

Kritik (f)	enteqād	انتقاد
kritisieren (vt)	enteqād kardan	انتقاد کردن
Anklage (f)	ettehām	اتهام
anklagen (vt)	mottaham kardan	متهم کردن

Rache (f)	enteqām	انتقام
rächen (vt)	enteqām gereftan	انتقام گرفتن
sich rächen	talāfi darāvardan	تلافی درآوردن

Verachtung (f)	tahqir	تحقیر
verachten (vt)	tahqir kardan	تحقیر کردن
Hass (m)	nefrat	نفرت
hassen (vt)	motenaffer budan	متنفر بودن

nervös	asabi	عصبی
nervös sein	asabi šodan	عصبی شدن
verärgert	xašmgin	خشمگین
ärgern (vt)	xašmgin kardan	خشمگین کردن

Erniedrigung (f)	tahqir	تحقیر
erniedrigen (vt)	tahqir kardan	تحقیر کردن
sich erniedrigen	tahqir šodan	تحقیر شدن

Schock (m)	šok	شوک
schockieren (vt)	šokke kardan	شوک کردن
Ärger (m)	moškel	مشکل

unangenehm	nāxošāyand	ناخوشایند
Angst (f)	tars	ترس
furchtbar (z.B. -e Sturm)	eftezāh	افتضاح
schrecklich	vahšatnāk	وحشتناک
Entsetzen (n)	vahšat	وحشت
entsetzlich	vahšat āvar	وحشت آور
zittern (vi)	larzidan	لرزیدن
weinen (vi)	gerye kardan	گریه کردن
anfangen zu weinen	gerye sar dādan	گریه سر دادن
Träne (f)	ašk	اشک
Schuld (f)	taqsir	تقصیر
Schuldgefühl (n)	gonāh	گناه
Schmach (f)	ār	عار
Protest (m)	e'terāz	اعتراض
Stress (m)	fešār	فشار
stören (vt)	mozāhem šodan	مزاحم شدن
sich ärgern	xašmgin budan	خشمگین بودن
ärgerlich	xašmgin	خشمگین
abbrechen (vi)	qat' kardan	قطع کردن
schelten (vi)	fohš dādan	فحش دادن
erschrecken (vi)	tarsidan	ترسیدن
schlagen (vt)	zadan	زدن
sich prügeln	zad-o-xord kardan	زد و خورد کردن
beilegen (Konflikt usw.)	hal-o-fasl kardan	حل و فصل کردن
unzufrieden	nārāzi	ناراضی
wütend	qazabnāk	غضبناک
Das ist nicht gut!	xub nist!	خوب نیست!
Das ist schlecht!	bad ast!	بد است!

Medizin

71. Krankheiten

Krankheit (f)	bimāri	بیماری
krank sein	bimār budan	بیمار بودن
Gesundheit (f)	salāmati	سلامتی

Schnupfen (m)	āb-e rizeš-e bini	آب ریزش بینی
Angina (f)	varam-e lowze	ورم لوزه
Erkältung (f)	sarmā xordegi	سرما خوردگی
sich erkälten	sarmā xordan	سرما خوردن

Bronchitis (f)	boronšit	برنشیت
Lungenentzündung (f)	zātorrie	ذات الریه
Grippe (f)	ānfolānzā	آنفولانزا

kurzsichtig	nazdik bin	نزدیک بین
weitsichtig	durbin	دوربین
Schielen (n)	enherāf-e čašm	انحراف چشم
schielend (Adj)	luč	لوچ
grauer Star (m)	āb morvārid	آب مروارید
Glaukom (n)	ab-e siyāh	آب سیاه

Schlaganfall (m)	sekte-ye maqzi	سکته مغزی
Infarkt (m)	sekte-ye qalbi	سکته قلبی
Herzinfarkt (m)	ānfārktus	آنفارکتوس
Lähmung (f)	falaji	فلجی
lähmen (vt)	falj kardan	فلج کردن

Allergie (f)	ālerži	آلرژی
Asthma (n)	āsm	آسم
Diabetes (m)	diyābet	دیابت

| Zahnschmerz (m) | dandān-e dard | دندان درد |
| Karies (f) | pusidegi | پوسیدگی |

Durchfall (m)	eshāl	اسهال
Verstopfung (f)	yobusat	یبوست
Magenverstimmung (f)	nārāhati-ye me'de	ناراحتی معده
Vergiftung (f)	masmumiyat	مسمومیت
Vergiftung bekommen	masmum šodan	مسموم شدن

Arthritis (f)	varam-e mafāsel	ورم مفاصل
Rachitis (f)	rāšitism	راشیتیسم
Rheumatismus (m)	romātism	روماتیسم
Atherosklerose (f)	tasallob-e šarāin	تصلب شرائین

| Gastritis (f) | varam-e me'de | ورم معده |
| Blinddarmentzündung (f) | āpāndisit | آپاندیسیت |

Cholezystitis (f)	eltehāb-e kise-ye safrā	التهاب کیسه صفرا
Geschwür (n)	zaxm	زخم

Masern (pl)	sorxak	سرخک
Röteln (pl)	sorxje	سرخجه
Gelbsucht (f)	yaraqān	یرقان
Hepatitis (f)	hepātit	هپاتیت

Schizophrenie (f)	šizoferni	شیزوفرنی
Tollwut (f)	hāri	هاری
Neurose (f)	extelāl-e a'sāb	اختلال اعصاب
Gehirnerschütterung (f)	zarbe-ye maqzi	ضربه مغزی

Krebs (m)	saratān	سرطان
Sklerose (f)	eskeleroz	اسکلروز
multiple Sklerose (f)	eskeleroz čandgāne	اسکلروز چندگانه

Alkoholismus (m)	alkolism	الکلیسم
Alkoholiker (m)	alkoli	الکلی
Syphilis (f)	siflis	سیفلیس
AIDS	eydz	ایدز

Tumor (m)	tumor	تومور
bösartig	bad xim	بد خیم
gutartig	xoš xim	خوش خیم

Fieber (n)	tab	تب
Malaria (f)	mālāriyā	مالاریا
Gangrän (f, n)	qānqāriyā	قانقاریا
Seekrankheit (f)	daryā-zadegi	دریازدگی
Epilepsie (f)	sar'	صرع

Epidemie (f)	epidemi	اپیدمی
Typhus (m)	hasbe	حصبه
Tuberkulose (f)	sel	سل
Cholera (f)	vabā	وبا
Pest (f)	tā'un	طاعون

72. Symptome. Behandlungen. Teil 1

Symptom (n)	alāem-e bimāri	علائم بیماری
Temperatur (f)	damā	دما
Fieber (n)	tab	تب
Puls (m)	nabz	نبض

Schwindel (m)	sargije	سرگیجه
heiß (Stirne usw.)	dāq	داغ
Schüttelfrost (m)	ra'še	رعشه
blass (z.B. -es Gesicht)	rang paride	رنگ پریده

Husten (m)	sorfe	سرفه
husten (vi)	sorfe kardan	سرفه کردن
niesen (vi)	atse kardan	عطسه کردن
Ohnmacht (f)	qaš	غش

ohnmächtig werden	qaš kardan	غش کردن
blauer Fleck (m)	kabudi	کبودی
Beule (f)	barāmadegi	برآمدگی
sich stoßen	barxord kardan	برخورد کردن
Prellung (f)	kuftegi	کوفتگی
sich stoßen	zarb didan	ضرب دیدن

hinken (vi)	langidan	لنگیدن
Verrenkung (f)	dar raftegi	دررفتگی
ausrenken (vt)	dar raftan	دررفتن
Fraktur (f)	šekastegi	شکستگی
brechen (Arm usw.)	dočār-e šekastegi šodan	دچار شکستگی شدن

Schnittwunde (f)	boridegi	بریدگی
sich schneiden	boridan	بریدن
Blutung (f)	xunrizi	خونریزی

| Verbrennung (f) | suxtegi | سوختگی |
| sich verbrennen | dočār-e suxtegi šodan | دچار سوختگی شدن |

stechen (vt)	surāx kardan	سوراخ کردن
sich stechen	surāx kardan	سوراخ کردن
verletzen (vt)	āsib resāndan	آسیب رساندن
Verletzung (f)	zaxm	زخم
Wunde (f)	zaxm	زخم
Trauma (n)	zarbe	ضربه

irrereden (vi)	hazyān goftan	هذیان گفتن
stottern (vi)	loknat dāštan	لکنت داشتن
Sonnenstich (m)	āftāb-zadegi	آفتابزدگی

73. Symptome. Behandlungen. Teil 2

| Schmerz (m) | dard | درد |
| Splitter (m) | xār | خار |

Schweiß (m)	araq	عرق
schwitzen (vi)	araq kardan	عرق کردن
Erbrechen (n)	estefrāq	استفراغ
Krämpfe (pl)	tašannoj	تشنج

schwanger	bārdār	باردار
geboren sein	motevalled šodan	متولد شدن
Geburt (f)	vaz'-e haml	وضع حمل
gebären (vt)	be donyā āvardan	به دنیا آوردن
Abtreibung (f)	seqt-e janin	سقط جنین

Atem (m)	tanaffos	تنفس
Atemzug (m)	estenšāq	استنشاق
Ausatmung (f)	bāzdam	بازدم
ausatmen (vt)	bāzdamidan	بازدمیدن
einatmen (vt)	nafas kešidan	نفس کشیدن
Invalide (m)	ma'lul	معلول
Krüppel (m)	falaj	فلج

Drogenabhängiger (m)	mo'tād	معتاد
taub	kar	کر
stumm	lāl	لال
taubstumm	kar-o lāl	کر و لال

verrückt (Adj)	divāne	دیوانه
Irre (m)	divāne	دیوانه
Irre (f)	divāne	دیوانه
den Verstand verlieren	divāne šodan	دیوانه شدن

Gen (n)	žen	ژن
Immunität (f)	masuniyat	مصونیت
erblich	mowrusi	موروثی
angeboren	mādarzād	مادرزاد

Virus (m, n)	virus	ویروس
Mikrobe (f)	mikrob	میکروب
Bakterie (f)	bākteri	باکتری
Infektion (f)	ofunat	عفونت

74. Symptome. Behandlungen. Teil 3

| Krankenhaus (n) | bimārestān | بیمارستان |
| Patient (m) | bimār | بیمار |

Diagnose (f)	tašxis	تشخیص
Heilung (f)	mo'āleje	معالجه
Behandlung (f)	darmān	درمان
Behandlung bekommen	darmān šodan	درمان شدن
behandeln (vt)	mo'āleje kardan	معالجه کردن
pflegen (Kranke)	parastāri kardan	پرستاری کردن
Pflege (f)	parastāri	پرستاری

Operation (f)	amal-e jarrāhi	عمل جراحی
verbinden (vt)	pānsemān kardan	پانسمان کردن
Verband (m)	pānsemān	پانسمان

Impfung (f)	vāksināsyon	واکسیناسیون
impfen (vt)	vāksine kardan	واکسینه کردن
Spritze (f)	tazriq	تزریق
eine Spritze geben	tazriq kardan	تزریق کردن

Anfall (m)	hamle	حمله
Amputation (f)	qat'-e ozv	قطع عضو
amputieren (vt)	qat' kardan	قطع کردن
Koma (n)	komā	کما
im Koma liegen	dar komā budan	در کما بودن
Reanimation (f)	morāqebat-e viže	مراقبت ویژه

genesen von ... (vi)	behbud yāftan	بهبود یافتن
Zustand (m)	hālat	حالت
Bewusstsein (n)	huš	هوش
Gedächtnis (n)	hāfeze	حافظه
ziehen (einen Zahn ~)	dandān kešidan	دندان کشیدن

| Plombe (f) | por kardan | پر کردن |
| plombieren (vt) | por kardan | پر کردن |

| Hypnose (f) | hipnotizm | هیپنوتیزم |
| hypnotisieren (vt) | hipnotizm kardan | هیپنوتیزم کردن |

75. Ärzte

Arzt (m)	pezešk	پزشک
Krankenschwester (f)	parastār	پرستار
Privatarzt (m)	pezešk-e šaxsi	پزشک شخصی

Zahnarzt (m)	dandān pezešk	دندان پزشک
Augenarzt (m)	češm-pezešk	چشم پزشک
Internist (m)	pezešk omumi	پزشک عمومی
Chirurg (m)	jarrāh	جراح

Psychiater (m)	ravānpezešk	روانپزشک
Kinderarzt (m)	pezešk-e kudakān	پزشک کودکان
Psychologe (m)	ravānšenās	روانشناس
Frauenarzt (m)	motexasses-e zanān	متخصص زنان
Kardiologe (m)	motexasses-e qalb	متخصص قلب

76. Medizin. Medikamente. Accessoires

Arznei (f)	dāru	دارو
Heilmittel (n)	darmān	درمان
verschreiben (vt)	tajviz kardan	تجویز کردن
Rezept (n)	nosxe	نسخه

Tablette (f)	qors	قرص
Salbe (f)	pomād	پماد
Ampulle (f)	āmpul	آمپول
Mixtur (f)	šarbat	شربت
Sirup (m)	šarbat	شربت
Pille (f)	kapsul	کپسول
Pulver (n)	pudr	پودر

Verband (m)	bānd	باند
Watte (f)	panbe	پنبه
Jod (n)	yod	ید

Pflaster (n)	časb-e zaxm	چسب زخم
Pipette (f)	qatre čekān	قطره چکان
Thermometer (n)	damāsanj	دماسنج
Spritze (f)	sorang	سرنگ

| Rollstuhl (m) | vilčer | ویلچر |
| Krücken (pl) | čub zir baqal | چوب زیر بغل |

| Betäubungsmittel (n) | mosaken | مسکن |
| Abführmittel (n) | moshel | مسهل |

Spiritus (m)	alkol	الکل
Heilkraut (n)	giyāhān-e dāruyi	گیاهان دارویی
Kräuter- (z.B. Kräutertee)	giyāhi	گیاهی

77. Rauchen. Tabakwaren

Tabak (m)	tutun	توتون
Zigarette (f)	sigār	سیگار
Zigarre (f)	sigār	سیگار
Pfeife (f)	pip	پیپ
Packung (f)	baste	بسته

Streichhölzer (pl)	kebrit	کبریت
Streichholzschachtel (f)	quti-ye kebrit	قوطی کبریت
Feuerzeug (n)	fandak	فندک
Aschenbecher (m)	zir-sigāri	زیرسیگاری
Zigarettenetui (n)	quti-ye sigār	قوطی سیگار

| Mundstück (n) | čub-e sigār | چوب سیگار |
| Filter (n) | filter | فیلتر |

rauchen (vi, vt)	sigār kešidan	سیگار کشیدن
anrauchen (vt)	sigār rowšan kardan	سیگار روشن کردن
Rauchen (n)	sigār kešidan	سیگار کشیدن
Raucher (m)	sigāri	سیگاری

Stummel (m)	tah-e sigār	ته سیگار
Rauch (m)	dud	دود
Asche (f)	xākestar	خاکستر

LEBENSRAUM DES MENSCHEN

Stadt

78. Stadt. Leben in der Stadt

Stadt (f)	šahr	شهر
Hauptstadt (f)	pãytaxt	پایتخت
Dorf (n)	rustã	روستا
Stadtplan (m)	naqše-ye šahr	نقشهٔ شهر
Stadtzentrum (n)	markaz-e šahr	مرکز شهر
Vorort (m)	hume-ye šahr	حومهٔ شهر
Vorort-	hume-ye šahr	حومهٔ شهر
Stadtrand (m)	hume	حومه
Umgebung (f)	hume	حومه
Stadtviertel (n)	mahalle	محله
Wohnblock (m)	mahalle-ye maskuni	محلهٔ مسکونی
Straßenverkehr (m)	obur-o morur	عبور و مرور
Ampel (f)	čerãq-e rãhnamã	چراغ راهنما
Stadtverkehr (m)	haml-o naql-e šahri	حمل و نقل شهری
Straßenkreuzung (f)	čahãrrãh	چهارراه
Übergang (m)	xatt-e ãber-e piyãde	خط عابرپیاده
Fußgängerunterführung (f)	zir-e gozar	زیر گذر
überqueren (vt)	obur kardan	عبور کردن
Fußgänger (m)	piyãde	پیاده
Gehweg (m)	piyãde row	پیاده رو
Brücke (f)	pol	پل
Kai (m)	xiyãbãn-e sãheli	خیابان ساحلی
Springbrunnen (m)	češme	چشمه
Allee (f)	bãq rãh	باغ راه
Park (m)	pãrk	پارک
Boulevard (m)	bolvãr	بولوار
Platz (m)	meydãn	میدان
Avenue (f)	xiyãbãn	خیابان
Straße (f)	xiyãbãn	خیابان
Gasse (f)	kuče	کوچه
Sackgasse (f)	bon bast	بن بست
Haus (n)	xãne	خانه
Gebäude (n)	sãxtemãn	ساختمان
Wolkenkratzer (m)	ãsemãnxarãš	آسمانخراش
Fassade (f)	namã	نما
Dach (n)	bãm	بام

73

Fenster (n)	panjere	پنجره
Bogen (m)	tāq-e qowsi	طاق قوسی
Säule (f)	sotun	ستون
Ecke (f)	nabš	نبش

Schaufenster (n)	vitrin	ویترین
Firmenschild (n)	tāblo	تابلو
Anschlag (m)	poster	پوستر
Werbeposter (m)	poster-e tabliqāti	پوستر تبلیغاتی
Werbeschild (n)	bilbord	بیلبورد

Müll (m)	āšqāl	آشغال
Mülleimer (m)	satl-e āšqāl	سطل آشغال
Abfall wegwerfen	kasif kardan	کثیف کردن
Mülldeponie (f)	jā-ye dafn-e āšqāl	جای دفن آشغال

Telefonzelle (f)	kābin-e telefon	کابین تلفن
Straßenlaterne (f)	tir-e barq	تیر برق
Bank (Park-)	nimkat	نیمکت

Polizist (m)	polis	پلیس
Polizei (f)	polis	پلیس
Bettler (m)	gedā	گدا
Obdachlose (m)	bi xānomān	بی خانمان

79. Innerstädtische Einrichtungen

Laden (m)	maqāze	مغازه
Apotheke (f)	dāruxāne	داروخانه
Optik (f)	eynak foruši	عینک فروشی
Einkaufszentrum (n)	markaz-e tejāri	مرکز تجاری
Supermarkt (m)	supermārket	سوپرمارکت

Bäckerei (f)	nānvāyi	نانوایی
Bäcker (m)	nānvā	نانوا
Konditorei (f)	qannādi	قنادی
Lebensmittelladen (m)	baqqāli	بقالی
Metzgerei (f)	gušt foruši	گوشت فروشی

| Gemüseladen (m) | sabzi foruši | سبزی فروشی |
| Markt (m) | bāzār | بازار |

Kaffeehaus (n)	kāfe	کافه
Restaurant (n)	resturān	رستوران
Bierstube (f)	bār	بار
Pizzeria (f)	pitzā-foruši	پیتزا فروشی

Friseursalon (m)	ārāyešgāh	آرایشگاه
Post (f)	post	پست
chemische Reinigung (f)	xošk-šuyi	خشک‌شویی
Fotostudio (n)	ātolye-ye akkāsi	آتلیهٔ عکاسی

| Schuhgeschäft (n) | kafš foruši | کفش فروشی |
| Buchhandlung (f) | ketāb-foruši | کتاب فروشی |

Sportgeschäft (n)	maqāze-ye varzeši	مغازهٔ ورزشی
Kleiderreparatur (f)	ta'mir-e lebās	تعمیر لباس
Bekleidungsverleih (m)	kerāye-ye lebās	کرایهٔ لباس
Videothek (f)	kerāye-ye film	کرایهٔ فیلم

Zirkus (m)	sirak	سیرک
Zoo (m)	bāq-e vahš	باغ وحش
Kino (n)	sinamā	سینما
Museum (n)	muze	موزه
Bibliothek (f)	ketābxāne	کتابخانه

Theater (n)	teātr	تئاتر
Opernhaus (n)	operā	اپرا
Nachtklub (m)	kābāre	کاباره
Kasino (n)	kāzino	کازینو

Moschee (f)	masjed	مسجد
Synagoge (f)	kenešt	کنشت
Kathedrale (f)	kelisā-ye jāme'	کلیسای جامع
Tempel (m)	ma'bad	معبد
Kirche (f)	kelisā	کلیسا

Institut (n)	anistito	انستیتو
Universität (f)	dānešgāh	دانشگاه
Schule (f)	madrese	مدرسه

Präfektur (f)	ostāndāri	استانداری
Rathaus (n)	šahrdāri	شهرداری
Hotel (n)	hotel	هتل
Bank (f)	bānk	بانک

Botschaft (f)	sefārat	سفارت
Reisebüro (n)	āžāns-e jahāngardi	آژانس جهانگردی
Informationsbüro (n)	daftar-e ettelāāt	دفتر اطلاعات
Wechselstube (f)	sarrāfi	صرافی

| U-Bahn (f) | metro | مترو |
| Krankenhaus (n) | bimārestān | بیمارستان |

| Tankstelle (f) | pomp-e benzin | پمپ بنزین |
| Parkplatz (m) | pārking | پارکینگ |

80. Schilder

Firmenschild (n)	tāblo	تابلو
Aufschrift (f)	nevešte	نوشته
Plakat (n)	poster	پوستر
Wegweiser (m)	rāhnamā	راهنما
Pfeil (m)	alāmat	علامت

Vorsicht (f)	ehtiyāt	احتیاط
Warnung (f)	alāmat-e hošdār	علامت هشدار
warnen (vt)	hošdār dādan	هشدار دادن
freier Tag (m)	ruz-e ta'til	روز تعطیل

Fahrplan (m)	jadval	جدول
Öffnungszeiten (pl)	sā'athā-ye kāri	ساعت های کاری

HERZLICH WILLKOMMEN!	xoš āmadid	خوش آمدید
EINGANG	vorud	ورود
AUSGANG	xoruj	خروج

DRÜCKEN	hel dādan	هل دادن
ZIEHEN	bekešid	بکشید
GEÖFFNET	bāz	باز
GESCHLOSSEN	baste	بسته

DAMEN, FRAUEN	zanāne	زنانه
HERREN, MÄNNER	mardāne	مردانه

AUSVERKAUF	taxfif	تخفیف
REDUZIERT	harāj	حراج
NEU!	jadid	جدید
GRATIS	majjāni	مجانی

ACHTUNG!	tavajjoh	توجه
ZIMMER BELEGT	otāq-e xāli nadārim	اتاق خالی نداریم
RESERVIERT	rezerv šode	رزرو شده

VERWALTUNG	edāre	اداره
NUR FÜR PERSONAL	xāse personel	خاص پرسنل

VORSICHT BISSIGER HUND	movāzeb-e sag bāšid	مواظب سگ باشید
RAUCHEN VERBOTEN!	sigār kešidan mamnu'	سیگار کشیدن ممنوع
BITTE NICHT BERÜHREN	dast nazanid	دست نزنید

GEFÄHRLICH	xatarnāk	خطرناک
VORSICHT!	xatar	خطر
HOCHSPANNUNG	voltāj bālā	ولتاژ بالا
BADEN VERBOTEN	šenā mamnu'	شنا ممنوع
AUßER BETRIEB	xārāb	خراب

LEICHTENTZÜNDLICH	qābel-e ehterāq	قابل احتراق
VERBOTEN	mamnu'	ممنوع
DURCHGANG VERBOTEN	obur mamnu'	عبور ممنوع
FRISCH GESTRICHEN	rang-e xis	رنگ خیس

81. Innerstädtischer Transport

Bus (m)	otobus	اتوبوس
Straßenbahn (f)	terāmvā	تراموا
Obus (m)	otobus-e barqi	اتوبوس برقی
Linie (f)	xat	خط
Nummer (f)	šomāre	شماره

mit ... fahren	raftan bā	رفتن با
einsteigen (vi)	savār šodan	سوار شدن
aussteigen (aus dem Bus)	piyāde šodan	پیاده شدن

Haltestelle (f)	istgāh-e otobus	ایستگاه اتوبوس
nächste Haltestelle (f)	istgāh-e ba'di	ایستگاه بعدی
Endhaltestelle (f)	istgāh-e āxar	ایستگاه آخر
Fahrplan (m)	barnāme	برنامه
warten (vi, vt)	montazer budan	منتظر بودن
Fahrkarte (f)	belit	بلیط
Fahrpreis (m)	qeymat-e belit	قیمت بلیت
Kassierer (m)	sanduqdār	صندوقدار
Fahrkartenkontrolle (f)	kontorol-e belit	کنترل بلیط
Fahrkartenkontrolleur (m)	kontorol či	کنترل چی
sich verspäten	ta'xir dāštan	تأخیرداشتن
versäumen (Zug usw.)	az dast dādan	از دست دادن
sich beeilen	ajale kardan	عجله کردن
Taxi (n)	tāksi	تاکسی
Taxifahrer (m)	rānande-ye tāksi	راننده تاکسی
mit dem Taxi	bā tāksi	با تاکسی
Taxistand (m)	istgāh-e tāksi	ایستگاه تاکسی
ein Taxi rufen	tāksi gereftan	تاکسی گرفتن
ein Taxi nehmen	tāksi gereftan	تاکسی گرفتن
Straßenverkehr (m)	obur-o morur	عبور و مرور
Stau (m)	terāfik	ترافیک
Hauptverkehrszeit (f)	sā'at-e šoluqi	ساعت شلوغی
parken (vi)	pārk kardan	پارک کردن
parken (vt)	pārk kardan	پارک کردن
Parkplatz (m)	pārking	پارکینگ
U-Bahn (f)	metro	مترو
Station (f)	istgāh	ایستگاه
mit der U-Bahn fahren	bā metro raftan	با مترو رفتن
Zug (m)	qatār	قطار
Bahnhof (m)	istgāh-e rāh-e āhan	ایستگاه راه آهن

82. Sehenswürdigkeiten

Denkmal (n)	mojassame	مجسمه
Festung (f)	qal'e	قلعه
Palast (m)	kāx	کاخ
Schloss (n)	qal'e	قلعه
Turm (m)	borj	برج
Mausoleum (n)	ārāmgāh	آرامگاه
Architektur (f)	me'māri	معماری
mittelalterlich	qorun-e vasati	قرون وسطی
alt (antik)	qadimi	قدیمی
national	melli	ملی
berühmt	mašhur	مشهور
Tourist (m)	turist	توریست
Fremdenführer (m)	rāhnamā-ye tur	راهنمای تور

Ausflug (m)	gardeš	گردش
zeigen (vt)	nešãn dãdan	نشان دادن
erzählen (vt)	hekãyat kardan	حکایت کردن

finden (vt)	peydã kardan	پیدا کردن
sich verlieren	gom šodan	گم شدن
Karte (U-Bahn ~)	naqše	نقشه
Karte (Stadt-)	naqše	نقشه

Souvenir (n)	sowqãti	سوغاتی
Souvenirladen (m)	forušgãh-e sowqãti	فروشگاه سوغاتی
fotografieren (vt)	aks gereftan	عکس گرفتن
sich fotografieren	aks gereftan	عکس گرفتن

83. Shopping

kaufen (vt)	xarid kardan	خرید کردن
Einkauf (m)	xarid	خرید
einkaufen gehen	xarid kardan	خرید کردن
Einkaufen (n)	xarid	خرید

| offen sein (Laden) | bãz budan | باز بودن |
| zu sein | baste budan | بسته بودن |

Schuhe (pl)	kafš	کفش
Kleidung (f)	lebãs	لباس
Kosmetik (f)	lavãzem-e ãrãyeši	لوازم آرایشی
Lebensmittel (pl)	mavãdd-e qazãyi	مواد غذایی
Geschenk (n)	hedye	هدیه

| Verkäufer (m) | forušande | فروشنده |
| Verkäuferin (f) | forušande-ye zan | فروشنده زن |

Kasse (f)	sanduq	صندوق
Spiegel (m)	ãyene	آینه
Ladentisch (m)	pišxãn	پیشخوان
Umkleidekabine (f)	otãq porov	اتاق پرو

anprobieren (vt)	emtehãn kardan	امتحان کردن
passen (Schuhe, Kleid)	monãseb budan	مناسب بودن
gefallen (vi)	dust dãštan	دوست داشتن

Preis (m)	qeymat	قیمت
Preisschild (n)	barčasb-e qeymat	برچسب قیمت
kosten (vt)	qeymat dãštan	قیمت داشتن
Wie viel?	čeqadr?	چقدر؟
Rabatt (m)	taxfif	تخفیف

preiswert	arzãn	ارزان
billig	arzãn	ارزان
teuer	gerãn	گران
Das ist teuer	gerãn ast	گران است
Verleih (m)	kerãye	کرایه
leihen, mieten (ein Auto usw.)	kerãye kardan	کرایه کردن

| Kredit (m), Darlehen (n) | vām | وام |
| auf Kredit | xarid-e e'tebāri | خرید اعتباری |

84. Geld

Geld (n)	pul	پول
Austausch (m)	tabdil-e arz	تبدیل ارز
Kurs (m)	nerx-e arz	نرخ ارز
Geldautomat (m)	xodpardāz	خودپرداز
Münze (f)	sekke	سکه

| Dollar (m) | dolār | دلار |
| Euro (m) | yuro | یورو |

Lira (f)	lire	لیره
Mark (f)	mārk	مارک
Franken (m)	farānak	فرانک
Pfund Sterling (n)	pond-e esterling	پوند استرلینگ
Yen (m)	yen	ین

Schulden (pl)	qarz	قرض
Schuldner (m)	bedehkār	بدهکار
leihen (vt)	qarz dādan	قرض دادن
leihen, borgen (Geld usw.)	qarz gereftan	قرض گرفتن

Bank (f)	bānk	بانک
Konto (n)	hesāb-e bānki	حساب بانکی
einzahlen (vt)	rixtan	ریختن
auf ein Konto einzahlen	be hesāb rixtan	به حساب ریختن
abheben (vt)	az hesāb bardāštan	از حساب برداشتن

Kreditkarte (f)	kārt-e e'tebāri	کارت اعتباری
Bargeld (n)	pul-e naqd	پول نقد
Scheck (m)	ček	چک
einen Scheck schreiben	ček neveštan	چک نوشتن
Scheckbuch (n)	daste-ye ček	دسته چک

Geldtasche (f)	kif-e pul	کیف پول
Geldbeutel (m)	kif-e pul	کیف پول
Safe (m)	gāvsanduq	گاوصندوق

Erbe (m)	vāres	وارث
Erbschaft (f)	mirās	میراث
Vermögen (n)	dārāyi	دارایی

Pacht (f)	ejāre	اجاره
Miete (f)	kerāye-ye xāne	کرایهٔ خانه
mieten (vt)	ejāre kardan	اجاره کردن

Preis (m)	qeymat	قیمت
Kosten (pl)	arzeš	ارزش
Summe (f)	jam'-e kol	جمع کل
ausgeben (vt)	xarj kardan	خرج کردن
Ausgaben (pl)	maxārej	مخارج

sparen (vt)	sarfeju-yi kardan	صرفه جویی کردن
sparsam	maqrun besarfe	مقرون به صرفه
zahlen (vt)	pardāxtan	پرداختن
Lohn (m)	pardāxt	پرداخت
Wechselgeld (n)	pul-e xerad	پول خرد
Steuer (f)	māliyāt	مالیات
Geldstrafe (f)	jarime	جریمه
bestrafen (vt)	jarime kardan	جریمه کردن

85. Post. Postdienst

Post (Postamt)	post	پست
Post (Postsendungen)	post	پست
Briefträger (m)	nāme resān	نامه رسان
Öffnungszeiten (pl)	sā'athā-ye kāri	ساعت های کاری
Brief (m)	nāme	نامه
Einschreibebrief (m)	nāme-ye sefāreši	نامه سفارشی
Postkarte (f)	kārt-e postāl	کارت پستال
Telegramm (n)	telegrām	تلگرام
Postpaket (n)	baste posti	بسته پستی
Geldanweisung (f)	havāle	حواله
bekommen (vt)	gereftan	گرفتن
abschicken (vt)	ferestādan	فرستادن
Absendung (f)	ersāl	ارسال
Postanschrift (f)	nešāni	نشانی
Postleitzahl (f)	kod-e posti	کد پستی
Absender (m)	ferestande	فرستنده
Empfänger (m)	girande	گیرنده
Vorname (m)	esm	اسم
Nachname (m)	nām-e xānevādegi	نام خانوادگی
Tarif (m)	ta'refe	تعرفه
Standard- (Tarif)	ādi	عادی
Spar- (-tarif)	ādi	عادی
Gewicht (n)	vazn	وزن
abwiegen (vt)	vazn kardan	وزن کردن
Briefumschlag (m)	pākat	پاکت
Briefmarke (f)	tambr	تمبر
Briefmarke aufkleben	tamr zadan	تمبر زدن

Wohnung. Haus. Zuhause

86. Haus. Wohnen

Haus (n)	xāne	خانه
zu Hause	dar xāne	در خانه
Hof (m)	hayāt	حیاط
Zaun (m)	hesār	حصار
Ziegel (m)	ājor	آجر
Ziegel-	ājori	آجری
Stein (m)	sang	سنگ
Stein-	sangi	سنگی
Beton (m)	boton	بتن
Beton-	botoni	بتنی
neu	jadid	جدید
alt	qadimi	قدیمی
baufällig	maxrube	مخروبه
modern	modern	مدرن
mehrstöckig	čandtabaqe	چندطبقه
hoch	boland	بلند
Stock (m)	tabaqe	طبقه
einstöckig	yek tabaqe	یک طبقه
Erdgeschoß (n)	tabaqe-ye pāin	طبقهٔ پائین
oberster Stock (m)	tabaqe-ye bālā	طبقهٔ بالا
Dach (n)	bām	بام
Schlot (m)	dudkeš	دودکش
Dachziegel (m)	saqf-e kazeb	سقف کاذب
Dachziegel-	sofāli	سفالی
Dachboden (m)	zir-širvāni	زیرشیروانی
Fenster (n)	panjere	پنجره
Glas (n)	šiše	شیشه
Fensterbrett (n)	tāqče-ye panjare	طاقچهٔ پنجره
Fensterläden (pl)	kerkere	کرکره
Wand (f)	divār	دیوار
Balkon (m)	bālkon	بالکن
Regenfallrohr (n)	nāvdān	ناودان
nach oben	bālā	بالا
hinaufgehen (vi)	bālā raftan	بالا رفتن
herabsteigen (vi)	pāyin āmadan	پایین آمدن
umziehen (vi)	asbābkeši kardan	اسباب کشی کردن

87. Haus. Eingang. Lift

Eingang (m)	darb-e vorudi	درب ورودی
Treppe (f)	pellekān	پلکان
Stufen (pl)	pelle-hā	پله ها
Geländer (n)	narde	نرده
Halle (f)	lābi	لابی
Briefkasten (m)	sanduq-e post	صندوق پست
Müllkasten (m)	zobāle dān	زباله دان
Müllschlucker (m)	šuting zobale	شوتینگ زباله
Aufzug (m)	āsānsor	آسانسور
Lastenaufzug (m)	bālābar	بالابر
Aufzugkabine (f)	kābin-e āsānsor	کابین آسانسور
Aufzug nehmen	āsānsor gereftan	آسانسور گرفتن
Wohnung (f)	āpārtemān	آپارتمان
Mieter (pl)	sākenān	ساکنان
Nachbar (m)	hamsāye	همسایه
Nachbarin (f)	hamsāye	همسایه
Nachbarn (pl)	hamsāye-hā	همسایه ها

88. Haus. Elektrizität

Elektrizität (f)	barq	برق
Glühbirne (f)	lāmp	لامپ
Schalter (m)	kelid	کلید
Sicherung (f)	fiyuz	فیوز
Draht (m)	sim	سیم
Leitung (f)	sim keši	سیم کشی
Stromzähler (m)	kontor	کنتور
Zählerstand (m)	dastgāh-e xaneš	دستگاه خوانش

89. Haus. Türen. Schlösser

Tür (f)	darb	درب
Tor (der Villa usw.)	darvāze	دروازه
Griff (m)	dastgire-ye dar	دستگیرهٔ در
aufschließen (vt)	bāz kardan	باز کردن
öffnen (vt)	bāz kardan	باز کردن
schließen (vt)	bastan	بستن
Schlüssel (m)	kelid	کلید
Bündel (n)	daste	دسته
knarren (vi)	qežqež kardan	غژغژ کردن
Knarren (n)	qež qež	غژ غژ
Türscharnier (n)	lowlā	لولا
Fußmatte (f)	pādari	پادری
Schloss (n)	qofl	قفل

Schlüsselloch (n)	surāx kelid	سوراخ کلید
Türriegel (m)	kolun-e dar	کلون در
kleiner Türriegel (m)	čeft	چفت
Vorhängeschloss (n)	qofl	قفل

klingeln (vi)	zang zadan	زنگ زدن
Klingel (Laut)	zang	زنگ
Türklingel (f)	zang-e dar	زنگ در
Knopf (m)	zang	زنگ
Klopfen (n)	dar zadan	درزدن
anklopfen (vi)	dar zadan	درزدن

Code (m)	kod	کد
Zahlenschloss (n)	qofl-e ramz dār	قفل رمز دار
Sprechanlage (f)	āyfon	آیفون
Nummer (f)	pelāk-e manzel	پلاک منزل
Türschild (n)	pelāk	پلاک
Türspion (m)	češmi	چشمی

90. Landhaus

Dorf (n)	rustā	روستا
Gemüsegarten (m)	jāliz	جالیز
Zaun (m)	parčin	پرچین
Lattenzaun (m)	hesār	حصار
Zauntür (f)	darvāze	دروازه

Speicher (m)	anbār	انبار
Keller (m)	zirzamin	زیرزمین
Schuppen (m)	ālonak	آلونک
Brunnen (m)	čāh	چاه

Ofen (m)	boxāri	بخاری
heizen (Ofen ~)	rowšan kardan-e boxāri	روشن کردن بخاری
Holz (n)	hizom	هیزم
Holzscheit (n)	kande-ye čub	کندۀ چوب

Veranda (f)	eyvān-e sarpušide	ایوان سرپوشیده
Terrasse (f)	terās	تراس
Außentreppe (f)	vorudi-e xāne	ورودی خانه
Schaukel (f)	tāb	تاب

91. Villa. Schloss

Landhaus (n)	xāne-ye xārej-e šahr	خانۀ خارج شهر
Villa (f)	vilā	ویلا
Flügel (m)	bāl	بال

Garten (m)	bāq	باغ
Park (m)	pārk	پارک
Orangerie (f)	golxāne	گلخانه
pflegen (Garten usw.)	negahdāri kardan	نگهداری کردن

Schwimmbad (n)	estaxr	استخر
Kraftraum (m)	sālon-e varzeš	سالن ورزش
Tennisplatz (m)	zamin-e tenis	زمین تنیس
Heimkinoraum (m)	sinamā	سینما
Garage (f)	gārāž	گاراژ

| Privateigentum (n) | melk-e xosusi | ملک خصوصی |
| Privatgrundstück (n) | melk-e xosusi | ملک خصوصی |

| Warnung (f) | hošdār | هشدار |
| Warnschild (n) | alāmat-e hošdār | علامت هشدار |

Bewachung (f)	hefāzat	حفاظت
Wächter (m)	negahbān	نگهبان
Alarmanlage (f)	dozdgir	دزدگیر

92. Burg. Palast

Schloss (n)	qal'e	قلعه
Palast (m)	kāx	کاخ
Festung (f)	qal'e	قلعه

Mauer (f)	divār	دیوار
Turm (m)	borj	برج
Bergfried (m)	borj-e asli	برج اصلی

Fallgatter (n)	darb-e kešowyi	درب کشویی
Tunnel (n)	rāh-e zirzamini	راه زیرزمینی
Graben (m)	xandaq	خندق
Kette (f)	zanjir	زنجیر
Schießscharte (f)	mazqal	مزغل

großartig, prächtig	mojallal	مجلل
majestätisch	bāšokuh	باشکوه
unnahbar	nofoz nāpazir	نفوذ ناپذیر
mittelalterlich	qorun-e vasati	قرون وسطی

93. Wohnung

Wohnung (f)	āpārtemān	آپارتمان
Zimmer (n)	otāq	اتاق
Schlafzimmer (n)	otāq-e xāb	اتاق خواب
Esszimmer (n)	otāq-e qazāxori	اتاق غذاخوری
Wohnzimmer (n)	mehmānxāne	مهمانخانه
Arbeitszimmer (n)	daftar	دفتر
Vorzimmer (n)	tālār-e vorudi	تالار ورودی
Badezimmer (n)	hammām	حمام
Toilette (f)	tuālet	توالت

Decke (f)	saqf	سقف
Fußboden (m)	kaf	کف
Ecke (f)	guše	گوشه

94. Wohnung. Saubermachen

aufräumen (vt)	tamiz kardan	تمیز کردن
weglegen (vt)	morattab kardan	مرتب کردن
Staub (m)	gard	گرد
staubig	gard ālud	گرد آلود
Staub abwischen	gardgiri kardan	گردگیری کردن
Staubsauger (m)	jāru barqi	جارو برقی
Staub saugen	jāru barq-i kešidan	جارو برقی کشیدن
kehren, fegen (vt)	jāru kardan	جارو کردن
Kehricht (m, n)	āšqāl	آشغال
Ordnung (f)	nazm	نظم
Unordnung (f)	bi nazmi	بی نظمی
Schrubber (m)	jāru-ye dastedār	جاروی دسته دار
Lappen (m)	kohne	کهنه
Besen (m)	jārub	جاروب
Kehrichtschaufel (f)	xāk andāz	خاک انداز

95. Möbel. Innenausstattung

Möbel (n)	mobl	مبل
Tisch (m)	miz	میز
Stuhl (m)	sandali	صندلی
Bett (n)	taxt-e xāb	تخت خواب
Sofa (n)	kānāpe	کاناپه
Sessel (m)	mobl-e rāhati	مبل راحتی
Bücherschrank (m)	qafase-ye ketāb	قفسه کتاب
Regal (n)	qafase	قفسه
Schrank (m)	komod	کمد
Hakenleiste (f)	raxt āviz	رخت آویز
Kleiderständer (m)	čub lebāsi	چوب لباسی
Kommode (f)	komod	کمد
Couchtisch (m)	miz-e pišdasti	میز پیشدستی
Spiegel (m)	āyene	آینه
Teppich (m)	farš	فرش
Matte (kleiner Teppich)	qāliče	قالیچه
Kamin (m)	šumine	شومینه
Kerze (f)	šam'	شمع
Kerzenleuchter (m)	šam'dān	شمعدان
Vorhänge (pl)	parde	پرده
Tapete (f)	kāqaz-e divāri	کاغذ دیواری
Jalousie (f)	kerkere	کرکره
Tischlampe (f)	čerāq-e rumizi	چراغ رومیزی
Leuchte (f)	čerāq-e divāri	چراغ دیواری

| Stehlampe (f) | ābāžur | آباژور |
| Kronleuchter (m) | luster | لوستر |

Bein (Tischbein usw.)	pāye	پایه
Armlehne (f)	daste-ye sandali	دستهٔ صندلی
Lehne (f)	pošti	پشتی
Schublade (f)	kešow	کشو

96. Bettwäsche

Bettwäsche (f)	raxt-e xāb	رخت خواب
Kissen (n)	bālešt	بالشت
Kissenbezug (m)	rubalešt	روبالشت
Bettdecke (f)	patu	پتو
Laken (n)	malāfe	ملافه
Tagesdecke (f)	rutaxti	روتختی

97. Küche

Küche (f)	āšpazxāne	آشپزخانه
Gas (n)	gāz	گاز
Gasherd (m)	ojāgh-e gāz	اجاق گاز
Elektroherd (m)	ojāgh-e barghi	اجاق برقی
Backofen (m)	fer	فر
Mikrowellenherd (m)	māykrofer	مایکروفر

Kühlschrank (m)	yaxčāl	یخچال
Tiefkühltruhe (f)	fereyzer	فریزر
Geschirrspülmaschine (f)	māšin-e zarfšuyi	ماشین ظرفشویی

Fleischwolf (m)	čarx-e gušt	چرخ گوشت
Saftpresse (f)	ābmive giri	آبمیوه گیری
Toaster (m)	towster	توستر
Mixer (m)	maxlut kon	مخلوط کن

Kaffeemaschine (f)	qahve sāz	قهوه ساز
Kaffeekanne (f)	qahve juš	قهوه جوش
Kaffeemühle (f)	āsiyāb-e qahve	آسیاب قهوه

Wasserkessel (m)	ketri	کتری
Teekanne (f)	quri	قوری
Deckel (m)	sarpuš	سرپوش
Teesieb (n)	čāy sāf kon	چای صاف کن

Löffel (m)	qāšoq	قاشق
Teelöffel (m)	qāšoq čāy xori	قاشق چای خوری
Esslöffel (m)	qāšoq sup xori	قاشق سوپ خوری
Gabel (f)	čangāl	چنگال
Messer (n)	kārd	کارد

| Geschirr (n) | zoruf | ظروف |
| Teller (m) | bošqāb | بشقاب |

Untertasse (f)	na'lbeki	نعلبکی
Schnapsglas (n)	gilās-e vodkā	گیلاس ودکا
Glas (n)	estekān	استکان
Tasse (f)	fenjān	فنجان

Zuckerdose (f)	qandān	قندان
Salzstreuer (m)	namakdān	نمکدان
Pfefferstreuer (m)	felfeldān	فلفلدان
Butterdose (f)	zarf-e kare	ظرف کره

Kochtopf (m)	qāblame	قابلمه
Pfanne (f)	tābe	تابه
Schöpflöffel (m)	malāqe	ملاقه
Durchschlag (m)	ābkeš	آبکش
Tablett (n)	sini	سینی

Flasche (f)	botri	بطری
Glas (Einmachglas)	šiše	شیشه
Dose (f)	quti	قوطی

Flaschenöffner (m)	dar bāz kon	در بازکن
Dosenöffner (m)	dar bāz kon	در بازکن
Korkenzieher (m)	dar bāz kon	در بازکن
Filter (n)	filter	فیلتر
filtern (vt)	filter kardan	فیلتر کردن

| Müll (m) | āšqāl | آشغال |
| Mülleimer, Treteimer (m) | satl-e zobāle | سطل زباله |

98. Bad

Badezimmer (n)	hammām	حمام
Wasser (n)	āb	آب
Wasserhahn (m)	šir	شیر
Warmwasser (n)	āb-e dāq	آب داغ
Kaltwasser (n)	āb-e sard	آب سرد

Zahnpasta (f)	xamir-e dandān	خمیر دندان
Zähne putzen	mesvāk zadan	مسواک زدن
Zahnbürste (f)	mesvāk	مسواک

sich rasieren	riš tarāšidan	ریش تراشیدن
Rasierschaum (m)	xamir-e eslāh	خمیر اصلاح
Rasierer (m)	tiq	تیغ

waschen (vt)	šostan	شستن
sich waschen	hamām kardan	حمام کردن
Dusche (f)	duš	دوش
sich duschen	duš gereftan	دوش گرفتن

Badewanne (f)	vān hammām	وان حمام
Klosettbecken (n)	tuālet-e farangi	توالت فرنگی
Waschbecken (n)	sink	سینک
Seife (f)	sābun	صابون

Seifenschale (f)	jā sābun	جا صابون
Schwamm (m)	abr	ابر
Shampoo (n)	šāmpu	شامپو
Handtuch (n)	howle	حوله
Bademantel (m)	howle-ye hamām	حوله حمام

Wäsche (f)	raxčuyi	لباسشویی
Waschmaschine (f)	māšin-e lebas-šui	ماشین لباسشویی
waschen (vt)	šostan-e lebās	شستن لباس
Waschpulver (n)	pudr-e lebas-šui	پودر لباسشویی

99. Haushaltsgeräte

Fernseher (m)	televiziyon	تلویزیون
Tonbandgerät (n)	zabt-e sowt	ضبط صوت
Videorekorder (m)	video	ویدئو
Empfänger (m)	rādiyo	رادیو
Player (m)	paxš konande	پخش کننده

Videoprojektor (m)	video porožektor	ویدئو پروژکتور
Heimkino (n)	sinamā-ye xānegi	سینمای خانگی
DVD-Player (m)	paxš konande-ye di vi di	پخش کننده دی وی دی
Verstärker (m)	āmpli-fāyer	آمپلی فایر
Spielkonsole (f)	konsul-e bāzi	کنسول بازی

Videokamera (f)	durbin-e filmbardāri	دوربین فیلمبرداری
Kamera (f)	durbin-e akkāsi	دوربین عکاسی
Digitalkamera (f)	durbin-e dijitāl	دوربین دیجیتال

Staubsauger (m)	jāru barqi	جارو برقی
Bügeleisen (n)	oto	اتو
Bügelbrett (n)	miz-e otu	میز اتو

Telefon (n)	telefon	تلفن
Mobiltelefon (n)	telefon-e hamrāh	تلفن همراه
Schreibmaschine (f)	māšin-e tahrir	ماشین تحریر
Nähmaschine (f)	čarx-e xayyāti	چرخ خیاطی

Mikrophon (n)	mikrofon	میکروفون
Kopfhörer (m)	guši	گوشی
Fernbedienung (f)	kontorol az rāh-e dur	کنترل از راه دور

CD (f)	si-di	سیدی
Kassette (f)	kāst	کاست
Schallplatte (f)	safhe-ye gerāmāfon	صفحه گرامافون

100. Reparaturen. Renovierung

Renovierung (f)	ta'mir	تعمیر
renovieren (vt)	ta'mir kardan	تعمیر کردن
reparieren (vt)	ta'mir kardan	تعمیر کردن
in Ordnung bringen	morattab kardan	مرتب کردن

noch einmal machen	dobāre anjām dādan	دوباره انجام دادن
Farbe (f)	rang	رنگ
streichen (vt)	rang kardan	رنگ کردن
Anstreicher (m)	naqqāš	نقاش
Pinsel (m)	qalam mu	قلم مو
Kalkfarbe (f)	sefid kāri	سفید کاری
weißen (vt)	sefid kāri kardan	سفید کاری کردن
Tapete (f)	kāqaz-e divāri	کاغذ دیواری
tapezieren (vt)	kāqaz-e divāri kardan	کاغذ دیواری کردن
Lack (z.B. Parkettlack)	lāk	لاک
lackieren (vt)	lāk zadan	لاک زدن

101. Rohrleitungen

Wasser (n)	āb	آب
Warmwasser (n)	āb-e dāq	آب داغ
Kaltwasser (n)	āb-e sard	آب سرد
Wasserhahn (m)	šir	شیر
Tropfen (m)	qatre	قطره
tropfen (vi)	čakidan	چکیدن
durchsickern (vi)	našt kardan	نشت کردن
Leck (n)	našt	نشت
Lache (f)	čāle	چاله
Rohr (n)	lule	لوله
Ventil (n)	šir-e falake	شیر فلکه
sich verstopfen	masdud šodan	مسدود شدن
Werkzeuge (pl)	abzār	ابزار
Engländer (m)	āčār-e farānse	آچار فرانسه
abdrehen (vt)	bāz kardan	باز کردن
zudrehen (vt)	pič kardan	پیچ کردن
reinigen (Rohre ~)	lule bāz kardan	لوله باز کردن
Klempner (m)	lule keš	لوله کش
Keller (m)	zirzamin	زیرزمین
Kanalisation (f)	fāzelāb	فاضلاب

102. Feuer. Brand

Feuer (n)	ātaš suzi	آتش سوزی
Flamme (f)	šo'le	شعله
Funke (m)	jaraqqe	جرقه
Rauch (m)	dud	دود
Fackel (f)	maš'al	مشعل
Lagerfeuer (n)	ātaš	آتش
Benzin (n)	benzin	بنزین
Kerosin (n)	naft-e sefid	نفت سفید

89

brennbar	sutani	سوختنی
explosiv	mavādd-e monfajere	مواد منفجره
RAUCHEN VERBOTEN!	sigār kešidan mamnu'	سیگار کشیدن ممنوع
Sicherheit (f)	amniyat	امنیت
Gefahr (f)	xatar	خطر
gefährlich	xatarnāk	خطرناک
sich entflammen	ātaš gereftan	آتش گرفتن
Explosion (f)	enfejār	انفجار
in Brand stecken	ātaš zadan	آتش زدن
Brandstifter (m)	ātaš afruz	آتش افروز
Brandstiftung (f)	ātaš zadan-e amdi	آتش زدن عمدی
flammen (vi)	šo'levar budan	شعله ور بودن
brennen (vi)	suxtan	سوختن
verbrennen (vi)	suxtan	سوختن
die Feuerwehr rufen	ātaš-e nešāni rā xabar kardan	آتش نشانی را خبر کردن
Feuerwehrmann (m)	ātaš nešān	آتش نشان
Feuerwehrauto (n)	māšin-e ātašnešāni	ماشین آتش نشانی
Feuerwehr (f)	tim-e ātašnešāni	تیم آتش نشانی
Drehleiter (f)	nardebān-e ātašnešāni	نردبان آتش نشانی
Feuerwehrschlauch (m)	šelang-e ātaš-nešāni	شلنگ آتش نشانی
Feuerlöscher (m)	kapsul-e ātašnešāni	کپسول آتش نشانی
Helm (m)	kolāh-e imeni	کلاه ایمنی
Sirene (f)	āžir-e xatar	آژیر خطر
schreien (vi)	faryād zadan	فریاد زدن
um Hilfe rufen	be komak talabidan	به کمک طلبیدن
Retter (m)	nejāt-e dahande	نجات دهنده
retten (vt)	najāt dādan	نجات دادن
ankommen (vi)	residan	رسیدن
löschen (vt)	xāmuš kardan	خاموش کردن
Wasser (n)	āb	آب
Sand (m)	šen	شن
Trümmer (pl)	xarābe	خرابه
zusammenbrechen (vi)	foru rixtan	فرو ریختن
einfallen (vi)	rizeš kardan	ریزش کردن
einstürzen (Decke)	foru rixtan	فرو ریختن
Bruchstück (n)	qet'e	قطعه
Asche (f)	xākestar	خاکستر
ersticken (vi)	xafe šodan	خفه شدن
ums Leben kommen	košte šodan	کشته شدن

AKTIVITÄTEN DES MENSCHEN

Beruf. Geschäft. Teil 1

103. Büro. Arbeiten im Büro

Büro (Firmensitz)	daftar	دفتر
Büro (~ des Direktors)	daftar	دفتر
Rezeption (f)	pazir-aš	پذیرش
Sekretär (m)	monši	منشی
Sekretärin (f)	monši	منشی
Direktor (m)	modir	مدیر
Manager (m)	modir	مدیر
Buchhalter (m)	hesābdār	حسابدار
Mitarbeiter (m)	kārmand	کارمند
Möbel (n)	mobl	مبل
Tisch (m)	miz	میز
Schreibtischstuhl (m)	sandali dastedār	صندلی دسته دار
Rollcontainer (m)	kešow	کشو
Kleiderständer (m)	čub lebāsi	چوب لباسی
Computer (m)	kāmpiyuter	کامپیوتر
Drucker (m)	pirinter	پرینتر
Fax (n)	faks	فکس
Kopierer (m)	dastgāh-e kopi	دستگاه کپی
Papier (n)	kāqaz	کاغذ
Büromaterial (n)	lavāzem-e tahrir	لوازم تحریر
Mousepad (n)	māows pad	ماوس پد
Blatt (n) Papier	varaq	ورق
Ordner (m)	puše	پوشه
Katalog (m)	kātālog	کاتالوگ
Adressbuch (n)	rāhnamā	راهنما
Dokumentation (f)	asnād	اسناد
Broschüre (f)	borušur	بروشور
Flugblatt (n)	borušur	بروشور
Muster (n)	nemune	نمونه
Training (n)	āmuzeš	آموزش
Meeting (n)	jalase	جلسه
Mittagspause (f)	vaqt-e nāhār	وقت ناهار
eine Kopie machen	kopi gereftan	کپی گرفتن
vervielfältigen (vt)	kopi gereftan	کپی گرفتن
ein Fax bekommen	faks gereftan	فکس گرفتن
ein Fax senden	faks ferestādan	فکس فرستادن

anrufen (vt)	telefon zadan	تلفن زدن
antworten (vi)	javāb dādan	جواب دادن
verbinden (vt)	vasl šodan	وصل شدن

ausmachen (vt)	sāzmān dādan	سازمان دادن
demonstrieren (vt)	nemāyeš dādan	نمایش دادن
fehlen (am Arbeitsplatz ~)	qāyeb budan	غایب بودن
Abwesenheit (f)	qeybat	غیبت

104. Geschäftsabläufe. Teil 1

Angelegenheit (f)	šoql	شغل
Firma (f)	šerkat	شرکت
Gesellschaft (f)	kompāni	کمپانی
Konzern (m)	šerkat-e sahami	شرکت سهامی
Unternehmen (n)	šerkat	شرکت
Agentur (f)	namāyandegi	نمایندگی

Vereinbarung (f)	qarārdād	قرارداد
Vertrag (m)	qarārdād	قرارداد
Geschäft (Transaktion)	mo'āmele	معامله
Auftrag (Bestellung)	sefāreš	سفارش
Bedingung (f)	šart	شرط

en gros (im Großen)	omde furuši	عمده فروشی
Großhandels-	omde	عمده
Großhandel (m)	omde furuši	عمده فروشی
Einzelhandels-	xorde-foruši	خرده فروشی
Einzelhandel (m)	xorde-foruši	خرده فروشی

Konkurrent (m)	raqib	رقیب
Konkurrenz (f)	reqābat	رقابت
konkurrieren (vi)	reqābat kardan	رقابت کردن

| Partner (m) | šarik | شریک |
| Partnerschaft (f) | mošārek-at | مشارکت |

Krise (f)	bohrān	بحران
Bankrott (m)	varšekastegi	ورشکستگی
Bankrott machen	varšekast šodan	ورشکست شدن
Schwierigkeit (f)	saxti	سختی
Problem (n)	moškel	مشکل
Katastrophe (f)	fāje'e	فاجعه

Wirtschaft (f)	eqtesād	اقتصاد
wirtschaftlich	eqtesādi	اقتصادی
Rezession (f)	rokud-e eqtesādi	رکود اقتصادی

| Ziel (n) | hadaf | هدف |
| Aufgabe (f) | hadaf | هدف |

handeln (Handel treiben)	tejārat kardan	تجارت کردن
Netz (Verkaufs-)	šabake-ye towzi'	شبکة توزیع
Lager (n)	fehrest anbār	فهرست انبار

Sortiment (n)	majmu'e	مجموعه
führende Unternehmen (n)	rahbar	رهبر
groß (-e Firma)	bozorg	بزرگ
Monopol (n)	enhesār	انحصار

Theorie (f)	nazariye	نظریه
Praxis (f)	amal	عمل
Erfahrung (f)	tajrobe	تجربه
Tendenz (f)	gerāyeš	گرایش
Entwicklung (f)	pišraft	پیشرفت

105. Geschäftsabläufe. Teil 2

| Vorteil (m) | sud | سود |
| vorteilhaft | sudāvar | سودآور |

Delegation (f)	hey'at-e namāyandegān	هیئت نمایندگان
Lohn (m)	hoquq	حقوق
korrigieren (vt)	eslāh kardan	اصلاح کردن
Dienstreise (f)	ma'muriyat	مأموریت
Kommission (f)	komisiyon	کمیسیون

kontrollieren (vt)	kontorol kardan	کنترل کردن
Konferenz (f)	konferāns	کنفرانس
Lizenz (f)	parvāne	پروانه
zuverlässig	motmaen	مطمئن

Initiative (f)	ebtekār	ابتکار
Norm (f)	me'yār	معیار
Umstand (m)	vaz'iyat	وضعیت
Pflicht (f)	vazife	وظیفه

Unternehmen (n)	šerkat	شرکت
Organisation (Prozess)	sāzmāndehi	سازماندهی
organisiert (Adj)	sāzmān yāfte	سازمان یافته
Abschaffung (f)	laqv	لغو
abschaffen (vt)	laqv kardan	لغو کردن
Bericht (m)	gozāreš	گزارش

Patent (n)	govāhi-ye sabt-e exterā'	گواهی ثبت اختراع
patentieren (vt)	govāhi exterā' gereftan	گواهی اختراع گرفتن
planen (vt)	barnāmerizi kardan	برنامه ریزی کردن

Prämie (f)	pādāš	پاداش
professionell	herfe i	حرفه ای
Prozedur (f)	tašrifāt	تشریفات

prüfen (Vertrag ~)	barresi kardan	بررسی کردن
Berechnung (f)	mohāsebe	محاسبه
Ruf (m)	e'tebār	اعتبار
Risiko (n)	risk	ریسک

| leiten (vt) | edāre kardan | اداره کردن |
| Informationen (pl) | ettelā'āt | اطلاعات |

Eigentum (n)	dārāyi	دارایی
Bund (m)	ettehādiye	اتحادیه
Lebensversicherung (f)	bime-ye omr	بیمهٔ عمر
versichern (vt)	bime kardan	بیمه کردن
Versicherung (f)	bime	بیمه
Auktion (f)	harāj	حراج
benachrichtigen (vt)	xabar dādan	خبر دادن
Verwaltung (f)	edāre	اداره
Dienst (m)	xedmat	خدمت
Forum (n)	ham andiši	هم اندیشی
funktionieren (vi)	amal kardan	عمل کردن
Etappe (f)	marhale	مرحله
juristisch	hoquqi	حقوقی
Jurist (m)	hoquq dān	حقوق دان

106. Fertigung. Arbeiten

Werk (n)	kārxāne	کارخانه
Fabrik (f)	kārxāne	کارخانه
Werkstatt (f)	kārgāh	کارگاه
Betrieb (m)	towlidi	تولیدی
Industrie (f)	san'at	صنعت
Industrie-	san'ati	صنعتی
Schwerindustrie (f)	sanāye-'e sangin	صنایع سنگین
Leichtindustrie (f)	sanāye-'e sabok	صنایع سبک
Produktion (f)	towlidāt	تولیدات
produzieren (vt)	towlid kardan	تولید کردن
Rohstoff (m)	mavādd-e xām	مواد خام
Vorarbeiter (m), Meister (m)	sarkāregar	سرکارگر
Arbeitsteam (n)	daste-ye kāregaran	دسته کارگران
Arbeiter (m)	kārgar	کارگر
Arbeitstag (m)	ruz-e kāri	روز کاری
Pause (f)	esterāhat	استراحت
Versammlung (f)	jalase	جلسه
besprechen (vt)	bahs kardan	بحث کردن
Plan (m)	barnāme	برنامه
den Plan erfüllen	barnāme rā ejrā kardan	برنامه را اجرا کردن
Arbeitsertrag (m)	nerx-e tolid	نرخ تولید
Qualität (f)	keyfiyat	کیفیت
Prüfung, Kontrolle (f)	kontorol	کنترل
Gütekontrolle (f)	kontorol-e keyfi	کنترل کیفی
Arbeitsplatzsicherheit (f)	amniyat-e kār	امنیت کار
Disziplin (f)	enzebāt	انضباط
Übertretung (f)	naqz	نقض
übertreten (vt)	naqz kardan	نقض کردن

Streik (m)	e'tesāb	اعتصاب
Streikender (m)	e'tesāb konande	اعتصاب کننده
streiken (vi)	e'tesāb kardan	اعتصاب کردن
Gewerkschaft (f)	ettehādiye-ye kārgari	اتحادیۀ کارگری

erfinden (vt)	exterā' kardan	اختراع کردن
Erfindung (f)	exterā'	اختراع
Erforschung (f)	tahqiq	تحقیق
verbessern (vt)	behtar kardan	بهتر کردن
Technologie (f)	fanāvari	فناوری
technische Zeichnung (f)	rasm-e fani	رسم فنی

Ladung (f)	bār	بار
Ladearbeiter (m)	bārbar	باربر
laden (vt)	bār kardan	بار کردن
Beladung (f)	bārgiri	بارگیری
entladen (vt)	bārgiri	بارگیری
Entladung (f)	bārandāz-i	باراندازی

Transport (m)	haml-o naql	حمل و نقل
Transportunternehmen (n)	šerkat-e haml-o naql	شرکت حمل و نقل
transportieren (vt)	haml kardan	حمل کردن

Güterwagen (m)	vāgon-e bari	واگن باری
Zisterne (f)	maxzan	مخزن
Lastkraftwagen (m)	kāmiyon	کامیون

Werkzeugmaschine (f)	dastgāh	دستگاه
Mechanismus (m)	mekānism	مکانیسم

Industrieabfälle (pl)	zāye'āt-e san'ati	ضایعات صنعتی
Verpacken (n)	baste band-i	بسته بندی
verpacken (vt)	baste bandi kardan	بسته بندی کردن

107. Vertrag. Zustimmung

Vertrag (m), Auftrag (m)	qarārdād	قرارداد
Vereinbarung (f)	tavāfoq-e nāme	توافق نامه
Anhang (m)	zamime	ضمیمه

einen Vertrag abschließen	qarārdād bastan	قرارداد بستن
Unterschrift (f)	emzā'	امضاء
unterschreiben (vt)	emzā kardan	امضا کردن
Stempel (m)	mehr	مهر

Vertragsgegenstand (m)	mowzu-'e qarārdād	موضوع قرارداد
Punkt (m)	mādde	ماده
Parteien (pl)	tarafeyn	طرفین
rechtmäßige Anschrift (f)	ādres-e hoquqi	آدرس حقوقی

Vertrag brechen	naqz kardan-e qarārdād	نقض کردن قرارداد
Verpflichtung (f)	ta'ahhod	تعهد
Verantwortlichkeit (f)	mas'uliyat	مسئولیت
Force majeure (f)	šarāyet-e ezterāri	شرایط اضطراری

Streit (m)	xaläf	خلاف
Strafsanktionen (pl)	eqdämät-e tanbihi	اقدامات تنبیهی

108. Import & Export

Import (m)	väredät	واردات
Importeur (m)	väred konande	وارد کننده
importieren (vt)	väred kardan	وارد کردن
Import-	väredäti	وارداتی

Export (m)	säderät	صادرات
Exporteur (m)	säder konande	صادر کننده
exportieren (vt)	säder kardan	صادر کردن
Export-	säderäti	صادراتی

Waren (pl)	kälä	کالا
Partie (f), Ladung (f)	mahmule	محموله

Gewicht (n)	vazn	وزن
Volumen (n)	hajm	حجم
Kubikmeter (m)	metr moka'ab	متر مکعب

Hersteller (m)	towlid konande	تولید کننده
Transportunternehmen (n)	šerkat-e haml-o naql	شرکت حمل و نقل
Container (m)	käntiner	کانتینر

Grenze (f)	marz	مرز
Zollamt (n)	gomrok	گمرک
Zoll (m)	avärez-e gomroki	عوارض گمرکی
Zollbeamter (m)	ma'mur-e gomrok	مأمور گمرک
Schmuggel (m)	qäčäq	قاچاق
Schmuggelware (f)	ajnäs-e qäčäq	اجناس قاچاق

109. Finanzen

Aktie (f)	sahäm	سهام
Obligation (f)	owräq-e bahädär	اوراق بهادار
Wechsel (m)	safte	سفته

Börse (f)	burs	بورس
Aktienkurs (m)	nerx-e sahäm	نرخ سهام

billiger werden	arzän šodan	ارزان شدن
teuer werden	gerän šodan	گران شدن

Mehrheitsbeteiligung (f)	manäfe-'e kontoroli	منافع کنترلی
Investitionen (pl)	sarmäye gozäri	سرمایه گذاری
investieren (vt)	sarmäye gozäri kardan	سرمایه گذاری کردن
Prozent (n)	darsad	درصد
Zinsen (pl)	sud	سود
Gewinn (m)	sud	سود
gewinnbringend	sudävar	سودآور

Steuer (f)	māliyāt	مالیات
Währung (f)	arz	ارز
Landes-	melli	ملی
Geldumtausch (m)	tabādol	تبادل
Buchhalter (m)	hesābdār	حسابدار
Buchhaltung (f)	hesābdāri	حسابداری
Bankrott (m)	varšekastegi	ورشکستگی
Zusammenbruch (m)	šekast	شکست
Pleite (f)	varšekastegi	ورشکستگی
pleite gehen	varšekast šodan	ورشکست شدن
Inflation (f)	tavarrom	تورم
Abwertung (f)	taqlil-e arzeš-e pul	تقلیل ارزش پول
Kapital (n)	sarmāye	سرمایه
Einkommen (n)	darāmad	درآمد
Umsatz (m)	gardeš mo'āmelāt	گردش معاملات
Mittel (Reserven)	manābe'	منابع
Geldmittel (pl)	manābe-'e puli	منابع پولی
Gemeinkosten (pl)	maxārej-e kolli	مخارج کلی
reduzieren (vt)	kam kardan	کم کردن

110. Marketing

Marketing (n)	bāzāryābi	بازاریابی
Markt (m)	bāzār	بازار
Marktsegment (n)	baxše bāzār	بخش بازار
Produkt (n)	mahsul	محصول
Waren (pl)	kālā	کالا
Schutzmarke (f)	barand	برند
Handelsmarke (f)	nešān tejāri	نشان تجاری
Firmenzeichen (n)	logo	لوگو
Logo (n)	logo	لوگو
Nachfrage (f)	taqāzā	تقاضا
Angebot (n)	arze	عرضه
Bedürfnis (n)	ehtiyāj	احتیاج
Verbraucher (m)	masraf-e konande	مصرف کننده
Analyse (f)	tahlil	تحلیل
analysieren (vt)	tahlil kardan	تحلیل کردن
Positionierung (f)	mowze' giri	موضع گیری
positionieren (vt)	mowze' giri kardan	موضع گیری کردن
Preis (m)	qeymat	قیمت
Preispolitik (f)	siyāsat-e qeymat-e gozār-i	سیاست قیمت گذاری
Preisbildung (f)	qeymat gozāri	قیمت گذاری

111. Werbung

Werbung (f)	ägahi	آگهی
werben (vt)	tabliq kardan	تبلیغ کردن
Budget (n)	budje	بودجه
Werbeanzeige (f)	ägahi	آگهی
Fernsehwerbung (f)	tabliqāt-e televiziyoni	تبلیغات تلویزیونی
Radiowerbung (f)	tabliqāt-e rādiyoyi	تبلیغات رادیویی
Außenwerbung (f)	ägahi-ye biruni	آگهی بیرونی
Massenmedien (pl)	resāne-hay-e jam'i	رسانه های جمعی
Zeitschrift (f)	našriye-ye dowrei	نشریة دوره ای
Image (n)	temsāl	تمثال
Losung (f)	šo'ār	شعار
Motto (n)	šo'ār	شعار
Kampagne (f)	kampeyn	کمپین
Werbekampagne (f)	kampeyn-e tabliqāti	کمپین تبلیغاتی
Zielgruppe (f)	goruh-e hadaf	گروه هدف
Visitenkarte (f)	kārt-e vizit	کارت ویزیت
Flugblatt (n)	borušur	بروشور
Broschüre (f)	borušur	بروشور
Faltblatt (n)	ketābče	کتابچه
Informationsblatt (n)	xabarnāme	خبرنامه
Firmenschild (n)	tāblo	تابلو
Plakat (n)	poster	پوستر
Werbeschild (n)	bilbord	بیلبورد

112. Bankgeschäft

Bank (f)	bānk	بانک
Filiale (f)	šo'be	شعبه
Berater (m)	mošāver	مشاور
Leiter (m)	modir	مدیر
Konto (n)	hesāb-e bānki	حساب بانکی
Kontonummer (f)	šomāre-ye hesāb	شمارة حساب
Kontokorrent (n)	hesāb-e jāri	حساب جاری
Sparkonto (n)	hesāb-e pasandāz	حساب پس انداز
ein Konto eröffnen	hesāb-e bāz kardan	حساب باز کردن
das Konto schließen	hesāb rā bastan	حساب را بستن
einzahlen (vt)	be hesāb rixtan	به حساب ریختن
abheben (vt)	az hesāb bardāštan	از حساب برداشتن
Einzahlung (f)	seporde	سپرده
eine Einzahlung machen	seporde gozāštan	سپرده گذاشتن
Überweisung (f)	enteqāl	انتقال

überweisen (vt)	enteqāl dādan	انتقال دادن
Summe (f)	jam'-e kol	جمع کل
Wieviel?	čeqadr?	چقدر؟

Unterschrift (f)	emzā'	امضاء
unterschreiben (vt)	emzā kardan	امضا کردن

Kreditkarte (f)	kārt-e e'tebāri	کارت اعتباری
Code (m)	kod	کد
Kreditkartennummer (f)	šomāre-ye kārt-e e'tebāri	شماره کارت اعتباری
Geldautomat (m)	xodpardāz	خودپرداز

Scheck (m)	ček	چک
einen Scheck schreiben	ček neveštan	چک نوشتن
Scheckbuch (n)	daste-ye ček	دسته چک

Darlehen (m)	e'tebār	اعتبار
ein Darlehen beantragen	darxāst-e vam kardan	درخواست وام کردن
ein Darlehen aufnehmen	vām gereftan	وام گرفتن
ein Darlehen geben	vām dādan	وام دادن
Sicherheit (f)	zemānat	ضمانت

113. Telefon. Telefongespräche

Telefon (n)	telefon	تلفن
Mobiltelefon (n)	telefon-e hamrāh	تلفن همراه
Anrufbeantworter (m)	monši-ye telefoni	منشی تلفنی

anrufen (vt)	telefon zadan	تلفن زدن
Anruf (m)	tamās-e telefoni	تماس تلفنی

eine Nummer wählen	šomāre gereftan	شماره گرفتن
Hallo!	alo!	الو!
fragen (vt)	porsidan	پرسیدن
antworten (vi)	javāb dādan	جواب دادن
hören (vt)	šenidan	شنیدن
gut (~ aussehen)	xub	خوب
schlecht (Adv)	bad	بد
Störungen (pl)	sedā	صدا

Hörer (m)	guši	گوشی
den Hörer abnehmen	guši rā bar dāštan	گوشی را برداشتن
auflegen (den Hörer ~)	guši rā gozāštan	گوشی را گذاشتن

besetzt	mašqul	مشغول
läuten (vi)	zang zadan	زنگ زدن
Telefonbuch (n)	daftar-e telefon	دفتر تلفن

Orts-	mahalli	محلی
Ortsgespräch (n)	telefon-e dāxeli	تلفن داخلی
Auslands-	beynolmelali	بین المللی
Auslandsgespräch (n)	telefon-e beynolmelali	تلفن بین المللی
Fern-	beyn-e šahri	بین شهری
Ferngespräch (n)	telefon-e beyn-e šahri	تلفن بین شهری

114. Mobiltelefon

Deutsch	Transkription	Persisch
Mobiltelefon (n)	telefon-e hamrāh	تلفن همراه
Display (n)	namāyešgar	نمایشگر
Knopf (m)	dokme	دکمه
SIM-Karte (f)	sim-e kārt	سیم کارت
Batterie (f)	bātri	باطری
leer sein (Batterie)	tamām šodan bātri	تمام شدن باتری
Ladegerät (n)	šāržer	شارژ
Menü (n)	meno	منو
Einstellungen (pl)	tanzimāt	تنظیمات
Melodie (f)	āhang	آهنگ
auswählen (vt)	entexāb kardan	انتخاب کردن
Rechner (m)	māšin-e hesāb	ماشین حساب
Anrufbeantworter (m)	monši-ye telefoni	منشی تلفنی
Wecker (m)	sā'at-e zang dār	ساعت زنگ دار
Kontakte (pl)	daftar-e telefon	دفتر تلفن
SMS-Nachricht (f)	payāmak	پیامک
Teilnehmer (m)	moštarek	مشترک

115. Bürobedarf

Kugelschreiber (m)	xodkār	خودکار
Federhalter (m)	xodnevis	خودنویس
Bleistift (m)	medād	مداد
Faserschreiber (m)	māžik	ماژیک
Filzstift (m)	māžik	ماژیک
Notizblock (m)	daftar-e yāddāšt	دفتر یادداشت
Terminkalender (m)	daftar-e yāddāšt	دفتر یادداشت
Lineal (n)	xat keš	خط کش
Rechner (m)	māšin-e hesāb	ماشین حساب
Radiergummi (m)	pāk kon	پاک کن
Reißzwecke (f)	punez	پونز
Heftklammer (f)	gire	گیره
Klebstoff (m)	časb	چسب
Hefter (m)	mangane-ye zan	منگنه زن
Locher (m)	pānč	پانچ
Bleistiftspitzer (m)	madād-e tarāš	مداد تراش

116. Verschiedene Dokumente

Deutsch	Transkription	Persisch
Bericht (m)	gozāreš	گزارش
Abkommen (n)	tavāfoq-e nāme	توافق نامه

Anmeldeformular (n)	form-e darxāst	فرم درخواست
Original-	asli	اصلی
Namensschild (n)	kārt-e šenāsāyi	کارت شناسایی
Visitenkarte (f)	kārt-e vizit	کارت ویزیت

Zertifikat (n)	govāhi	گواهی
Scheck (m)	ček	چک
Rechnung (im Restaurant)	surat hesāb	صورت حساب
Verfassung (f)	qānun-e asāsi	قانون اساسی

Vertrag (m)	qarārdād	قرارداد
Kopie (f)	nosxe	نسخه
Kopie (~ des Vertrages)	nosxe	نسخه

Zolldeklaration (f)	ežhār-nāme	اظهارنامه
Dokument (n)	sanad	سند
Führerschein (m)	govāhi-nāme-ye rānandegi	گواهینامهٔ رانندگی
Anlage (f)	zamime	ضمیمه
Fragebogen (m)	porsešnāme	پرسشنامه

Ausweis (m)	kārt-e šenāsāyi	کارت شناسایی
Anfrage (f)	este'lām	استعلام
Einladungskarte (f)	da'vatnāme	دعوتنامه
Rechnung (von Firma)	surat hesāb	صورت حساب

Gesetz (n)	qānun	قانون
Brief (m)	nāme	نامه
Briefbogen (n)	sarnāme	سرنامه
Liste (schwarze ~)	fehrest	فهرست
Manuskript (n)	dast nevis	دست نویس
Informationsblatt (n)	xabarnāme	خبرنامه
Zettel (m)	yāddāšt	یادداشت

Passierschein (m)	javāz	جواز
Pass (m)	gozarnāme	گذرنامه
Erlaubnis (f)	mojavvez	مجوز
Lebenslauf (m)	rezume	رزومه
Schuldschein (m)	resid	رسید
Quittung (f)	resid	رسید

Kassenzettel (m)	resid	رسید
Bericht (m)	gozāreš	گزارش

vorzeigen (vt)	erä'e kardan	ارائه کردن
unterschreiben (vt)	emzā kardan	امضا کردن
Unterschrift (f)	emzā'	امضاء
Stempel (m)	mehr	مهر

Text (m)	matn	متن
Eintrittskarte (f)	belit	بلیط

streichen (vt)	xat zadan	خط زدن
ausfüllen (vt)	por kardan	پر کردن

Frachtbrief (m)	bārnāme	بارنامه
Testament (n)	vasiyat-nāme	وصیتنامه

117. Geschäftsarten

Buchführung (f)	xadamāt-e hesābdāri	خدمات حسابداری
Werbung (f)	āgahi	آگهی
Werbeagentur (f)	āžāns-e tabliqāti	آژانس تبلیغاتی
Klimaanlagen (pl)	tahviye-ye matbu'	تهویه مطبوع
Fluggesellschaft (f)	šerkat-e havāpeymāyi	شرکت هواپیمایی

Spirituosen (pl)	mašrubāt-e alkoli	مشروبات الکلی
Antiquitäten (pl)	atiqe	عتیقه
Kunstgalerie (f)	gāleri-ye honari	گالری هنری
Rechnungsprüfung (f)	xadamāt-e momayyezi	خدمات ممیزی

Bankwesen (n)	bānk-dāri	بانکداری
Bar (f)	bār	بار
Schönheitssalon (m)	sālon-e zibāyi	سالن زیبایی
Buchhandlung (f)	ketāb-foruši	کتاب فروشی
Bierbrauerei (f)	ābe jow-sāzi	آب جوسازی
Bürogebäude (n)	markaz-e tejāri	مرکز تجاری
Business-Schule (f)	moassese-ye bāzargāni	موسسه بازرگانی

Kasino (n)	kāzino	کازینو
Bau (m)	sāxtemān	ساختمان
Beratung (f)	mošavere	مشاوره

Stomatologie (f)	dandān-e pezeški	دندان پزشکی
Design (n)	tarrāhi	طراحی
Apotheke (f)	dāruxāne	داروخانه
chemische Reinigung (f)	xošk-šuyi	خشکشویی
Personalagentur (f)	āžāns-e kāryābi	آژانس کاریابی

Finanzdienstleistungen (pl)	xadamāt-e māli	خدمات مالی
Nahrungsmittel (pl)	mavādd-e qazāyi	مواد غذایی
Bestattungsinstitut (n)	xadamat-e kafno dafn	خدمات کفن ودفن
Möbel (n)	mobl	مبل
Kleidung (f)	lebās	لباس
Hotel (n)	hotel	هتل

Eis (n)	bastani	بستنی
Industrie (f)	san'at	صنعت
Versicherung (f)	bime	بیمه
Internet (n)	internet	اینترنت
Investitionen (pl)	sarmāye gozāri	سرمایه گذاری

Juwelier (m)	javāheri	جواهری
Juwelierwaren (pl)	javāherāt	جواهرات
Wäscherei (f)	xošk-šuyi	خشکشویی
Rechtsberatung (f)	xadamāt-e hoquqi	خدمات حقوقی
Leichtindustrie (f)	sanāye-'e sabok	صنایع سبک

Zeitschrift (f)	majalle	مجله
Versandhandel (m)	foruš-e sefāreš-e posti	فروش سفارش پستی
Medizin (f)	pezeški	پزشکی
Kino (Filmtheater)	sinamā	سینما
Museum (n)	muze	موزه

Nachrichtenagentur (f)	xabar-gozari	خبرگزاری
Zeitung (f)	ruznāme	روزنامه
Nachtklub (m)	kābāre	کاباره
Erdöl (n)	naft	نفت
Kurierdienst (m)	xadamāt-e post	خدمات پست
Pharmaindustrie (f)	dārusāzi	داروسازی
Druckindustrie (f)	sahhāfi	صحافی
Verlag (m)	entešārāt	انتشارات
Rundfunk (m)	rādiyo	رادیو
Immobilien (pl)	amvāl-e qeyr-e manqul	اموال غیر منقول
Restaurant (n)	resturān	رستوران
Sicherheitsagentur (f)	āžāns-e amniyati	آژانس امنیتی
Sport (m)	varzeš	ورزش
Börse (f)	burs	بورس
Laden (m)	maqāze	مغازه
Supermarkt (m)	supermārket	سوپرمارکت
Schwimmbad (n)	estaxr	استخر
Atelier (n)	xayyāti	خیاطی
Fernsehen (n)	televiziyon	تلویزیون
Theater (n)	teātr	تئاتر
Handel (m)	tejārat	تجارت
Transporte (pl)	haml-o naql	حمل و نقل
Reisen (pl)	turism	توریسم
Tierarzt (m)	dāmpezešk	دامپزشک
Warenlager (n)	anbār	انبار
Müllabfuhr (f)	jam āvari-ye zobāle	جمع آوری زباله

Arbeit. Geschäft. Teil 2

118. Show. Ausstellung

Ausstellung (f)	namāyešgāh	نمایشگاه
Handelsausstellung (f)	namāyešgāh-e tejāri	نمایشگاه تجاری
Teilnahme (f)	šerkat	شرکت
teilnehmen (vi)	šerekat kardan	شرکت کردن
Teilnehmer (m)	šerekat konande	شرکت کننده
Direktor (m)	ra'is	رئیس
Messeverwaltung (f)	daftar-e modiriyat	دفتر مدیریت
Organisator (m)	sāzmān dahande	سازمان دهنده
veranstalten (vt)	sāzmān dādan	سازمان دادن
Anmeldeformular (n)	darxāst-e šerkat	درخواست شرکت
ausfüllen (vt)	por kardan	پر کردن
Details (pl)	joz'iyāt	جزئیات
Information (f)	ettelā'āt	اطلاعات
Preis (m)	arzeš	ارزش
einschließlich	šāmel	شامل
einschließen (vt)	šāmel šodan	شامل شدن
zahlen (vt)	pardāxtan	پرداختن
Anmeldegebühr (f)	haqq-e sabt	حق ثبت
Eingang (m)	vorud	ورود
Pavillon (m)	qorfe	غرفه
registrieren (vt)	sabt kardan	ثبت کردن
Namensschild (n)	kārt-e šenāsāyi	کارت شناسایی
Stand (m)	qorfe	غرفه
reservieren (vt)	rezerv kardan	رزرو کردن
Vitrine (f)	vitrin	ویترین
Strahler (m)	nurafkan	نورافکن
Design (n)	tarh	طرح
stellen (vt)	qarār dādan	قرار دادن
gelegen sein	qarār gereftan	قرار گرفتن
Distributor (m)	towzi' konande	توزیع کننده
Lieferant (m)	arze konande	عرضه کننده
liefern (vt)	arze kardan	عرضه کردن
Land (n)	kešvar	کشور
ausländisch	xāreji	خارجی
Produkt (n)	mahsul	محصول
Assoziation (f)	anjoman	انجمن
Konferenzraum (m)	tālār-e konferāns	تالار کنفرانس

Kongress (m)	kongere	كنگره
Wettbewerb (m)	mosābeqe	مسابقه

Besucher (m)	bāzdid konande	بازديد كننده
besuchen (vt)	bāzdid kardan	بازديد كردن
Auftraggeber (m)	moštari	مشترى

119. Massenmedien

Zeitung (f)	ruznāme	روزنامه
Zeitschrift (f)	majalle	مجله
Presse (f)	matbuāt	مطبوعات
Rundfunk (m)	rādiyo	راديو
Rundfunkstation (f)	istgāh-e rādiyoyi	ايستگاه راديويى
Fernsehen (n)	televiziyon	تلويزيون

Moderator (m)	mojri	مجرى
Sprecher (m)	guyande-ye axbār	گوينده اخبار
Kommentator (m)	mofasser	مفسر

Journalist (m)	ruznāme negār	روزنامه نگار
Korrespondent (m)	xabarnegār	خبرنگار
Bildberichterstatter (m)	akkās-e matbuāti	عكاس مطبوعاتى
Reporter (m)	gozārešgar	گزارشگر

Redakteur (m)	virāstār	ويراستار
Chefredakteur (m)	sardabir	سردبير

abonnieren (vt)	moštarak šodan	مشترك شدن
Abonnement (n)	ešterāk	اشتراك
Abonnent (m)	moštarek	مشترك
lesen (vi, vt)	xāndan	خواندن
Leser (m)	xānande	خواننده

Auflage (f)	tirāž	تيراژ
monatlich (Adj)	māhāne	ماهانه
wöchentlich (Adj)	haftegi	هفتگى
Ausgabe (Zeitschrift)	šomāre	شماره
neueste (~ Ausgabe)	tāze	تازه

Titel (m)	sar xat-e xabar	سرخط خبر
Notiz (f)	maqāle-ye kutāh	مقاله كوتاه
Rubrik (f)	sotun	ستون
Artikel (m)	maqāle	مقاله
Seite (f)	safhe	صفحه

Reportage (f)	gozāreš	گزارش
Ereignis (n)	vāqe'e	واقعه
Sensation (f)	hayajān	هيجان
Skandal (m)	janjāl	جنجال
skandalös	janjāl āvar	جنجال آور
groß (-er Skandal)	bozorg	بزرگ
Sendung (f)	barnāme	برنامه
Interview (n)	mosāhebe	مصاحبه

| Live-Übertragung (f) | paxš-e mostaqim | پخش مستقیم |
| Kanal (m) | kānāl | کانال |

120. Landwirtschaft

Landwirtschaft (f)	kešāvarzi	کشاورزی
Bauer (m)	dehqān	دهقان
Bäuerin (f)	dehqān	دهقان
Farmer (m)	kešāvarz	کشاورز

| Traktor (m) | terāktor | تراکتور |
| Mähdrescher (m) | kombāyn | کمباین |

Pflug (m)	gāvāhan	گاوآهن
pflügen (vt)	šoxm zadan	شخم زدن
Acker (m)	zamin āmāde kešt	زمین آماده کشت
Furche (f)	šiyār	شیار

säen (vt)	kāštan	کاشتن
Sämaschine (f)	bazrpāš	بذرپاش
Saat (f)	košt	کشت

| Sense (f) | dās | داس |
| mähen (vt) | dero kardan | درو کردن |

| Schaufel (f) | bil | بیل |
| graben (vt) | kandan | کندن |

Hacke (f)	kaj bil	کج بیل
jäten (vt)	vajin kardan	وجین کردن
Unkraut (n)	alaf-e harz	علف هرز

Gießkanne (f)	āb pāš	آب پاش
gießen (vt)	āb dādan	آب دادن
Bewässerung (f)	ābyāri	آبیاری

| Heugabel (f) | čangak | چنگک |
| Rechen (m) | šen keš | شن کش |

Dünger (m)	kud	کود
düngen (vt)	kud dādan	کود دادن
Mist (m)	kud-e heyvāni	کود حیوانی

Feld (n)	sahrā	صحرا
Wiese (f)	čaman	چمن
Gemüsegarten (m)	jāliz	جالیز
Obstgarten (m)	bāq	باغ

weiden (vt)	čerāndan	چراندن
Hirt (m)	čupān	چوپان
Weide (f)	čerā-gāh	چراگاه

| Viehzucht (f) | dāmparvari | دامپروری |
| Schafzucht (f) | gusfand dāri | گوسفند داری |

Plantage (f)	mazrae	مزرعه
Beet (n)	radif	ردیف
Treibhaus (n)	golxāne	گلخانه

| Dürre (f) | xošksāli | خشکسالی |
| dürr, trocken | xošk | خشک |

Getreide (n)	dāne	دانه
Getreidepflanzen (pl)	qallāt	غلات
ernten (vt)	mahsul-e jam' kardan	محصول جمع کردن

Müller (m)	āsiyābān	آسیابان
Mühle (f)	āsiyāb	آسیاب
mahlen (vt)	qalle kubidan	غله کوبیدن
Mehl (n)	ārd	آرد
Stroh (n)	kāh	کاه

121. Gebäude. Bauabwicklung

Baustelle (f)	mahal-e sāxt-o sāz	محل ساخت و ساز
bauen (vt)	sāxtan	ساختن
Bauarbeiter (m)	kārgar-e sāxtemāni	کارگر ساختمانی

Projekt (n)	porože	پروژه
Architekt (m)	me'mār	معمار
Arbeiter (m)	kārgar	کارگر

Fundament (n)	šālude	شالوده
Dach (n)	bām	بام
Pfahl (m)	pāye	پایه
Wand (f)	divār	دیوار

| Bewehrungsstahl (m) | milgerd | میلگرد |
| Gerüst (n) | dārbast | داربست |

Beton (m)	boton	بتن
Granit (m)	sang-e gerānit	سنگ گرانیت
Stein (m)	sang	سنگ
Ziegel (m)	ājor	آجر

Sand (m)	šen	شن
Zement (m)	simān	سیمان
Putz (m)	gač kāri	گچ کاری
verputzen (vt)	gačkār-i kardan	گچکاری کردن

Farbe (f)	rang	رنگ
färben (vt)	rang kardan	رنگ کردن
Fass (n), Tonne (f)	boške	بشکه

Kran (m)	jarsaqil	جرثقیل
aufheben (vt)	boland kardan	بلند کردن
herunterlassen (vt)	pāin āvardan	پائین آوردن
Planierraupe (f)	buldozer	بولدوزر
Bagger (m)	dastgāh-e haffāri	دستگاه حفاری

Baggerschaufel (f)	bil	بيل
graben (vt)	kandan	كندن
Schutzhelm (m)	kolāh-e imeni	كلاه ايمنى

122. Wissenschaft. Forschung. Wissenschaftler

Wissenschaft (f)	elm	علم
wissenschaftlich	elmi	علمى
Wissenschaftler (m)	dānešmand	دانشمند
Theorie (f)	nazariye	نظريه

Axiom (n)	qā'ede-ye kolli	قاعده كلى
Analyse (f)	tahlil	تحليل
analysieren (vt)	tahlil kardan	تحليل كردن
Argument (n)	dalil	دليل
Substanz (f)	mādde	ماده

Hypothese (f)	farziye	فرضيه
Dilemma (n)	dorāhi	دوراهى
Dissertation (f)	pāyān nāme	پايان نامه
Dogma (n)	aqide	عقيده

Doktrin (f)	doktorin	دكترين
Forschung (f)	tahqiq	تحقيق
forschen (vi)	tahghigh kardan	تحقيق كردن
Kontrolle (f)	āzmāyeš	آزمايش
Labor (n)	āzmāyešgāh	آزمايشگاه

Methode (f)	raveš	روش
Molekül (n)	molekul	مولكول
Monitoring (n)	nozzār-at	نظارت
Entdeckung (f)	kašf	كشف

Postulat (n)	engāre	انگاره
Prinzip (n)	asl	اصل
Prognose (f)	piš bini	پيش بينى
prognostizieren (vt)	pišbini kardan	پيش بينى كردن

Synthese (f)	santez	سنتز
Tendenz (f)	gerāyeš	گرايش
Theorem (n)	qaziye	قضيه

| Lehre (Doktrin) | āmuzeš | آموزش |
| Tatsache (f) | haqiqat | حقيقت |

| Expedition (f) | safar | سفر |
| Experiment (n) | āzmāyeš | آزمايش |

Akademiemitglied (n)	ozv-e ākādemi	عضو آكادمى
Bachelor (m)	lisāns	ليسانس
Doktor (m)	pezešk	پزشك
Dozent (m)	dānešyār	دانشيار
Magister (m)	foqe lisāns	فوق ليسانس
Professor (m)	porofosor	پروفسور

Berufe und Tätigkeiten

123. Arbeitsuche. Kündigung

Arbeit (f), Stelle (f)	kār	کار
Belegschaft (f)	kārmandān	کارمندان
Personal (n)	kādr	کادر
Karriere (f)	šoql	شغل
Perspektive (f)	durnamā	دورنما
Können (n)	mahārat	مهارت
Auswahl (f)	entexāb	انتخاب
Personalagentur (f)	āžāns-e kāryābi	آژانس کاریابی
Lebenslauf (m)	rezume	رزومه
Vorstellungsgespräch (n)	mosāhabe-ye kari	مصاحبه کاری
Vakanz (f)	post-e xāli	پست خالی
Gehalt (n)	hoquq	حقوق
festes Gehalt (n)	darāmad-e s ābet	درآمد ثابت
Arbeitslohn (m)	pardāxt	پرداخت
Stellung (f)	šoql	شغل
Pflicht (f)	vazife	وظیفه
Aufgabenspektrum (n)	šarh-e vazāyef	شرح وظایف
beschäftigt	mašqul	مشغول
kündigen (vt)	exrāj kardan	اخراج کردن
Kündigung (f)	exrāj	اخراج
Arbeitslosigkeit (f)	bikāri	بیکاری
Arbeitslose (m)	bikār	بیکار
Rente (f), Ruhestand (m)	mostamerri	مستمری
in Rente gehen	bāznešaste šodan	بازنشسته شدن

124. Geschäftsleute

Direktor (m)	modir	مدیر
Leiter (m)	modir	مدیر
Boss (m)	ra'is	رئیس
Vorgesetzte (m)	māfowq	مافوق
Vorgesetzten (pl)	roasā	رؤسا
Präsident (m)	ra'is jomhur	رئیس جمهور
Vorsitzende (m)	ra'is	رئیس
Stellvertreter (m)	mo'āven	معاون
Helfer (m)	mo'āven	معاون

| Sekretär (m) | monši | منشی |
| Privatsekretär (m) | dastyār-e šaxsi | دستیار شخصی |

Geschäftsmann (m)	bāzargān	بازرگان
Unternehmer (m)	kārāfarin	کارآفرین
Gründer (m)	moasses	مؤسس
gründen (vt)	ta'sis kardan	تأسیس کردن

Gründungsmitglied (n)	hamkār	همکار
Partner (m)	šarik	شریک
Aktionär (m)	sahāmdār	سهامدار

Millionär (m)	milyuner	میلیونر
Milliardär (m)	milyārder	میلیاردر
Besitzer (m)	sāheb	صاحب
Landbesitzer (m)	zamin-dār	زمین دار

Kunde (m)	xaridār	خریدار
Stammkunde (m)	xaridār-e dāemi	خریدار دائمی
Käufer (m)	xaridār	خریدار
Besucher (m)	bāzdid konande	بازدید کننده

Fachmann (m)	herfe i	حرفه ای
Experte (m)	kāršenās	کارشناس
Spezialist (m)	motexasses	متخصص

| Bankier (m) | kārmand-e bānk | کارمند بانک |
| Makler (m) | dallāl-e kārgozār | دلال کارگزار |

Kassierer (m)	sanduqdār	صندوقدار
Buchhalter (m)	hesābdār	حسابدار
Wächter (m)	negahbān	نگهبان

Investor (m)	sarmāye gozār	سرمایه گذار
Schuldner (m)	bedehkār	بدهکار
Gläubiger (m)	talabkār	طلبکار
Kreditnehmer (m)	vām girande	وام گیرنده

| Importeur (m) | vāred konande | وارد کننده |
| Exporteur (m) | sāder konande | صادر کننده |

Hersteller (m)	towlid konande	تولید کننده
Distributor (m)	towzi' konande	توزیع کننده
Vermittler (m)	vāsete	واسطه

Berater (m)	mošāver	مشاور
Vertreter (m)	namāyande	نماینده
Agent (m)	namāyande	نماینده
Versicherungsagent (m)	namāyande-ye bime	نماینده بیمه

125. Dienstleistungsberufe

| Koch (m) | āšpaz | آشپز |
| Chefkoch (m) | sarāšpaz | سرآشپز |

Bäcker (m)	nānvā	نانوا
Barmixer (m)	motesaddi-ye bār	متصدی بار
Kellner (m)	pišxedmat	پیشخدمت
Kellnerin (f)	pišxedmat	پیشخدمت

Rechtsanwalt (m)	vakil	وکیل
Jurist (m)	hoquq dān	حقوق دان
Notar (m)	daftardār	دفتردار

Elektriker (m)	barq-e kār	برق کار
Klempner (m)	lule keš	لوله کش
Zimmermann (m)	najjār	نجار

Masseur (m)	māsāž dahande	ماساژ دهنده
Masseurin (f)	māsāž dahande	ماساژ دهنده
Arzt (m)	pezešk	پزشک

Taxifahrer (m)	rānande-ye tāksi	راننده تاکسی
Fahrer (m)	rānande	راننده
Ausfahrer (m)	peyk	پیک

Zimmermädchen (n)	mostaxdem	مستخدم
Wächter (m)	negahbān	نگهبان
Flugbegleiterin (f)	mehmāndār-e havāpeymā	مهماندار هواپیما

Lehrer (m)	mo'allem	معلم
Bibliothekar (m)	ketābdār	کتابدار
Übersetzer (m)	motarjem	مترجم
Dolmetscher (m)	motarjem-e šafāhi	مترجم شفاهی
Fremdenführer (m)	rāhnamā-ye tur	راهنمای تور

Friseur (m)	ārāyešgar	آرایشگر
Briefträger (m)	nāme resān	نامه رسان
Verkäufer (m)	forušande	فروشنده

Gärtner (m)	bāqbān	باغبان
Diener (m)	nowkar	نوکر
Magd (f)	xedmatkār	خدمتکار
Putzfrau (f)	zan-e nezāfatči	زن نظافتچی

126. Militärdienst und Ränge

einfacher Soldat (m)	sarbāz	سرباز
Feldwebel (m)	goruhbān	گروهبان
Leutnant (m)	sotvān	ستوان
Hauptmann (m)	kāpitān	کاپیتان

Major (m)	sargord	سرگرد
Oberst (m)	sarhang	سرهنگ
General (m)	ženerāl	ژنرال
Marschall (m)	māršāl	مارشال
Admiral (m)	daryāsālār	دریاسالار
Militärperson (f)	nezāmi	نظامی
Soldat (m)	sarbāz	سرباز

| Offizier (m) | afsar | افسر |
| Kommandeur (m) | farmāndeh | فرمانده |

Grenzsoldat (m)	marzbān	مرزبان
Funker (m)	bisim či	بیسیم چی
Aufklärer (m)	ettelā'āti	اطلاعاتی
Pionier (m)	mohandes estehkāmāt	مهندس استحکامات
Schütze (m)	tirandāz	تیرانداز
Steuermann (m)	nāvbar	ناویر

127. Beamte. Priester

| König (m) | šāh | شاه |
| Königin (f) | maleke | ملکه |

| Prinz (m) | šāhzāde | شاهزاده |
| Prinzessin (f) | pranses | پرنسس |

| Zar (m) | tezār | تزار |
| Zarin (f) | maleke | ملکه |

Präsident (m)	ra'is jomhur	رئیس جمهور
Minister (m)	vazir	وزیر
Ministerpräsident (m)	noxost vazir	نخست وزیر
Senator (m)	senātor	سناتور

Diplomat (m)	diplomāt	دیپلمات
Konsul (m)	konsul	کنسول
Botschafter (m)	safir	سفیر
Ratgeber (m)	mošāver	مشاور

Beamte (m)	kārmand	کارمند
Präfekt (m)	baxšdār	بخشدار
Bürgermeister (m)	šahrdār	شهردار

| Richter (m) | qāzi | قاضی |
| Staatsanwalt (m) | dādsetān | دادستان |

Missionar (m)	misiyoner	میسیونر
Mönch (m)	rāheb	راهب
Abt (m)	rāheb-e bozorg	راهب بزرگ
Rabbiner (m)	xāxām	خاخام

Wesir (m)	vazir	وزیر
Schah (n)	šāh	شاه
Scheich (m)	šeyx	شیخ

128. Landwirtschaftliche Berufe

Bienenzüchter (m)	zanburdār	زنبوردار
Hirt (m)	čupān	چوپان
Agronom (m)	motexasses-e kešāvarzi	متخصص کشاورزی

Viehzüchter (m)	dāmparvar	دامپرور
Tierarzt (m)	dāmpezešk	دامپزشک
Farmer (m)	kešāvarz	کشاورز
Winzer (m)	šarāb sāz	شراب ساز
Zoologe (m)	jānevar-šenās	جانور شناس
Cowboy (m)	gāvčerān	گاوچران

129. Künstler

Schauspieler (m)	bāzigar	بازیگر
Schauspielerin (f)	bāzigar	بازیگر
Sänger (m)	xānande	خواننده
Sängerin (f)	xānande	خواننده
Tänzer (m)	raqqās	رقاص
Tänzerin (f)	raqqāse	رقاصه
Künstler (m)	honarpiše	هنرپیشه
Künstlerin (f)	honarpiše	هنرپیشه
Musiker (m)	muzisiyan	موزیسین
Pianist (m)	piyānist	پیانیست
Gitarrist (m)	gitārist	گیتاریست
Dirigent (m)	rahbar-e orkestr	رهبر ارکستر
Komponist (m)	āhangsāz	آهنگساز
Manager (m)	modir-e operā	مدیر اپرا
Regisseur (m)	kārgardān	کارگردان
Produzent (m)	tahiye konande	تهیه کننده
Drehbuchautor (m)	senārist	سناریست
Kritiker (m)	montaqed	منتقد
Schriftsteller (m)	nevisande	نویسنده
Dichter (m)	šā'er	شاعر
Bildhauer (m)	mojassame sāz	مجسمه ساز
Maler (m)	naqqāš	نقاش
Jongleur (m)	tardast	تردست
Clown (m)	dalqak	دلقک
Akrobat (m)	ākrobāt	آکروبات
Zauberkünstler (m)	šo'bade bāz	شعبده باز

130. Verschiedene Berufe

Arzt (m)	pezešk	پزشک
Krankenschwester (f)	parastār	پرستار
Psychiater (m)	ravānpezešk	روانپزشک
Zahnarzt (m)	dandān pezešk	دندان پزشک
Chirurg (m)	jarrāh	جراح

Astronaut (m)	fazānavard	فضانورد
Astronom (m)	setāre-šenās	ستاره شناس
Pilot (m)	xalabān	خلبان
Fahrer (Taxi-)	rānande	راننده
Lokomotivführer (m)	rānande	راننده
Mechaniker (m)	mekānik	مکانیک
Bergarbeiter (m)	ma'danči	معدنچی
Arbeiter (m)	kārgar	کارگر
Schlosser (m)	qofl sāz	قفل ساز
Tischler (m)	najjār	نجار
Dreher (m)	tarrāš kār	تراش کار
Bauarbeiter (m)	kārgar-e sāxtemāni	کارگر ساختمانی
Schweißer (m)	juš kār	جوش کار
Professor (m)	porofosor	پروفسور
Architekt (m)	me'mār	معمار
Historiker (m)	movarrex	مورخ
Wissenschaftler (m)	dānešmand	دانشمند
Physiker (m)	fizikdān	فیزیکدان
Chemiker (m)	šimi dān	شیمی دان
Archäologe (m)	bāstān-šenās	باستان شناس
Geologe (m)	zamin-šenās	زمین شناس
Forscher (m)	pažuhešgar	پژوهشگر
Kinderfrau (f)	parastār bače	پرستار بچه
Lehrer (m)	āmuzgār	آموزگار
Redakteur (m)	virāstār	ویراستار
Chefredakteur (m)	sardabir	سردبیر
Korrespondent (m)	xabarnegār	خبرنگار
Schreibkraft (f)	māšin nevis	ماشین نویس
Designer (m)	tarāh	طراح
Computerspezialist (m)	kāršenās kāmpiyuter	کارشناس کامپیوتر
Programmierer (m)	barnāme-ye nevis	برنامه نویس
Ingenieur (m)	mohandes	مهندس
Seemann (m)	malavān	ملوان
Matrose (m)	malavān	ملوان
Retter (m)	nejāt-e dahande	نجات دهنده
Feuerwehrmann (m)	ātaš nešān	آتش نشان
Polizist (m)	polis	پلیس
Nachtwächter (m)	mohāfez	محافظ
Detektiv (m)	kārāgāh	کارآگاه
Zollbeamter (m)	ma'mur-e gomrok	مامور گمرک
Leibwächter (m)	mohāfez-e šaxsi	محافظ شخصی
Gefängniswärter (m)	negahbān zendān	نگهبان زندان
Inspektor (m)	bāzres	بازرس
Sportler (m)	varzeškār	ورزشکار
Trainer (m)	morabbi	مربی

Fleischer (m)	qassāb	قصاب
Schuster (m)	kaffāš	کفاش
Geschäftsmann (m)	bāzargān	بازرگان
Ladearbeiter (m)	bārbar	باربر

| Modedesigner (m) | tarrāh-e lebas | طراح لباس |
| Modell (n) | model-e zan | مدل زن |

131. Beschäftigung. Sozialstatus

| Schüler (m) | dāneš-āmuz | دانش آموز |
| Student (m) | dānešju | دانشجو |

Philosoph (m)	filsuf	فیلسوف
Ökonom (m)	eqtesāddān	اقتصاددان
Erfinder (m)	moxtareʻ	مخترع

Arbeitslose (m)	bikār	بیکار
Rentner (m)	bāznešaste	بازنشسته
Spion (m)	jāsus	جاسوس

Gefangene (m)	zendāni	زندانی
Streikender (m)	eʻtesāb konande	اعتصاب کننده
Bürokrat (m)	maʼmur-e edāri	مأمور اداری
Reisende (m)	mosāfer	مسافر

Homosexuelle (m)	hamjens-e bāz	همجنس باز
Hacker (m)	haker	هکر
Hippie (m)	hipi	هیپی

Bandit (m)	rāhzan	راهزن
Killer (m)	ādamkoš	آدمکش
Drogenabhängiger (m)	moʻtād	معتاد
Drogenhändler (m)	forušande-ye mavādd-e moxadder	فروشندهٔ مواد مخدر
Prostituierte (f)	fāheše	فاحشه
Zuhälter (m)	jākeš	جاکش

Zauberer (m)	jādugar	جادوگر
Zauberin (f)	jādugar	جادوگر
Seeräuber (m)	dozd-e daryāyi	دزد دریایی
Sklave (m)	borde	برده
Samurai (m)	sāmurāyi	سامورایی
Wilde (m)	vahši	وحشی

Sport

132. Sportarten. Persönlichkeiten des Sports

Sportler (m)	varzeškār	ورزشکار
Sportart (f)	anvā-e varzeš	انواع ورزش
Basketball (m)	basketbāl	بسکتبال
Basketballspieler (m)	basketbālist	بسکتبالیست
Baseball (m, n)	beysbāl	بیسبال
Baseballspieler (m)	beysbālist	بیسبالیست
Fußball (m)	futbāl	فوتبال
Fußballspieler (m)	futbālist	فوتبالیست
Torwart (m)	darvāze bān	دروازه بان
Eishockey (n)	hāki	هاکی
Eishockeyspieler (m)	hāki-ye bāz	هاکی باز
Volleyball (m)	vālibāl	والیبال
Volleyballspieler (m)	vālibālist	والیبالیست
Boxen (n)	boks	بوکس
Boxer (m)	boksor	بوکسور
Ringen (n)	kešti	کشتی
Ringkämpfer (m)	košti gir	کشتی گیر
Karate (n)	kārāte	کاراته
Karatekämpfer (m)	kārāte-e bāz	کاراته باز
Judo (n)	jodo	جودو
Judoka (m)	jodo bāz	جودو باز
Tennis (n)	tenis	تنیس
Tennisspieler (m)	tenis bāz	تنیس باز
Schwimmen (n)	šenā	شنا
Schwimmer (m)	šenāgar	شناگر
Fechten (n)	šamširbāzi	شمشیربازی
Fechter (m)	šamširbāz	شمشیرباز
Schach (n)	šatranj	شطرنج
Schachspieler (m)	šatranj bāz	شطرنج باز
Bergsteigen (n)	kuhnavardi	کوهنوردی
Bergsteiger (m)	kuhnavard	کوهنورد
Lauf (m)	do	دو

Läufer (m)	davande	دونده
Leichtathletik (f)	varzeš	ورزش
Athlet (m)	varzeškār	ورزشکار

| Pferdesport (m) | asb savāri | اسب سواری |
| Reiter (m) | savārkār | سوارکار |

Eiskunstlauf (m)	raqs ruy yax	رقص روی یخ
Eiskunstläufer (m)	eskeyt bāz	اسکیت باز
Eiskunstläuferin (f)	eskeyt bāz	اسکیت باز

| Gewichtheben (n) | vazne bardār-i | وزنه برداری |
| Gewichtheber (m) | vazne bardār | وزنه بردار |

| Autorennen (n) | mosābeqe-ye otomobilrāni | مسابقۀ اتومبیلرانی |
| Rennfahrer (m) | otomobilrān | اتومبیلران |

| Radfahren (n) | dočarxe savāri | دوچرخه سواری |
| Radfahrer (m) | dočarxe savār | دوچرخه سوار |

Weitsprung (m)	pareš-e tul	پرش طول
Stabhochsprung (m)	pareš bā neyze	پرش با نیزه
Springer (m)	pareš konande	پرش کننده

133. Sportarten. Verschiedenes

American Football (m)	futbāl-e āmrikāyi	فوتبال آمریکایی
Federballspiel (n)	badminton	بدمینتون
Biathlon (n)	biatlon	بیاتلون
Billard (n)	bilyārd	بیلیارد

Bob (m)	surtme	سورتمه
Bodybuilding (n)	badansāzi	بدنسازی
Wasserballspiel (n)	vāterpolo	واترپولو
Handball (m)	handbāl	هندبال
Golf (n)	golf	گلف

Rudern (n)	qāyeq rāni	قایق رانی
Tauchen (n)	dāyving	دایوینگ
Skilanglauf (m)	eski-ye sahrānavardi	اسکی صحرانوردی
Tischtennis (n)	ping pong	پینگ پونگ

Segelsport (m)	qāyeq-rāni bādbani	قایق رانی بادبانی
Rallye (f, n)	rāli	رالی
Rugby (n)	rāgbi	راگبی
Snowboard (n)	snowbord	اسنوبورد
Bogenschießen (n)	tirandāzi bā kamān	تیراندازی با کمان

134. Fitnessstudio

| Hantel (f) | hālter | هالتر |
| Hanteln (pl) | dambel | دمبل |

Trainingsgerät (n)	mäšin-e tamrin	ماشین تمرین
Fahrradtrainer (m)	dočarxe-ye tamrin	دوچرخه تمرین
Laufband (n)	pist-e do	پیست دو

Reck (n)	bärfiks	بارفیکس
Barren (m)	pärälel	پارالل
Sprungpferd (n)	xarak	خرک
Matte (f)	tošak	تشک

Sprungseil (n)	tanäb	طناب
Aerobic (n)	äirobik	ایروبیک
Yoga (m)	yugä	یوگا

135. Hockey

Eishockey (n)	häki	هاکی
Eishockeyspieler (m)	häki-ye bäz	هاکی باز
Hockey spielen	häkey bäzi kardan	هاکی بازی کردن
Eis (n)	yax	یخ

Puck (m)	mohre	مهره
Hockeyschläger (m)	čub-e häki	چوب هاکی
Schlittschuhe (pl)	eskeyt ruy yax	اسکیت روی یخ

| Bord (m) | taxte | تخته |
| Schuss (m) | šut | شوت |

Torwart (m)	darväze bän	دروازه بان
Tor (n)	gol	گل
ein Tor schießen	gol zadan	گل زدن

Drittel (n)	dowre	دوره
zweites Drittel (n)	dowre-ye dovvom	دورۀ دوم
Ersatzbank (f)	nimkat-e zaxire	نیمکت ذخیره

136. Fußball

Fußball (m)	futbäl	فوتبال
Fußballspieler (m)	futbälist	فوتبالیست
Fußball spielen	futbäl bäzi kardan	فوتبال بازی کردن

Oberliga (f)	lig-e bartar	لیگ برتر
Fußballclub (m)	bäšgäh-e futbäl	باشگاه فوتبال
Trainer (m)	morabbi	مربی
Besitzer (m)	säheb	صاحب

Mannschaft (f)	tim	تیم
Mannschaftskapitän (m)	käpitän-e tim	کاپیتان تیم
Spieler (m)	bäzikon	بازیکن
Ersatzspieler (m)	bäzikon-e zaxire	بازیکن ذخیره
Stürmer (m)	forvärd	فوروارد
Mittelstürmer (m)	forvärd vasat	فوروارد وسط

Torjäger (m)	golzan	گلزن
Verteidiger (m)	defā'	دفاع
Läufer (m)	hāfbak	هافبک
Spiel (n)	mosābeqe	مسابقه
sich begegnen	molāqāt kardan	ملاقات کردن
Finale (n)	fināl	فینال
Halbfinale (n)	nime nahāyi	نیمه نهایی
Meisterschaft (f)	mosābeqe-ye qahremāni	مسابقه قهرمانی
Halbzeit (f)	nime	نیمه
erste Halbzeit (f)	nime-ye avval	نیمه اول
Halbzeit (Pause)	hāf tāym	هاف تایم
Tor (n)	darvāze	دروازه
Torwart (m)	darvāze bān	دروازه بان
Torpfosten (m)	tir-e darvāze	تیر دروازه
Torlatte (f)	tir-e ofoqi	تیر افقی
Netz (n)	tur	تور
ein Tor zulassen	gol xordan	گل خوردن
Ball (m)	tup	توپ
Pass (m)	pās	پاس
Schuss (m)	zarbe	ضربه
schießen (vi)	zarbe zadan	ضربه زدن
Freistoß (m)	zarbe-ye xatā	ضربة خطا
Eckball (m)	korner	کرنر
Attacke (f)	hamle	حمله
Gegenangriff (m)	zedd-e hamle	ضد حمله
Kombination (f)	mānovr	مانور
Schiedsrichter (m)	dāvar	داور
pfeifen (vi)	sut zadan	سوت زدن
Pfeife (f)	sut	سوت
Foul (n)	xatā	خطا
foulen (vt)	xatā kardan	خطا کردن
vom Platz verweisen	az zamin exrāj kardan	از زمین اخراج کردن
gelbe Karte (f)	kārt-e zard	کارت زرد
rote Karte (f)	kārt-e qermez	کارت قرمز
Disqualifizierung (f)	rad-e salāhiyat	رد صلاحیت
disqualifizieren (vt)	rad-e salāhiyat kardan	رد صلاحیت کردن
Elfmeter (m)	penālti	پنالتی
Mauer (f)	divār-e defā'i	دیوار دفاعی
schießen (ein Tor ~)	gol zadan	گل زدن
Tor (n)	gol	گل
ein Tor schießen	gol zadan	گل زدن
Wechsel (m)	ta'viz	تعویض
ersetzen (vt)	ta'viz kardan	تعویض کردن
Regeln (pl)	qavā'ed	قواعد
Taktik (f)	tāktik	تاکتیک
Stadion (n)	varzešgāh	ورزشگاه
Tribüne (f)	teribun	تریبون

| Anhänger (m) | tarafdār | طرفدار |
| schreien (vi) | faryād zadan | فریاد زدن |

| Anzeigetafel (f) | skorbord | اسکوربورد |
| Ergebnis (n) | emtiyāz | امتیاز |

Niederlage (f)	šekast	شکست
verlieren (vt)	bāxtan	باختن
Unentschieden (n)	mosāvi	مساوی
unentschieden spielen	bāzi rā mosāvi kardan	بازی رامساوی کردن

| Sieg (m) | piruzi | پیروزی |
| gewinnen (vt) | piruz šodan | پیروز شدن |

Meister (m)	qahremān	قهرمان
der beste	behtarin	بهترین
gratulieren (vi)	tabrik goftan	تبریک گفتن

Kommentator (m)	mofasser	مفسر
kommentieren (vt)	tafsir kardan	تفسیر کردن
Übertragung (f)	paxš	پخش

137. Ski alpin

Ski (pl)	eski	اسکی
Ski laufen	eski kardan	اسکی کردن
Skiort (m)	pist-e eski	پیست اسکی
Skilift (m)	telesk-i	تلسکی

Skistöcke (pl)	čub-e eski	چوب اسکی
Abhang (m)	šib	شیب
Slalom (m)	eslālom	اسلالوم

138. Tennis Golf

Golf (n)	golf	گلف
Golfklub (m)	bāšgāh-e golf	باشگاه گلف
Golfspieler (m)	bāzikon-e golf	بازیکن گلف

Loch (n)	gowdāl	گودال
Schläger (m)	čub-e golf	چوب گلف
Golfwagen (m)	čarx-e hāmele golf	چرخ حامل گلف

| Tennis (n) | tenis | تنیس |
| Tennisplatz (m) | zamin-e tenis | زمین تنیس |

| Aufschlag (m) | servis | سرویس |
| angeben (vt) | servis zadan | سرویس زدن |

Tennisschläger (m)	rāket	راکت
Netz (n)	tur	تور
Ball (m)	tup	توپ

139. Schach

Schach (n)	šatranj	شطرنج
Schachfiguren (pl)	mohrehā-ye šatranj	مهره های شطرنج
Schachspieler (m)	šatranj bāz	شطرنج باز
Schachbrett (n)	taxte-ye šatranj	تختهٔ شطرنج
Figur (f)	mohre-ye šatranj	مهره شطرنج
Weißen (pl)	sefid	سفید
Schwarze (pl)	siyāh	سیاه
Bauer (m)	piyāde	پیاده
Läufer (m)	fil	فیل
Springer (m)	asb	اسب
Turm (m)	rox	رخ
Königin (f)	vazir	وزیر
König (m)	šāh	شاه
Zug (m)	harekat	حرکت
einen Zug machen	harekat kardan	حرکت کردن
opfern (vt)	qorbāni kardan	قربانی کردن
Rochade (f)	mohreye qal'e	مهرهٔ قلعه
Schach (n)	kiš	کیش
Matt (n)	māt	مات
Schachturnier (n)	mosābeqe-ye šatranj	مسابقهٔ شطرنج
Großmeister (m)	ostād-e bozorg	استاد بزرگ
Kombination (f)	tarkib	ترکیب
Partie (f), Spiel (n)	dor-e bazi	دوربازی
Damespiel (n)	bāzi-ye čekerz	بازی چکرز

140. Boxen

Boxen (n)	boks	بوکس
Boxkampf (m)	mobāreze	مبارزه
Zweikampf (m)	mosābeqe-ye boks	مسابقه بوکس
Runde (f)	rānd	راند
Ring (m)	ring	رینگ
Gong (m, n)	nāqus	ناقوس
Schlag (m)	zarbe	ضربه
Knockdown (m)	nāk dān	ناک داون
Knockout (m)	nāk owt	ناک اوت
k.o. schlagen (vt)	nākowt kardan	ناک اوت کردن
Boxhandschuh (m)	dastkeš-e boks	دستکش بوکس
Schiedsrichter (m)	dāvar	داور
Leichtgewicht (n)	vazn-e sabok	وزن سبک
Mittelgewicht (n)	vazn-e motevasset	وزن متوسط
Schwergewicht (n)	vazn-e sangin	وزن سنگین

141. Sport. Verschiedenes

Olympische Spiele (pl)	bāzihā-ye olampik	بازی‌های المپیک
Sieger (m)	barande	برنده
siegen (vi)	piruz šodan	پیروز شدن
gewinnen (Sieger sein)	piruz šodan	پیروز شدن
Tabellenführer (m)	rahbar	رهبر
führen (vi)	lider budan	لیدر بودن
der erste Platz	rotbe-ye avval	رتبه اول
der zweite Platz	rotbe-ye dovvom	رتبه دوم
der dritte Platz	rotbe-ye sevvom	رتبه سوم
Medaille (f)	medāl	مدال
Trophäe (f)	kāp	کاپ
Pokal (m)	jām	جام
Siegerpreis m (m)	jāyeze	جایزه
Hauptpreis (m)	jāyeze-ye asli	جایزۀ اصلی
Rekord (m)	rekord	رکورد
einen Rekord aufstellen	rekord gozāštan	رکورد گذاشتن
Finale (n)	fināl	فینال
Final-	pāyāni	پایانی
Meister (m)	qahremān	قهرمان
Meisterschaft (f)	mosābeqe-ye qahremāni	مسابقه قهرمانی
Stadion (n)	varzešgāh	ورزشگاه
Tribüne (f)	teribun	تریبون
Fan (m)	tarafdār	طرفدار
Gegner (m)	raqib	رقیب
Start (m)	šoru'	شروع
Ziel (n), Finish (n)	entehā	انتها
Niederlage (f)	šekast	شکست
verlieren (vt)	bāxtan	باختن
Schiedsrichter (m)	dāvar	داور
Jury (f)	hey'at-e dāvarān	هیئت داوران
Ergebnis (n)	emtiyāz	امتیاز
Unentschieden (n)	mosāvi	مساوی
unentschieden spielen	bāzi rā mosāvi kardan	بازی را مساوی کردن
Punkt (m)	emtiyāz	امتیاز
Ergebnis (n)	natije	نتیجه
Spielabschnitt (m)	dowre	دوره
Halbzeit (f), Pause (f)	hāf tāym	هاف تایم
Doping (n)	doping	دوپینگ
bestrafen (vt)	jarime kardan	جریمه کردن
disqualifizieren (vt)	rad-e salāhiyat kardan	رد صلاحیت کردن
Sportgerät (n)	asbāb	اسباب

Speer (m)	neyze	نیزه
Kugel (im Kugelstoßen)	vazne	وزنه
Kugel (f), Ball (m)	tup	توپ
Ziel (n)	hadaf	هدف
Zielscheibe (f)	nešangah	نشانگاه
schießen (vi)	tirandāzi kardan	تیراندازی کردن
genau (Adj)	dorost	درست
Trainer (m)	morabbi	مربی
trainieren (vt)	tamrin dādan	تمرین دادن
trainieren (vi)	tamrin kardan	تمرین کردن
Training (n)	tamrin	تمرین
Turnhalle (f)	sālon-e varzeš	سالن ورزش
Übung (f)	tamrin	تمرین
Aufwärmen (n)	garm kardan	گرم کردن

Ausbildung

142. Schule

Schule (f)	madrese	مدرسه
Schulleiter (m)	modir-e madrese	مدیر مدرسه
Schüler (m)	dāneš-āmuz	دانش آموز
Schülerin (f)	dāneš-āmuz	دانش آموز
Schuljunge (m)	dāneš-āmuz	دانش آموز
Schulmädchen (f)	dāneš-āmuz	دانش آموز
lehren (vt)	āmuxtan	آموختن
lernen (Englisch ~)	yād gereftan	یاد گرفتن
auswendig lernen	az hefz kardan	از حفظ کردن
lernen (vi)	yād gereftan	یاد گرفتن
in der Schule sein	tahsil kardan	تحصیل کردن
die Schule besuchen	madrese raftan	مدرسه رفتن
Alphabet (n)	alefbā	الفبا
Fach (n)	mabhas	مبحث
Klassenraum (m)	kelās	کلاس
Stunde (f)	dars	درس
Pause (f)	zang-e tafrih	زنگ تفریح
Schulglocke (f)	zang	زنگ
Schulbank (f)	miz-e tahrir	میز تحریر
Tafel (f)	taxte-ye siyāh	تخته سیاه
Note (f)	nomre	نمره
gute Note (f)	nomre-ye xub	نمرهٔ خوب
schlechte Note (f)	nomre-ye bad	نمرهٔ بد
eine Note geben	nomre gozāštan	نمره گذاشتن
Fehler (m)	eštebāh	اشتباه
Fehler machen	eštebāh kardan	اشتباه کردن
korrigieren (vt)	eslāh kardan	اصلاح کردن
Spickzettel (m)	taqallob	تقلب
Hausaufgabe (f)	taklif manzel	تکلیف منزل
Übung (f)	tamrin	تمرین
anwesend sein	hozur dāštan	حضور داشتن
fehlen (in der Schule ~)	qāyeb budan	غایب بودن
versäumen (Schule ~)	az madrese qāyeb budan	ازمدرسه غایب بودن
bestrafen (vt)	tanbih kardan	تنبیه کردن
Strafe (f)	tanbih	تنبیه
Benehmen (n)	raftār	رفتار

Zeugnis (n)	gozāreš-e ruzāne	گزارش روزانه
Bleistift (m)	medād	مداد
Radiergummi (m)	pāk kon	پاک کن
Kreide (f)	gač	گچ
Federkasten (m)	qalamdān	قلمدان

Schulranzen (m)	kif madrese	کیف مدرسه
Kugelschreiber, Stift (m)	xodkār	خودکار
Heft (n)	daftar	دفتر
Lehrbuch (n)	ketāb-e darsi	کتاب درسی
Zirkel (m)	pargār	پرگار

zeichnen (vt)	rasm kardan	رسم کردن
Zeichnung (f)	rasm-e fani	رسم فنی

Gedicht (n)	še'r	شعر
auswendig (Adv)	az hefz	از حفظ
auswendig lernen	az hefz kardan	از حفظ کردن

Ferien (pl)	ta'tilāt	تعطیلات
in den Ferien sein	dar ta'tilāt budan	در تعطیلات بودن
Ferien verbringen	ta'tilāt rā gozarāndan	تعطیلات را گذراندن

Test (m), Prüfung (f)	emtehān	امتحان
Aufsatz (m)	enšā'	انشاء
Diktat (n)	dikte	دیکته
Prüfung (f)	emtehān	امتحان
Prüfungen ablegen	emtehān dādan	امتحان دادن
Experiment (n)	āzmāyeš	آزمایش

143. Hochschule. Universität

Akademie (f)	farhangestān	فرهنگستان
Universität (f)	dānešgāh	دانشگاه
Fakultät (f)	dāneškade	دانشکده

Student (m)	dānešju	دانشجو
Studentin (f)	dānešju	دانشجو
Lehrer (m)	ostād	استاد

Hörsaal (m)	kelās	کلاس
Hochschulabsolvent (m)	fāreqottahsil	فارغ التحصیل

Diplom (n)	diplom	دیپلم
Dissertation (f)	pāyān nāme	پایان نامه

Forschung (f)	tahqiqe elmi	تحقیق علمی
Labor (n)	āzmāyešgāh	آزمایشگاه

Vorlesung (f)	soxanrāni	سخنرانی
Kommilitone (m)	ha mdowre i	هم دوره ای

Stipendium (n)	burse tahsili	بورس تحصیلی
akademischer Grad (m)	daraje-ye elmi	درجهٔ علمی

144. Naturwissenschaften. Fächer

Mathematik (f)	riyāziyāt	رياضيات
Algebra (f)	jabr	جبر
Geometrie (f)	hendese	هندسه
Astronomie (f)	setāre-šenāsi	ستاره شناسی
Biologie (f)	zist-šenāsi	زيست شناسی
Erdkunde (f)	joqrāfiyā	جغرافيا
Geologie (f)	zamin-šenāsi	زمين شناسی
Geschichte (f)	tārix	تاريخ
Medizin (f)	pezeški	پزشکی
Pädagogik (f)	olume tarbiyati	علوم تربيتی
Recht (n)	hoquq	حقوق
Physik (f)	fizik	فيزيک
Chemie (f)	šimi	شيمی
Philosophie (f)	falsafe	فلسفه
Psychologie (f)	ravānšenāsi	روانشناسی

145. Schrift Rechtschreibung

Grammatik (f)	gerāmer	گرامر
Lexik (f)	vājegān	واژگان
Phonetik (f)	sadā-šenāsi	صداشناسی
Substantiv (n)	esm	اسم
Adjektiv (n)	sefat	صفت
Verb (n)	fe'l	فعل
Adverb (n)	qeyd	قيد
Pronomen (n)	zamir	ضمير
Interjektion (f)	harf-e nedā	حرف ندا
Präposition (f)	harf-e ezāfe	حرف اضافه
Wurzel (f)	riše-ye kalame	ريشه کلمه
Endung (f)	pasvand	پسوند
Vorsilbe (f)	pišvand	پيشوند
Silbe (f)	hejā	هجا
Suffix (n), Nachsilbe (f)	pasvand	پسوند
Betonung (f)	fešar-e hejā	فشار هجا
Apostroph (m)	āpostrof	آپوستروف
Punkt (m)	noqte	نقطه
Komma (n)	virgul	ويرگول
Semikolon (n)	noqte virgul	نقطه ويرگول
Doppelpunkt (m)	donoqte	دونقطه
Auslassungspunkte (pl)	čand noqte	چند نقطه
Fragezeichen (n)	alāmat-e soāl	علامت سؤال
Ausrufezeichen (n)	alāmat-e taajjob	علامت تعجب

Anführungszeichen (pl)	giyume	گیومه
in Anführungszeichen	dar giyume	در گیومه
runde Klammern (pl)	parãntez	پرانتز
in Klammern	dar parãntez	در پرانتز

Bindestrich (m)	xatt-e vãsel	خط واصل
Gedankenstrich (m)	xatt-e tire	خط تیره
Leerzeichen (n)	fãsele	فاصله

| Buchstabe (m) | harf | حرف |
| Großbuchstabe (m) | harf-e bozorg | حرف بزرگ |

| Vokal (m) | sedãdãr | صدادار |
| Konsonant (m) | sãmet | صامت |

Satz (m)	jomle	جمله
Subjekt (n)	nahãd	نهاد
Prädikat (n)	gozãre	گزاره

Zeile (f)	satr	سطر
in einer neuen Zeile	sar-e satr	سر سطر
Absatz (m)	band	بند

Wort (n)	kalame	کلمه
Wortverbindung (f)	ebãrat	عبارت
Redensart (f)	bayãn	بیان
Synonym (n)	moterãdef	مترادف
Antonym (n)	motezãd	متضاد

Regel (f)	qã'ede	قاعده
Ausnahme (f)	estesnã	استثنا
richtig (Adj)	sahih	صحیح

Konjugation (f)	sarf	صرف
Deklination (f)	sarf-e kalemãt	صرف کلمات
Kasus (m)	hãlat	حالت
Frage (f)	soãl	سؤال
unterstreichen (vt)	xatt kešidan	خط کشیدن
punktierte Linie (f)	noqte čin	نقطه چین

146. Fremdsprachen

Sprache (f)	zabãn	زبان
Fremd-	xãreji	خارجی
Fremdsprache (f)	zabãn-e xãreji	زبان خارجی
studieren (z.B. Jura ~)	dars xãndan	درس خواندن
lernen (Englisch ~)	yãd gereftan	یاد گرفتن

lesen (vi, vt)	xãndan	خواندن
sprechen (vi, vt)	harf zadan	حرف زدن
verstehen (vt)	fahmidan	فهمیدن
schreiben (vi, vt)	neveštan	نوشتن
schnell (Adv)	sari'	سریع
langsam (Adv)	ãheste	آهسته

fließend (Adv)	ravān	روان
Regeln (pl)	qavā'ed	قواعد
Grammatik (f)	gerāmer	گرامر
Vokabular (n)	vājegān	واژگان
Phonetik (f)	āvā-šenāsi	آواشناسی
Lehrbuch (n)	ketāb-e darsi	کتاب درسی
Wörterbuch (n)	farhang-e loqat	فرهنگ لغت
Selbstlernbuch (n)	xod-āmuz	خودآموز
Sprachführer (m)	ketāb-e mokāleme	کتاب مکالمه
Kassette (f)	kāst	کاست
Videokassette (f)	kāst-e video	کاست ویدئو
CD (f)	si-di	سیدی
DVD (f)	dey vey dey	دی وی دی
Alphabet (n)	alefbā	الفبا
buchstabieren (vt)	heji kardan	هجی کردن
Aussprache (f)	talaffoz	تلفظ
Akzent (m)	lahje	لهجه
mit Akzent	bā lahje	با لهجه
ohne Akzent	bi lahje	بی لهجه
Wort (n)	kalame	کلمه
Bedeutung (f)	ma'ni	معنی
Kurse (pl)	dowre	دوره
sich einschreiben	nām-nevisi kardan	نام نویسی کردن
Lehrer (m)	ostād	استاد
Übertragung (f)	tarjome	ترجمه
Übersetzung (f)	tarjome	ترجمه
Übersetzer (m)	motarjem	مترجم
Dolmetscher (m)	motarjem-e šafāhi	مترجم شفاهی
Polyglott (m, f)	čand zabāni	چند زبانی
Gedächtnis (n)	hāfeze	حافظه

147. Märchenfiguren

Weihnachtsmann (m)	bābā noel	بابا نوئل
Aschenputtel (n)	sinderelā	سیندرلا
Nixe (f)	pari-ye daryāyi	پری دریایی
Neptun (m)	nepton	نپتون
Zauberer (m)	sāher	ساحر
Zauberin (f)	sāher	ساحر
magisch, Zauber-	jāduyi	جادویی
Zauberstab (m)	asā-ye sehrāmiz	عصای سحرآمیز
Märchen (n)	afsāne	افسانه
Wunder (n)	mo'jeze	معجزه
Zwerg (m)	kutule	کوتوله

sich verwandeln in ...	tabdil šodan	تبدیل شدن
Geist (m)	šabah	شبح
Gespenst (n)	šabah	شبح
Ungeheuer (n)	qul	غول
Drache (m)	eždehā	اژدها
Riese (m)	qul	غول

148. Sternzeichen

Widder (m)	borj-e haml	برج حمل
Stier (m)	borj-e sowr	برج ثور
Zwillinge (pl)	borj-e jowzā	برج جوزا
Krebs (m)	saratān	سرطان
Löwe (m)	šir	شیر
Jungfrau (f)	borj-e sonbole	برج سنبله
Waage (f)	borj-e mizān	برج میزان
Skorpion (m)	borj-e aqrab	برج عقرب
Schütze (m)	borj-e qows	برج قوس
Steinbock (m)	borj-e jeddi	برج جدی
Wassermann (m)	borj-e dalow	برج دلو
Fische (pl)	borj-e hut	برج حوت
Charakter (m)	šaxsiyat	شخصیت
Charakterzüge (pl)	xosusiyāt-e axlāqi	خصوصیات اخلاقی
Benehmen (n)	raftār	رفتار
wahrsagen (vt)	fāl gereftan	فال گرفتن
Wahrsagerin (f)	fālgir	فالگیر
Horoskop (n)	tāle' bini	طالع بینی

Kunst

149. Theater

Theater (n)	teātr	تئاتر
Oper (f)	operā	اپرا
Operette (f)	operā-ye kučak	اپرای کوچک
Ballett (n)	bāle	باله

Theaterplakat (n)	e'lān-e namāyeš	اعلان نمایش
Truppe (f)	hey'at honarpišegān	هیئت هنرپیشگان
Tournee (f)	safar	سفر
auf Tournee sein	dar tur budan	در تور بودن
proben (vt)	tamrin kardan	تمرین کردن
Probe (f)	tamrin	تمرین
Spielplan (m)	roperator	رپراتور

Aufführung (f)	namāyeš	نمایش
Vorstellung (f)	namāyeš	نمایش
Theaterstück (n)	namāyeš nāme	نمایش نامه

Karte (f)	belit	بلیط
Theaterkasse (f)	belit-foruši	بلیت فروشی
Halle (f)	lābi	لابی
Garderobe (f)	komod-e lebās	کمد لباس
Garderobennummer (f)	žeton	ژتون
Opernglas (n)	durbin	دوربین
Platzanweiser (m)	rāhnamā	راهنما

Parkett (n)	sandali-ye orkestr	صندلی ارکستر
Balkon (m)	bālkon	بالکن
der erste Rang	bālkon-e avval	بالکن اول
Loge (f)	jāygāh-e vižhe	جایگاه ویژه
Reihe (f)	radif	ردیف
Platz (m)	jā	جا

Publikum (n)	hozzār	حضار
Zuschauer (m)	tamāšāči	تماشاچی
klatschen (vi)	kaf zadan	کف زدن
Applaus (m)	tašviq	تشویق
Ovation (f)	šādi-va sorur	شادی و سرور

Bühne (f)	sahne	صحنه
Vorhang (m)	parde	پرده
Dekoration (f)	sahne	صحنه
Kulissen (pl)	pošt-e sahne	پشت صحنه

Szene (f)	sahne	صحنه
Akt (m)	parde	پرده
Pause (f)	ānterākt	آنتراکت

150. Kino

Schauspieler (m)	bāzigar	بازیگر
Schauspielerin (f)	bāzigar	بازیگر

Kino (n)	sinamā	سینما
Film (m)	film	فیلم
Folge (f)	qesmat	قسمت

Krimi (m)	film-e polisi	فیلم پلیسی
Actionfilm (m)	film-e akšen	فیلم اکشن
Abenteuerfilm (m)	film-e mājarāyi	فیلم ماجرایی
Science-Fiction-Film (m)	film-e elmi-ye taxayyoli	فیلم علمی تخیلی
Horrorfilm (m)	film-e tarsnāk	فیلم ترسناک

Komödie (f)	komedi	کمدی
Melodrama (n)	meloderām	ملودرام
Drama (n)	derām	درام

Spielfilm (m)	film-e honari	فیلم هنری
Dokumentarfilm (m)	film-e mostanad	فیلم مستند
Zeichentrickfilm (m)	kārton	کارتون
Stummfilm (m)	film-e sāmet	فیلم صامت

Rolle (f)	naqš	نقش
Hauptrolle (f)	naqš-e asli	نقش اصلی
spielen (Schauspieler)	bāzi kardan	بازی کردن

Filmstar (m)	setāre-ye sinamā	ستارهٔ سینما
bekannt	mašhur	مشهور
berühmt	mašhur	مشهور
populär	saršenās	سرشناس

Drehbuch (n)	senāriyo	سناریو
Drehbuchautor (m)	senārist	سناریست
Regisseur (m)	kārgardān	کارگردان
Produzent (m)	tahiye konande	تهیه کننده
Assistent (m)	dastyār	دستیار
Kameramann (m)	filmbardār	فیلمبردار
Stuntman (m)	badalkār	بدلکار
Double (n)	dublur	دوبلور

einen Film drehen	film gereftan	فیلم گرفتن
Probe (f)	test	تست
Dreharbeiten (pl)	film bardār-i	فیلم برداری
Filmteam (n)	goruh film bar dār-i	گروه فیلم برداری
Filmset (m)	mahal film bar dār-i	محل فیلم برداری
Filmkamera (f)	durbin	دوربین

Kino (n)	sinamā	سینما
Leinwand (f)	parde	پرده
einen Film zeigen	film-e nešān dādan	فیلم نشان دادن

Tonspur (f)	musiqi-ye matn	موسیقی متن
Spezialeffekte (pl)	jelvehā-ye vižhe	جلوه های ویژه

131

Untertitel (pl)	zirnevis	زیرنویس
Abspann (m)	titrāj	تیتراژ
Übersetzung (f)	tarjome	ترجمه

151. Gemälde

Kunst (f)	honar	هنر
schönen Künste (pl)	honarhā-ye zibā	هنرهای زیبا
Kunstgalerie (f)	gāleri-ye honari	گالری هنری
Kunstausstellung (f)	namāyešgāh-e honari	نمایشگاه هنری

Malerei (f)	naqqāši	نقاشی
Graphik (f)	honar-e gerāfik	هنر گرافیک
abstrakte Kunst (f)	honar-e ābestre	هنر آبستره
Impressionismus (m)	ampersiyonism	امپرسیونیسم

Bild (n)	tasvir	تصویر
Zeichnung (Kohle- usw.)	naqqāši	نقاشی
Plakat (n)	poster	پوستر

Illustration (f)	tasvir	تصویر
Miniatur (f)	minyātor	مینیاتور
Kopie (f)	nosxe	نسخه
Reproduktion (f)	taksir	تکثیر

Mosaik (n)	muzāik	موزائیک
Glasmalerei (f)	naqqāši ruy šiše	نقاشی روی شیشه
Fresko (n)	naqqāši ruy gač	نقاشی روی گچ
Gravüre (f)	gerāvur	گراور

Büste (f)	mojassame-ye nimtane	مجسمهٔ نیم تنه
Skulptur (f)	mojassame sāz-i	مجسمه سازی
Statue (f)	mojassame	مجسمه
Gips (m)	gač	گچ
aus Gips	gači	گچی

Porträt (n)	temsāl	تمثال
Selbstporträt (n)	tasvir-e naqqāš	تصویر نقاش
Landschaftsbild (n)	manzare	منظره
Stillleben (n)	tabi'at-e bijān	طبیعت بیجان
Karikatur (f)	kārikātor	کاریکاتور
Entwurf (m)	tarh-e moqaddamāti	طرح مقدماتی

Farbe (f)	rang	رنگ
Aquarellfarbe (f)	āb-o rang	آب ورنگ
Öl (n)	rowqan	روغن
Bleistift (m)	medād	مداد
Tusche (f)	morakkab	مرکب
Kohle (f)	zoqāl	زغال

zeichnen (vt)	naqqāši kardan	نقاشی کردن
malen (vi, vt)	naqqāši kardan	نقاشی کردن
Modell stehen	žest gereftan	ژست گرفتن
Modell (Mask.)	model-e naqqāši	مدل نقاشی

Modell (Fem.)	model-e naqqāši	مدل نقاشی
Maler (m)	naqqāš	نقاش
Kunstwerk (n)	asar-e honari	اثر هنری
Meisterwerk (n)	šāhkār	شاهکار
Atelier (n), Werkstatt (f)	kārgāh	کارگاه

Leinwand (f)	bum-e naqāši	بوم نقاشی
Staffelei (f)	sepāye-ye naqqāši	سه پایۀ نقاشی
Palette (f)	taxte-ye rang	تختۀ رنگ

Rahmen (m)	qāb	قاب
Restauration (f)	maremmat	مرمت
restaurieren (vt)	marammat kardan	مرمت کردن

152. Literatur und Dichtkunst

Literatur (f)	adabiyāt	ادبیات
Autor (m)	moallef	مؤلف
Pseudonym (n)	taxallos	تخلص

Buch (n)	ketāb	کتاب
Band (m)	jeld	جلد
Inhaltsverzeichnis (n)	fehrest	فهرست
Seite (f)	safhe	صفحه
Hauptperson (f)	qahremān-e asli	قهرمان اصلی
Autogramm (n)	dast-e xat	دست خط

Kurzgeschichte (f)	hekāyat	حکایت
Erzählung (f)	dāstān	داستان
Roman (m)	ramān	رمان
Werk (Buch usw.)	ta'lif	تألیف
Fabel (f)	afsāne	افسانه
Krimi (m)	dastane jenai	داستان جنایی

Gedicht (n)	še'r	شعر
Dichtung (f), Poesie (f)	še'r	شعر
Gedicht (n)	še'r	شعر
Dichter (m)	šā'er	شاعر

schöne Literatur (f)	dāstān	داستان
Science-Fiction (f)	elmi-ye taxayyoli	علمی تخیلی
Abenteuer (n)	sargozašt	سرگذشت
Schülerliteratur (pl)	adabiyāt-e āmuzeši	ادبیات آموزشی
Kinderliteratur (f)	adabiyāt-e kudak	ادبیات کودک

153. Zirkus

Zirkus (m)	sirak	سیرک
Wanderzirkus (m)	sirak-e sayār	سیرک سیار
Programm (n)	barnāme	برنامه
Vorstellung (f)	namāyeš	نمایش
Nummer (f)	parde	پرده

Manege (f)	sahne-ye sirak	صحنه سیرک
Pantomime (f)	pāntomim	پانتومیم
Clown (m)	dalqak	دلقک

Akrobat (m)	ākrobāt	آکروبات
Akrobatik (f)	band-e bāzi	بند بازی
Turner (m)	žimināstik kār	ژیمناستیک کار
Turnen (n)	žimināstik	ژیمناستیک
Salto (m)	salto	سالتو

Kraftmensch (m)	qavi heykal	قوی هیکل
Bändiger, Dompteur (m)	rām konande	رام کننده
Reiter (m)	savārkār	سوارکار
Assistent (m)	dastyār	دستیار

Trick (m)	širin kāri	شیرین کاری
Zaubertrick (m)	šo'bade bāzi	شعبده بازی
Zauberkünstler (m)	šo'bade bāz	شعبده باز

Jongleur (m)	tardast	تردست
jonglieren (vi)	tardasti kardan	تردستی کردن
Dresseur (m)	morabbi-ye heyvānāt	مربی حیوانات
Dressur (f)	ta'lim heyvānāt	تعلیم حیوانات
dressieren (vt)	tarbiyat kardan	تربیت کردن

154. Musik. Popmusik

Musik (f)	musiqi	موسیقی
Musiker (m)	muzisiyan	موزیسین
Musikinstrument (n)	abzār-e musiqi	ابزار موسیقی
spielen (auf der Gitarre ~)	navāxtan	نواختن

Gitarre (f)	gitār	گیتار
Geige (f)	viyolon	ویولون
Cello (n)	viyolonsel	ویولون سل
Kontrabass (m)	konterbās	کونترباس
Harfe (f)	čang	چنگ

Klavier (n)	piyāno	پیانو
Flügel (m)	piyāno-e bozorg	پیانوی بزرگ
Orgel (f)	arg	ارگ

Blasinstrumente (pl)	sāzhā-ye bādi	سازهای بادی
Oboe (f)	abva	ابوا
Saxophon (n)	saksofon	ساکسوفون
Klarinette (f)	qare ney	قره نی
Flöte (f)	folut	فلوت
Trompete (f)	šeypur	شیپور

| Akkordeon (n) | ākordeon | آکوردئون |
| Trommel (f) | tabl | طبل |

| Duo (n) | daste-ye do nafare | دسته دو نفره |
| Trio (n) | daste-ye se nafar-i | دستۀ سه نفری |

Quartett (n)	daste-ye čāhārnafari	دستهٔ چهارنفری
Chor (m)	kar	کر
Orchester (n)	orkesr	ارکستر

Popmusik (f)	musiqi-ye pāp	موسیقی پاپ
Rockmusik (f)	musiqi-ye rāk	موسیقی راک
Rockgruppe (f)	goruh-e rāk	گروه راک
Jazz (m)	jāz	جاز

| Idol (n) | mahbub | محبوب |
| Verehrer (m) | havādār | هوادار |

Konzert (n)	konsert	کنسرت
Sinfonie (f)	samfoni	سمفونی
Komposition (f)	tasnif	تصنیف
komponieren (vt)	tasnif kardan	تصنیف کردن

Gesang (m)	āvāz	آواز
Lied (n)	tarāne	ترانه
Melodie (f)	āhang	آهنگ
Rhythmus (m)	ritm	ریتم
Blues (m)	musiqi-ye boluz	موسیقی بلوز

Noten (pl)	daftar-e not	دفتر نت
Taktstock (m)	čub-e rahbari	چوب رهبری
Bogen (m)	ārše	آرشه
Saite (f)	sim	سیم
Koffer (Violinen-)	qalāf	غلاف

Erholung. Unterhaltung. Reisen

155. Ausflug. Reisen

Tourismus (m)	gardešgari	گردشگری
Tourist (m)	turist	توریست
Reise (f)	mosāferat	مسافرت
Abenteuer (n)	mājarā	ماجرا
Fahrt (f)	safar	سفر
Urlaub (m)	moraxxasi	مرخصی
auf Urlaub sein	dar moraxassi budan	در مرخصی بودن
Erholung (f)	esterāhat	استراحت
Zug (m)	qatār	قطار
mit dem Zug	bā qatār	با قطار
Flugzeug (n)	havāpeymā	هواپیما
mit dem Flugzeug	bā havāpeymā	با هواپیما
mit dem Auto	bā otomobil	با اتومبیل
mit dem Schiff	dar kešti	با کشتی
Gepäck (n)	bār	بار
Koffer (m)	čamedān	چمدان
Gepäckwagen (m)	čarx-e hamle bar	چرخ حمل بار
Pass (m)	gozarnāme	گذرنامه
Visum (n)	ravādid	روادید
Fahrkarte (f)	belit	بلیط
Flugticket (n)	belit-e havāpeymā	بلیط هواپیما
Reiseführer (m)	ketāb-e rāhnamā	کتاب راهنما
Landkarte (f)	naqše	نقشه
Gegend (f)	mahal	محل
Ort (wunderbarer ~)	jā	جا
Exotika (pl)	qarāyeb	غرایب
exotisch	qarib	غریب
erstaunlich (Adj)	heyrat angiz	حیرت انگیز
Gruppe (f)	goruh	گروه
Ausflug (m)	gardeš	گردش
Reiseleiter (m)	rāhnamā-ye tur	راهنمای تور

156. Hotel

Hotel (n)	hotel	هتل
Motel (n)	motel	متل
drei Sterne	se setāre	سه ستاره

| fünf Sterne | panj setāre | پنج ستاره |
| absteigen (vi) | māndan | ماندن |

Hotelzimmer (n)	otāq	اتاق
Einzelzimmer (n)	otāq-e yeknafare	اتاق یک نفره
Zweibettzimmer (n)	otāq-e do nafare	اتاق دو نفره
reservieren (vt)	otāq rezerv kardan	اتاق رزرو کردن

| Halbpension (f) | nim pānsiyon | نیم پانسیون |
| Vollpension (f) | pānsiyon | پانسیون |

mit Bad	bā vān	با وان
mit Dusche	bā duš	با دوش
Satellitenfernsehen (n)	televiziyon-e māhvārei	تلویزیون ماهواره ای
Klimaanlage (f)	tahviye-ye matbu'	تهویه مطبوع
Handtuch (n)	howle	حوله
Schlüssel (m)	kelid	کلید

Verwalter (m)	edāre-ye konande	اداره کننده
Zimmermädchen (n)	mostaxdem	مستخدم
Träger (m)	bārbar	باربر
Portier (m)	darbān	دربان

Restaurant (n)	resturān	رستوران
Bar (f)	bār	بار
Frühstück (n)	sobhāne	صبحانه
Abendessen (n)	šām	شام
Buffet (n)	bufe	بوفه

| Foyer (n) | lābi | لابی |
| Aufzug (m), Fahrstuhl (m) | āsānsor | آسانسور |

| BITTE NICHT STÖREN! | mozāhem našavid | مزاحم نشوید |
| RAUCHEN VERBOTEN! | sigār kešidan mamnu' | سیگار کشیدن ممنوع |

157. Bücher. Lesen

Buch (n)	ketāb	کتاب
Autor (m)	moallef	مؤلف
Schriftsteller (m)	nevisande	نویسنده
verfassen (vt)	neveštan	نوشتن

Leser (m)	xānande	خواننده
lesen (vi, vt)	xāndan	خواندن
Lesen (n)	motāle'e	مطالعه

| still (~ lesen) | be ārāmi | به آرامی |
| laut (Adv) | boland | بلند |

verlegen (vt)	montašer kardan	منتشر کردن
Ausgabe (f)	entešār	انتشار
Herausgeber (m)	nāšer	ناشر
Verlag (m)	entešārāt	انتشارات
erscheinen (Buch)	montašer šodan	منتشر شدن

| Erscheinen (n) | našr | نشر |
| Auflage (f) | tirāž | تیراژ |

| Buchhandlung (f) | ketāb-foruši | کتاب فروشی |
| Bibliothek (f) | ketābxāne | کتابخانه |

Erzählung (f)	dāstān	داستان
Kurzgeschichte (f)	hekāyat	حکایت
Roman (m)	ramān	رمان
Krimi (m)	dastane jenai	داستان جنایی

Memoiren (pl)	xāterāt	خاطرات
Legende (f)	afsāne	افسانه
Mythos (m)	osture	اسطوره

Gedichte (pl)	še'r	شعر
Autobiographie (f)	zendegināme	زندگینامه
ausgewählte Werke (pl)	āsār-e montaxab	آثار منتخب
Science-Fiction (f)	elmi-ye taxayyoli	علمی تخیلی

Titel (m)	onvān	عنوان
Einleitung (f)	moqaddame	مقدمه
Titelseite (f)	safhe-ye onvān	صفحه عنوان

Kapitel (n)	fasl	فصل
Auszug (m)	gozide	گزیده
Episode (f)	qesmat	قسمت

Sujet (n)	suže	سوژه
Inhalt (m)	mazmun	مضمون
Inhaltsverzeichnis (n)	fehrest	فهرست
Hauptperson (f)	qahremān-e asli	قهرمان اصلی

Band (m)	jeld	جلد
Buchdecke (f)	jeld	جلد
Einband (m)	sahhāfi	صحافی
Lesezeichen (n)	čub-e alef	چوب الف

Seite (f)	safhe	صفحه
blättern (vi)	varaq zadan	ورق زدن
Ränder (pl)	hāšiye	حاشیه
Notiz (f)	hāšiye nevisi	حاشیه نویسی
Anmerkung (f)	pāvaraqi	پاورقی

Text (m)	matn	متن
Schrift (f)	font	فونت
Druckfehler (m)	qalat čāpi	غلط چاپی

Übersetzung (f)	tarjome	ترجمه
übersetzen (vt)	tarjome kardan	ترجمه کردن
Original (n)	nosxe-ye asli	نسخهٔ اصلی

berühmt	mašhur	مشهور
unbekannt	nāšenāxte	ناشناخته
interessant	jāleb	جالب
Bestseller (m)	por foruš	پر فروش

Wörterbuch (n)	farhang-e loqat	فرهنگ لغت
Lehrbuch (n)	ketāb-e darsi	کتاب درسی
Enzyklopädie (f)	dāyeratolma'āref	دایره المعارف

158. Jagen. Fischen

Jagd (f)	šekār	شکار
jagen (vi)	šekār kardan	شکار کردن
Jäger (m)	šekārči	شکارچی

schießen (vi)	tirandāzi kardan	تیراندازی کردن
Gewehr (n)	tofang	تفنگ
Patrone (f)	fešang	فشنگ
Schrot (n)	sāčme	ساچمه

Falle (f)	tale	تله
Schlinge (f)	dām	دام
in die Falle gehen	dar tale oftādan	در تله افتادن
eine Falle stellen	tale gozāštan	تله گذاشتن

Wilddieb (m)	šekārči-ye qeyr-e qānuni	شکارچی غیر قانونی
Wild (n)	šekār	شکار
Jagdhund (m)	sag-e šekāri	سگ شکاری
Safari (f)	safar-e ektešāfi āfriqā	سفر اکتشافی آفریقا
ausgestopftes Tier (n)	heyvān-e model	حیوان مدل

Fischer (m)	māhigir	ماهیگیر
Fischen (n)	māhigiri	ماهیگیری
angeln, fischen (vt)	māhi gereftan	ماهی گرفتن

Angel (f)	čub māhi gir-i	چوب ماهی گیری
Angelschnur (f)	nax-e māhigiri	نخ ماهیگیری
Haken (m)	qollāb	قلاب

| Schwimmer (m) | šenāvar | شناور |
| Köder (m) | to'me | طعمه |

| die Angel auswerfen | qollāb andāxtan | قلاب انداختن |
| anbeißen (vi) | gāz gereftan | گاز گرفتن |

| Fang (m) | seyd | صید |
| Eisloch (n) | surāx dar yax | سوراخ دریخ |

Netz (n)	tur	تور
Boot (n)	qāyeq	قایق
mit dem Netz fangen	bā tur-e māhi gereftan	با تورماهی گرفتن
das Netz hineinwerfen	tur andāxtan	تور انداختن

| das Netz einholen | tur rā birun āvardan | تور را بیرون آوردن |
| ins Netz gehen | be tur oftādan | به تور افتادن |

Walfänger (m)	seyād-e nahang	صیاد نهنگ
Walfangschiff (n)	kešti-ye seyd-e nahang	کشتی صید نهنگ
Harpune (f)	neyze	نیزه

159. Spiele. Billard

Billard (n)	bilyārd	بیلیارد
Billardzimmer (n)	otāq-e bilyārd	اتاق بیلیارد
Billardkugel (f)	tup	توپ

eine Kugel einlochen	tup vāred-e pākat kardan	توپ وارد پاکت کردن
Queue (n)	čub-e bilyārd	چوب بیلیارد
Tasche (f), Loch (n)	pākat	پاکت

160. Spiele. Kartenspiele

Karo (n)	xešt	خشت
Pik (n)	peyk	پیک
Herz (n)	del	دل
Kreuz (n)	xāj	خاج

As (n)	tak xāl	تک خال
König (m)	šāh	شاه
Dame (f)	bi bi	بی بی
Bube (m)	sarbāz	سرباز

Spielkarte (f)	varaq	ورق
Karten (pl)	varaq	ورق
Trumpf (m)	xāl-e hokm	خال حکم
Kartenspiel (abgenutztes ~)	daste-ye varaq	دستۀ ورق

Punkt (m)	xāl	خال
ausgeben (vt)	varaq dādan	ورق دادن
mischen (vt)	bar zadan	بر زدن
Zug (m)	harekat	حرکت
Falschspieler (m)	moteqalleb	متقلب

161. Kasino. Roulette

Kasino (n)	kāzino	کازینو
Roulette (n)	rolet	رولت
Einsatz (m)	šart bandi	شرط بندی
setzen (auf etwas ~)	šart bandi kardan	شرط بندی کردن

Rot (n)	sorx	سرخ
Schwarz (n)	siyāh	سیاه
auf Rot setzen	ru-ye sorx-e šart-bandi kardan	روی سرخ شرط بندی کردن
auf Schwarz setzen	ru-ye siyāh-e šart-bandi kardan	روی سیاه شرط بندی کردن

Croupier (m)	mas'ul-e bāzi	مسئول بازی
das Rad drehen	gardāndan-e čarx	گرداندن چرخ
Spielregeln (pl)	qavā'ede bāzi	قواعد بازی
Spielmarke (f)	žeton	ژتون

gewinnen (vt)	piruz šodan	پیروز شدن
Gewinn (m)	bord	برد

verlieren (vt)	bāxtan	باختن
Verlust (m)	bāxt	باخت

Spieler (m)	bāzikon	بازیکن
Blackjack (n)	balak jak	بلک جک
Würfelspiel (n)	tās bāzi	تاس بازی
Würfeln (pl)	tās	تاس
Spielautomat (m)	māšin asal-at	ماشین اسلات

162. Erholung. Spiele. Verschiedenes

spazieren gehen (vi)	gardeš kardan	گردش کردن
Spaziergang (m)	gardeš	گردش
Fahrt (im Wagen)	siyāhat	سیاهت
Abenteuer (n)	mājarā	ماجرا
Picknick (n)	pik nik	پیک نیک

Spiel (n)	bāzi	بازی
Spieler (m)	bāzikon	بازیکن
Partie (f)	dor-e bazi	دوربازی

Sammler (m)	kolleksiyoner	کلکسیونر
sammeln (vt)	jam'-e āvari kardan	جمع آوری کردن
Sammlung (f)	koleksiyon	کلکسیون

Kreuzworträtsel (n)	kalamāt-e moteqāte'	کلمات متقاطع
Rennbahn (f)	meydān-e asb-e davāni	میدان اسب دوانی
Diskothek (f)	disko	دیسکو

Sauna (f)	sonā	سونا
Lotterie (f)	baxt-e āzmāyi	بخت آزمایی

Wanderung (f)	rāh peymāyi	راه پیمایی
Lager (n)	ordugāh	اردوگاه
Zelt (n)	čādor	چادر
Kompass (m)	qotb namā	قطب نما
Tourist (m)	kamp nešin	کمپ نشین

fernsehen (vi)	tamāšā kardan	تماشا کردن
Fernsehzuschauer (m)	tamāšāči	تماشاچی
Fernsehsendung (f)	barnāme-ye televiziyoni	برنامه تلویزیونی

163. Fotografie

Kamera (f)	durbin-e akkāsi	دوربین عکاسی
Foto (n)	aks	عکس

Fotograf (m)	akkās	عکاس
Fotostudio (n)	ātolye-ye akkāsi	آتلیۀ عکاسی

Fotoalbum (n)	ālbom-e aks	آلبوم عکس
Objektiv (n)	lenz-e durbin	لنز دوربین
Teleobjektiv (n)	lenz-e tale-ye foto	لنز تله فوتی
Filter (n)	filter	فیلتر
Linse (f)	lenz	لنز

Optik (f)	optik	اپتیک
Blende (f)	diyāfrāgm	دیافراگم
Belichtungszeit (f)	sor'at-e bāz šodan-e lenz	سرعت بازشدن لنز
Sucher (m)	namā yāb	نما یاب

Digitalkamera (f)	durbin-e dijitāl	دوربین دیجیتال
Stativ (n)	se pāye	سه پایه
Blitzgerät (n)	feleš	فلش

fotografieren (vt)	akkāsi kardan	عکاسی کردن
aufnehmen (vt)	aks gereftan	عکس گرفتن
sich fotografieren lassen	aks gereftan	عکس گرفتن

Fokus (m)	noqte-ye kānuni	نقطه کانونی
den Fokus einstellen	motemarkez kardan	متمرکز کردن
scharf (~ abgebildet)	vāzeh	واضح
Schärfe (f)	vozuh	وضوح

| Kontrast (m) | konterāst | کنتراست |
| kontrastreich | konterāst | کنتراست |

Aufnahme (f)	aks	عکس
Negativ (n)	film-e negātiv	فیلم نگاتیو
Rollfilm (m)	film	فیلم
Einzelbild (n)	čārcub	چارچوب
drucken (vt)	čāp kardan	چاپ کردن

164. Strand. Schwimmen

Strand (m)	pelāž	پلاژ
Sand (m)	šen	شن
menschenleer	xāli	خالی

Bräune (f)	hammām-e āftāb	حمام آفتاب
sich bräunen	hammām-e āftāb gereftan	حمام آفتاب گرفتن
gebräunt	boronze	برنزه
Sonnencreme (f)	kerem-e zedd-e āftāb	کرم ضد آفتاب

Bikini (m)	māyo-ye do tekke	مایوی دو تکه
Badeanzug (m)	māyo	مایو
Badehose (f)	māyo	مایو

Schwimmbad (n)	estaxr	استخر
schwimmen (vi)	šenā kardan	شنا کردن
Dusche (f)	duš	دوش
sich umkleiden	lebās avaz kardan	لباس عوض کردن
Handtuch (n)	howle	حوله
Boot (n)	qāyeq	قایق

Motorboot (n)	qāyeq-e motori	قایق موتوری
Wasserski (m)	eski-ye ruy-ye āb	اسکی روی آب
Tretboot (n)	qāyeq-e pedāli	قایق پدالی
Surfen (n)	mowj savāri	موج سواری
Surfer (m)	mowj savār	موج سوار
Tauchgerät (n)	eskowba	اسکوبا
Schwimmflossen (pl)	bālehā-ye qavvāsi	باله های غواصی
Maske (f)	māsk	ماسک
Taucher (m)	qavvās	غواص
tauchen (vi)	širje raftan	شیرجه رفتن
unter Wasser	zir-e ābi	زیر آبی
Sonnenschirm (m)	čatr	چتر
Liege (f)	sandali-ye rāhati	صندلی راحتی
Sonnenbrille (f)	eynak āftābi	عینک آفتابی
Schwimmmatratze (f)	tošak-e ābi	تشک آبی
spielen (vi, vt)	bāzi kardan	بازی کردن
schwimmen gehen	ābtani kardan	آبتنی کردن
Ball (m)	tup	توپ
aufblasen (vt)	bād kardan	باد کردن
aufblasbar	bādi	بادی
Welle (f)	mowj	موج
Boje (f)	šenāvar	شناور
ertrinken (vi)	qarq šodan	غرق شدن
retten (vt)	najāt dādan	نجات دادن
Schwimmweste (f)	jeliqe-ye nejāt	جلیقهٔ نجات
beobachten (vt)	mošāhede kardan	مشاهده کردن
Bademeister (m)	nejāt-e dahande	نجات دهنده

TECHNISCHES ZUBEHÖR. TRANSPORT

Technisches Zubehör

165. Computer

Computer (m)	kāmpiyuter	کامپیوتر
Laptop (m), Notebook (n)	lap tāp	لپ تاپ
einschalten (vt)	rowšan kardan	روشن کردن
abstellen (vt)	xāmuš kardan	خاموش کردن
Tastatur (f)	sahfe kelid	صحفه کلید
Taste (f)	kelid	کلید
Maus (f)	māows	ماوس
Mousepad (n)	māows pad	ماوس پد
Knopf (m)	dokme	دکمه
Cursor (m)	makān namā	مکان نما
Monitor (m)	monitor	مونیتور
Schirm (m)	safhe	صفحه
Festplatte (f)	hārd disk	هارد دیسک
Festplattengröße (f)	hajm-e hard	حجم هارد
Speicher (m)	hāfeze	حافظه
Arbeitsspeicher (m)	hāfeze-ye ram	حافظه رم
Datei (f)	parvande	پرونده
Ordner (m)	puše	پوشه
öffnen (vt)	bāz kardan	باز کردن
schließen (vt)	bastan	بستن
speichern (vt)	zaxire kardan	ذخیره کردن
löschen (vt)	hazf kardan	حذف کردن
kopieren (vt)	kopi kardan	کپی کردن
sortieren (vt)	tabaqe bandi kardan	طبقه بندی کردن
transferieren (vt)	kopi kardan	کپی کردن
Programm (n)	barnāme	برنامه
Software (f)	narm afzār	نرم افزار
Programmierer (m)	barnāme-ye nevis	برنامه نویس
programmieren (vt)	barnāme-nevisi kardan	برنامه نویسی کردن
Hacker (m)	haker	هکر
Kennwort (n)	kalame-ye obur	کلمه عبور
Virus (m, n)	virus	ویروس
entdecken (vt)	peydā kardan	پیدا کردن
Byte (n)	bāyt	بایت

Megabyte (n)	megābāyt	مگابایت
Daten (pl)	dāde-hā	داده ها
Datenbank (f)	pāygāh dāde-hā	پایگاه داده ها

Kabel (n)	kābl	کابل
trennen (vt)	jodā kardan	جدا کردن
anschließen (vt)	vasl kardan	وصل کردن

166. Internet. E-Mail

Internet (n)	internet	اینترنت
Browser (m)	morurgar	مرورگر
Suchmaschine (f)	motor-e jostoju	موتور جستجو
Provider (m)	erāe-ye dehande	ارائه دهنده

Webmaster (m)	tarrāh-e vebsāyt	طراح وب سایت
Website (f)	veb-sāyt	وب سایت
Webseite (f)	safhe-ye veb	صفحه وب

| Adresse (f) | nešāni | نشانی |
| Adressbuch (n) | daftarče-ye nešāni | دفترچه نشانی |

Mailbox (f)	sanduq-e post	صندوق پست
Post (f)	post	پست
überfüllt (-er Briefkasten)	por	پر

Mitteilung (f)	payām	پیام
eingehenden Nachrichten	payāmhā-ye vorudi	پیامهای ورودی
ausgehenden Nachrichten	payāmhā-ye xoruji	پیامهای خروجی

Absender (m)	ferestande	فرستنده
senden (vt)	ferestādan	فرستادن
Absendung (f)	ersāl	ارسال

| Empfänger (m) | girande | گیرنده |
| empfangen (vt) | gereftan | گرفتن |

| Briefwechsel (m) | mokātebe | مکاتبه |
| im Briefwechsel stehen | mokātebe kardan | مکاتبه کردن |

Datei (f)	parvande	پرونده
herunterladen (vt)	dānlod kardan	دانلود کردن
schaffen (vt)	ijād kardan	ایجاد کردن
löschen (vt)	hazf kardan	حذف کردن
gelöscht (Datei)	hazf šode	حذف شده

Verbindung (f)	ertebāt	ارتباط
Geschwindigkeit (f)	sor'at	سرعت
Modem (n)	modem	مودم
Zugang (m)	dastyābi	دستیابی
Port (m)	dargāh	درگاه

| Anschluss (m) | ertebāt | ارتباط |
| sich anschließen | vasl šodan | وصل شدن |

auswählen (vt)	entexāb kardan	انتخاب کردن
suchen (vt)	jostoju kardan	جستجو کردن

167. Elektrizität

Elektrizität (f)	barq	برق
elektrisch	barqi	برقی
Elektrizitätswerk (n)	nirugāh	نیروگاه
Energie (f)	enerži	انرژی
Strom (m)	niru-ye barq	نیروی برق

Glühbirne (f)	lāmp	لامپ
Taschenlampe (f)	čerāq-e dasti	چراغ دستی
Straßenlaterne (f)	čerāq-e barq	چراغ برق

Licht (n)	nur	نور
einschalten (vt)	rowšan kardan	روشن کردن
ausschalten (vt)	xāmuš kardan	خاموش کردن
das Licht ausschalten	čerāq rā xāmuš kardan	چراغ را خاموش کردن

durchbrennen (vi)	suxtan	سوختن
Kurzschluss (m)	ettesāli	اتصالی
Riß (m)	sim qat' šode	سیم قطع شده
Kontakt (m)	tamās	تماس

Schalter (m)	kelid	کلید
Steckdose (f)	periz	پریز
Stecker (m)	došāxe	دوشاخه
Verlängerung (f)	sim-e sayār	سیم سیار

Sicherung (f)	fiyuz	فیوز
Leitungsdraht (m)	sim	سیم
Verdrahtung (f)	sim keši	سیم کشی

Ampere (n)	āmper	آمپر
Stromstärke (f)	šeddat-e jaryān	شدت جریان
Volt (n)	volt	ولت
Voltspannung (f)	voltāž	ولتاژ

Elektrogerät (n)	vasile-ye barqi	وسیله برقی
Indikator (m)	šāxes	شاخص

Elektriker (m)	barq-e kār	برق کار
löten (vt)	lahim kardan	لحیم کردن
Lötkolben (m)	hoviye	هویه
Strom (m)	jaryān-e barq	جریان برق

168. Werkzeug

Werkzeug (n)	abzār	ابزار
Werkzeuge (pl)	abzār	ابزار
Ausrüstung (f)	tajhizāt	تجهیزات

Hammer (m)	čakoš	چکش
Schraubenzieher (m)	pič gušti	پیچ گوشتی
Axt (f)	tabar	تبر

Säge (f)	arre	اره
sägen (vt)	arre kardan	اره کردن
Hobel (m)	rande	رنده
hobeln (vt)	rande kardan	رنده کردن
Lötkolben (m)	hoviye	هویه
löten (vt)	lahim kardan	لحیم کردن

Feile (f)	sowhān	سوهان
Kneifzange (f)	gāzanbor	گازانبر
Flachzange (f)	anbordast	انبردست
Stemmeisen (n)	eskene	اسکنه

Bohrer (m)	sar-matte	سرمته
Bohrmaschine (f)	matte barqi	مته برقی
bohren (vt)	surāx kardan	سوراخ کردن

Messer (n)	kārd	کارد
Taschenmesser (n)	čāqu-ye jibi	چاقوی جیبی
Klinge (f)	tiqe	تیفه

scharf (-e Messer usw.)	tiz	تیز
stumpf	konad	کند
stumpf werden (vi)	konad šodan	کند شدن
schärfen (vt)	tiz kardan	تیز کردن

Bolzen (m)	pič	پیچ
Mutter (f)	mohre	مهره
Gewinde (n)	šiyār	شیار
Holzschraube (f)	pič	پیچ

| Nagel (m) | mix | میخ |
| Nagelkopf (m) | sar-e mix | سر میخ |

Lineal (n)	xat keš	خط کش
Metermaß (n)	metr	متر
Wasserwaage (f)	tarāz	تراز
Lupe (f)	zarre bin	ذره بین

Messinstrument (n)	abzār-e andāzegir-i	ابزاراندازه گیری
messen (vt)	andāze gereftan	اندازه گرفتن
Skala (f)	safhe-ye modarraj	صفحهٔ مدرج
Ablesung (f)	dastgāh-e xaneš	دستگاه خوانش

| Kompressor (m) | komperesor | کمپرسور |
| Mikroskop (n) | mikroskop | میکروسکوپ |

Pumpe (f)	pomp	پمپ
Roboter (m)	robāt	روبات
Laser (m)	leyzer	لیزر

| Schraubenschlüssel (m) | āčār | آچار |
| Klebeband (n) | navār-e časb | نوار چسب |

Klebstoff (m)	časb	چسب
Sandpapier (n)	kāqaz-e sonbāde	کاغذ سنباده
Sprungfeder (f)	fanar	فنر
Magnet (m)	āhan-e robā	آهن ربا
Handschuhe (pl)	dastkeš	دستکش

Leine (f)	tanāb	طناب
Schnur (f)	band	بند
Draht (m)	sim	سیم
Kabel (n)	kābl	کابل

schwerer Hammer (m)	potk	پتک
Brecheisen (n)	deylam	دیلم
Leiter (f)	nardebān	نردبان
Trittleiter (f)	nardebān-e sabok	نردبان سبک

zudrehen (vt)	pič kardan	پیچ کردن
abdrehen (vt)	bāz kardan	باز کردن
zusammendrücken (vt)	fešordan	فشردن
ankleben (vt)	časbāndan	چسباندن
schneiden (vt)	boridan	بریدن

Störung (f)	xarābi	خرابی
Reparatur (f)	ta'mir	تعمیر
reparieren (vt)	ta'mir kardan	تعمیر کردن
einstellen (vt)	tanzim kardan	تنظیم کردن

prüfen (vt)	barresi kardan	بررسی کردن
Prüfung (f)	barresi	بررسی
Ablesung (f)	dastgāh-e xaneš	دستگاه خوانش

| sicher (zuverlässigen) | motmaen | مطمئن |
| kompliziert (Adj) | pičide | پیچیده |

verrosten (vi)	zang zadan	زنگ زدن
rostig	zang zade	زنگ زده
Rost (m)	zang	زنگ

Transport

169. Flugzeug

Flugzeug (n)	havāpeymā	هواپیما
Flugticket (n)	belit-e havāpeymā	بلیط هواپیما
Fluggesellschaft (f)	šerkat-e havāpeymāyi	شرکت هواپیمایی
Flughafen (m)	forudgāh	فرودگاه
Überschall-	māvarā sowt	ماوراء صوت
Flugkapitän (m)	kāpitān	کاپیتان
Besatzung (f)	xadame	خدمه
Pilot (m)	xalabān	خلبان
Flugbegleiterin (f)	mehmāndār-e havāpeymā	مهماندار هواپیما
Steuermann (m)	nāvbar	ناوبر
Flügel (pl)	bāl-hā	بال ها
Schwanz (m)	dam	دم
Kabine (f)	kābin	کابین
Motor (m)	motor	موتور
Fahrgestell (n)	šāssi	شاسی
Turbine (f)	turbin	توربین
Propeller (m)	parvāne	پروانه
Flugschreiber (m)	ja'be-ye siyāh	جعبه سیاه
Steuerrad (n)	farmān	فرمان
Treibstoff (m)	suxt	سوخت
Sicherheitskarte (f)	dasturol'amal	دستورالعمل
Sauerstoffmaske (f)	māsk-e oksižen	ماسک اکسیژن
Uniform (f)	oniform	اونیفورم
Rettungsweste (f)	jeliqe-ye nejāt	جلیقة نجات
Fallschirm (m)	čatr-e nejāt	چترنجات
Abflug, Start (m)	parvāz	پرواز
starten (vi)	parvāz kardan	پرواز کردن
Startbahn (f)	bānd-e forudgāh	باند فرودگاه
Sicht (f)	meydān did	میدان دید
Flug (m)	parvāz	پرواز
Höhe (f)	ertefā'	ارتفاع
Luftloch (n)	čāle-ye havāyi	چاله هوایی
Platz (m)	jā	جا
Kopfhörer (m)	guši	گوشی
Klapptisch (m)	sini-ye tāšow	سینی تاشو
Bullauge (n)	panjere	پنجره
Durchgang (m)	rāhrow	راهرو

170. Zug

Zug (m)	qatār	قطار
elektrischer Zug (m)	qatār-e barqi	قطار برقی
Schnellzug (m)	qatār-e sari'osseyr	قطارسریع السیر
Diesellok (f)	lokomotiv-e dizel	لوکوموتیو دیزل
Dampflok (f)	lokomotiv-e boxar	لوکوموتیو بخار
Personenwagen (m)	vāgon	واگن
Speisewagen (m)	vāgon-e resturān	واگن رستوران
Schienen (pl)	reyl-hā	ریل ها
Eisenbahn (f)	rāh āhan	راه آهن
Bahnschwelle (f)	reyl-e band	ریل بند
Bahnsteig (m)	sakku-ye rāh-āhan	سکوی راه آهن
Gleis (n)	masir	مسیر
Eisenbahnsignal (n)	nešanar	نشانبر
Station (f)	istgāh	ایستگاه
Lokomotivführer (m)	rānande	راننده
Träger (m)	bārbar	باربر
Schaffner (m)	rāhnamā-ye qatār	راهنمای قطار
Fahrgast (m)	mosāfer	مسافر
Fahrkartenkontrolleur (m)	kontorol či	کنترل چی
Flur (m)	rāhrow	راهرو
Notbremse (f)	tormoz-e ezterāri	ترمز اضطراری
Abteil (n)	kupe	کوپه
Liegeplatz (m), Schlafkoje (f)	taxt-e kupe	تخت کوپه
oberer Liegeplatz (m)	taxt-e bālā	تخت بالا
unterer Liegeplatz (m)	taxt-e pāyin	تخت پایین
Bettwäsche (f)	raxt-e xāb	رخت خواب
Fahrkarte (f)	belit	بلیط
Fahrplan (m)	barnāme	برنامه
Anzeigetafel (f)	barnāme-ye zamāni	برنامه زمانی
abfahren (der Zug)	tark kardan	ترک کردن
Abfahrt (f)	harekat	حرکت
ankommen (der Zug)	residan	رسیدن
Ankunft (f)	vorud	ورود
mit dem Zug kommen	bā qatār āmadan	با قطار آمدن
in den Zug einsteigen	savār-e qatār šodan	سوار قطار شدن
aus dem Zug aussteigen	az qatār piyāde šodan	از قطار پیاده شدن
Zugunglück (n)	sānehe	سانحه
entgleisen (vi)	az xat xārej šodan	از خط خارج شدن
Dampflok (f)	lokomotiv-e boxar	لوکوموتیو بخار
Heizer (m)	ātaškār	آتشکار
Feuerbüchse (f)	ātašdān	آتشدان
Kohle (f)	zoqāl sang	زغال سنگ

171. Schiff

Schiff (n)	kešti	كشتى
Fahrzeug (n)	kešti	كشتى
Dampfer (m)	kešti-ye boxāri	كشتى بخارى
Motorschiff (n)	qāyeq-e rudxāne	قايق رودخانه
Kreuzfahrtschiff (n)	kešti-ye tafrihi	كشتى تفريحى
Kreuzer (m)	razm nāv	رزم ناو
Jacht (f)	qāyeq-e tafrihi	قايق تفريحى
Schlepper (m)	yadak keš	يدك كش
Lastkahn (m)	kešti-ye bārkeše yadaki	كشتى باركش يدكى
Fähre (f)	kešti-ye farābar	كشتى فرابر
Segelschiff (n)	kešti-ye bādbāni	كشتى بادبانى
Brigantine (f)	košti dozdān daryā-yi	كشتى دزدان دريايى
Eisbrecher (m)	kešti-ye yaxšekan	كشتى يخ شكن
U-Boot (n)	zirdaryāyi	زيردريايى
Boot (n)	qāyeq	قايق
Dingi (n), Beiboot (n)	qāyeq-e tafrihi	قايق تفريحى
Rettungsboot (n)	qāyeq-e nejāt	قايق نجات
Motorboot (n)	qāyeq-e motori	قايق موتورى
Kapitän (m)	kāpitān	كاپيتان
Matrose (m)	malavān	ملوان
Seemann (m)	malavān	ملوان
Besatzung (f)	xadame	خدمه
Bootsmann (m)	sar malavān	سر ملوان
Schiffsjunge (m)	šāgerd-e malavān	شاگرد ملوان
Schiffskoch (m)	āšpaz-e kešti	آشپز كشتى
Schiffsarzt (m)	pezešk-e kešti	پزشك كشتى
Deck (n)	arše-ye kešti	عرشهٔ كشتى
Mast (m)	dakal	دكل
Segel (n)	bādbān	بادبان
Schiffsraum (m)	anbār	انبار
Bug (m)	sine-ye kešti	سينه كشتى
Heck (n)	aqab kešti	عقب كشتى
Ruder (n)	pāru	پارو
Schraube (f)	parvāne	پروانه
Kajüte (f)	otāq-e kešti	اتاق كشتى
Messe (f)	otāq-e afsarān	اتاق افسران
Maschinenraum (m)	motor xāne	موتور خانه
Kommandobrücke (f)	pol-e farmāndehi	پل فرماندهى
Funkraum (m)	kābin-e bisim	كابين بى سيم
Radiowelle (f)	mowj	موج
Schiffstagebuch (n)	roxdād nāme	رخداد نامه
Fernrohr (n)	teleskop	تلسكوپ
Glocke (f)	nāqus	ناقوس

Fahne (f)	parčam	پرچم
Seil (n)	tanāb	طناب
Knoten (m)	gereh	گره

| Geländer (n) | narde | نرده |
| Treppe (f) | pol | پل |

Anker (m)	langar	لنگر
den Anker lichten	langar kešidan	لنگر کشیدن
Anker werfen	langar andāxtan	لنگر انداختن
Ankerkette (f)	zanjir-e langar	زنجیر لنگر

Hafen (m)	bandar	بندر
Anlegestelle (f)	eskele	اسکله
anlegen (vi)	pahlu gereftan	پهلو گرفتن
abstoßen (vt)	tark kardan	ترک کردن

Reise (f)	mosāferat	مسافرت
Kreuzfahrt (f)	safar-e daryāyi	سفر دریایی
Kurs (m), Richtung (f)	masir	مسیر
Reiseroute (f)	masir	مسیر

Fahrwasser (n)	kešti-ye ru	کشتی رو
Untiefe (f)	mahall-e kam omq	محل کم عمق
stranden (vi)	be gel nešastan	به گل نشستن

Sturm (m)	tufān	طوفان
Signal (n)	alāmat	علامت
untergehen (vi)	qarq šodan	غرق شدن
Mann über Bord!	kas-i dar hāl-e qarq šodan-ast!	کسی در حال غرق شدن است!

| SOS | sos | SOS |
| Rettungsring (m) | kamarband-e nejāt | کمربند نجات |

172. Flughafen

Flughafen (m)	forudgāh	فرودگاه
Flugzeug (n)	havāpeymā	هواپیما
Fluggesellschaft (f)	šerkat-e havāpeymāyi	شرکت هواپیمایی
Fluglotse (m)	ma'mur-e kontorol-e terāfik-e havāyi	مأمور کنترل ترافیک هوایی

Abflug (m)	azimat	عزیمت
Ankunft (f)	vorud	ورود
anfliegen (vi)	residan	رسیدن

| Abflugzeit (f) | zamān-e parvāz | زمان پرواز |
| Ankunftszeit (f) | zamān-e vorud | زمان ورود |

| sich verspäten | ta'xir kardan | تأخیر کردن |
| Abflugverspätung (f) | ta'xir-e parvāz | تأخیر پرواز |

| Anzeigetafel (f) | tāblo-ye ettelā'āt | تابلوی اطلاعات |
| Information (f) | ettelā'āt | اطلاعات |

| ankündigen (vt) | e'lām kardan | اعلام کردن |
| Flug (m) | parvāz | پرواز |

| Zollamt (n) | gomrok | گمرک |
| Zollbeamter (m) | ma'mur-e gomrok | مأمور گمرک |

Zolldeklaration (f)	ežhār-nāme	اظهارنامه
ausfüllen (vt)	por kardan	پر کردن
die Zollerklärung ausfüllen	ezhār-nāme rā por kardan	اظهارنامه را پر کردن
Passkontrolle (f)	kontorol-e gozarnāme	کنترل گذرنامه

Gepäck (n)	bār	بار
Handgepäck (n)	bār-e dasti	بار دستی
Kofferkuli (m)	čarx-e hamle bar	چرخ حمل بار

Landung (f)	forud	فرود
Landebahn (f)	bānd-e forudgāh	باند فرودگاه
landen (vi)	nešastan	نشستن
Fluggasttreppe (f)	pellekān	پلکان

Check-in (n)	ček in	چک این
Check-in-Schalter (m)	bāje-ye kontorol	باجه کنترل
sich registrieren lassen	čekin kardan	چکاین کردن
Bordkarte (f)	kārt-e parvāz	کارت پرواز
Abfluggate (n)	gi-yat xoruj	گیت خروج

Transit (m)	terānzit	ترانزیت
warten (vi)	montazer budan	منتظر بودن
Wartesaal (m)	tālār-e entezār	تالار انتظار
begleiten (vt)	badraqe kardan	بدرقه کردن
sich verabschieden	xodāhāfezi kardan	خداحافظی کردن

173. Fahrrad. Motorrad

Fahrrad (n)	dočarxe	دوچرخه
Motorroller (m)	eskuter	اسکوتر
Motorrad (n)	motorsiklet	موتورسیکلت

Rad fahren	bā dočarxe raftan	با دوچرخه رفتن
Lenkstange (f)	farmān-e dočarxe	فرمان دوچرخه
Pedal (n)	pedāl	پدال
Bremsen (pl)	tormoz	ترمز
Sattel (m)	zin	زین

| Pumpe (f) | pomp | پمپ |
| Gepäckträger (m) | tarakband | ترکبند |

| Scheinwerfer (m) | čerāq-e jelo | چراغ جلو |
| Helm (m) | kolāh-e imeni | کلاه ایمنی |

Rad (n)	čarx	چرخ
Schutzblech (n)	golgir	گلگیر
Felge (f)	towqe	طوقه
Speiche (f)	parre	پره

Autos

174. Autotypen

Auto (n)	otomobil	اتومبیل
Sportwagen (m)	otomobil-e varzeši	اتومبیل ورزشی
Limousine (f)	limozin	لیموزین
Geländewagen (m)	jip	جیپ
Kabriolett (n)	kābriyole	کابریولیه
Kleinbus (m)	mini bus	مینی بوس
Krankenwagen (m)	āmbolāns	آمبولانس
Schneepflug (m)	māšin-e barfrub	ماشین برف روب
Lastkraftwagen (m)	kāmiyon	کامیون
Tankwagen (m)	tānker	تانکر
Kastenwagen (m)	kāmiyon	کامیون
Sattelzug (m)	tereyler	تریلر
Anhänger (m)	yadak	یدک
komfortabel	rāhat	راحت
gebraucht	dast-e dovvom	دست دوم

175. Autos. Karosserie

Motorhaube (f)	kāput	کاپوت
Kotflügel (m)	golgir	گلگیر
Dach (n)	saqf	سقف
Windschutzscheibe (f)	šiše-ye jelo	شیشه جلو
Rückspiegel (m)	āyene-ye did-e aqab	آینه دید عقب
Scheibenwaschanlage (f)	pak konande	پاک کننده
Scheibenwischer (m)	barf pāk kon	برف پاک کن
Seitenscheibe (f)	šiše-ye baqal	شیشۀ بغل
Fensterheber (m)	šiše bālābar	شیشه بالابر
Antenne (f)	ānten	آنتن
Schiebedach (n)	sanrof	سانروف
Stoßstange (f)	separ	سپر
Kofferraum (m)	sanduq-e aqab	صندوق عقب
Dachgepäckträger (m)	bārband	باربند
Wagenschlag (m)	darb	درب
Türgriff (m)	dastgire-ye dar	دستگیرۀ در
Türschloss (n)	qofl	قفل
Nummernschild (n)	pelāk	پلاک
Auspufftopf (m)	xafe kon	خفه کن

Benzintank (m)	bāk-e benzin	باک بنزین
Auspuffrohr (n)	lule-ye egzoz	لولهٔ اگزوز
Gas (n)	gāz	گاز
Pedal (n)	pedāl	پدال
Gaspedal (n)	pedāl-e gāz	پدال گاز
Bremse (f)	tormoz	ترمز
Bremspedal (n)	pedāl-e tormoz	پدال ترمز
bremsen (vi)	tormoz kardan	ترمز کردن
Handbremse (f)	tormoz-e dasti	ترمز دستی
Kupplung (f)	kelāč	کلاچ
Kupplungspedal (n)	pedāl-e kelāč	پدال کلاچ
Kupplungsscheibe (f)	disk-e kelāč	دیسک کلاچ
Stoßdämpfer (m)	komak-e fanar	کمک فنر
Rad (n)	čarx	چرخ
Reserverad (n)	zāpās	زاپاس
Radkappe (f)	qālpāq	قالپاق
Triebräder (pl)	čarxhā-ye moharrek	چرخ های محرک
mit Vorderantrieb	mehvarhā-ye jelo	محورهای جلو
mit Hinterradantrieb	mehvarhā-ye aqab	محورهای عقب
mit Allradantrieb	tamām-e čarx	تمام چرخ
Getriebe (n)	ja'be-ye dande	جعبهٔ دنده
Automatik-	otumātik	اتوماتیک
Schalt-	mekāniki	مکانیکی
Schalthebel (m)	ahrom-e ja'be dande	اهرم جعبه دنده
Scheinwerfer (m)	čerāq-e jelo	چراغ جلو
Scheinwerfer (pl)	čerāq-hā	چراغ ها
Abblendlicht (n)	nur-e pāin	نور پائین
Fernlicht (n)	nur-e bālā	نور بالا
Stopplicht (n)	čerāq-e tormoz	چراغ ترمز
Standlicht (n)	čerāqhā-ye pārk	چراغ های پارک
Warnblinker (m)	čerāqha-ye xatar	چراغ های خطر
Nebelscheinwerfer (pl)	čerāqhā-ye meh-e šekan	چراغ های مه شکن
Blinker (m)	čerāq-e rāhnamā	چراغ راهنما
Rückfahrscheinwerfer (m)	čerāq-e dande-ye aqab	چراغ دنده عقب

176. Autos. Fahrgastraum

Wageninnere (n)	dāxel-e xodrow	داخل خودرو
Leder-	čarmi	چرمی
aus Velours	maxmali	مخملی
Polster (n)	tuduzi	تودوزی
Instrument (n)	abzār	ابزار
Armaturenbrett (n)	safhe-ye dāšbord	صفحه داشبورد
Tachometer (m)	sor'at sanj	سرعت سنج

Nadel (f)	aqrabe	عقربه
Kilometerzähler (m)	kilumetr-e šomār	کیلومتر شمار
Anzeige (Temperatur-)	nešāngar	نشانگر
Pegel (m)	sath	سطح
Kontrollleuchte (f)	lāmp	لامپ

Steuerrad (n)	farmān	فرمان
Hupe (f)	buq	بوق
Knopf (m)	dokme	دکمه
Umschalter (m)	kelid	کلید

Sitz (m)	sandali	صندلی
Rückenlehne (f)	pošti-ye sandali	پشتی صندلی
Kopfstütze (f)	zir-e seri	زیر سری
Sicherheitsgurt (m)	kamarband-e imeni	کمربند ایمنی
sich anschnallen	kamarband rā bastan	کمربند را بستن
Einstellung (f)	tanzim	تنظیم

| Airbag (m) | kise-ye havā | کیسه هوا |
| Klimaanlage (f) | tahviye-ye matbu' | تهویه مطبوع |

Radio (n)	rādiyo	رادیو
CD-Spieler (m)	paxš konande-ye si di	پخش کننده سی دی
einschalten (vt)	rowšan kardan	روشن کردن
Antenne (f)	ānten	آنتن
Handschuhfach (n)	dāšbord	داشبورد
Aschenbecher (m)	zir-sigāri	زیرسیگاری

177. Autos. Motor

Triebwerk (n), Motor (m)	motor	موتور
Diesel-	dizel	دیزل
Benzin-	benzin	بنزین

Hubraum (m)	hajm-e motor	حجم موتور
Leistung (f)	niru	نیرو
Pferdestärke (f)	asb-e boxār	اسب بخار
Kolben (m)	pistun	پیستون
Zylinder (m)	silandr	سیلندر
Ventil (n)	supāp	سوپاپ

Injektor (m)	anžektor	انژکتور
Generator (m)	ženerātor	ژنراتور
Vergaser (m)	kārborātor	کاربراتور
Motoröl (n)	rowqan-e motor	روغن موتور

Kühler (m)	rādiyātor	رادیاتور
Kühlflüssigkeit (f)	māye-'e sard konande	مایع سرد کننده
Ventilator (m)	fan-e xonak konande	فن خنک کننده

Autobatterie (f)	bātri-ye māšin	باتری ماشین
Anlasser (m)	estārt	استارت
Zündung (f)	ehterāq	احتراق
Zündkerze (f)	šam'-e motor	شمع موتور

Klemme (f)	pāyāne	پایانه
Pluspol (m)	mosbat	مثبت
Minuspol (m)	manfi	منفی
Sicherung (f)	fiyuz	فیوز

Luftfilter (m)	filter-e havā	فیلتر هوا
Ölfilter (m)	filter-e rowqan	فیلتر روغن
Treibstofffilter (m)	filter-e suxt	فیلتر سوخت

178. Autos. Unfall. Reparatur

Unfall (m)	tasādof	تصادف
Verkehrsunfall (m)	tasādof	تصادف
fahren gegen …	barxord kardan	برخورد کردن
verunglücken (vi)	tasādof kardan	تصادف کردن
Schaden (m)	āsib	آسیب
heil (Adj)	sālem	سالم

Panne (f)	xarābi	خرابی
kaputtgehen (vi)	xarāb šodan	خراب شدن
Abschleppseil (n)	sim-e boksel	سیم بکسل

Reifenpanne (f)	pančar	پنجر
platt sein	pančar šodan	پنجر شدن
pumpen (vt)	bād kardan	باد کردن
Reifendruck (m)	fešār	فشار
prüfen (vt)	barresi kardan	بررسی کردن

Reparatur (f)	ta'mir	تعمیر
Reparaturwerkstatt (f)	ta'mirgāh-e xodro	تعمیرگاه خودرو
Ersatzteil (n)	qet'e-ye yadaki	قطعه یدکی
Einzelteil (n)	qet'e	قطعه

Bolzen (m)	pič	پیچ
Schraube (f)	pič	پیچ
Schraubenmutter (f)	mohre	مهره
Scheibe (f)	vāšer	واشر
Lager (n)	yātāqān	یاتاقان

Rohr (Abgas-)	lule	لوله
Dichtung (f)	vāšer	واشر
Draht (m)	sim	سیم

Wagenheber (m)	jak	جک
Schraubenschlüssel (m)	āčār	آچار
Hammer (m)	čakoš	چکش
Pumpe (f)	pomp	پمپ
Schraubenzieher (m)	pič gušti	پیچ گوشتی

| Feuerlöscher (m) | kapsul-e ātašnešāni | کپسول آتش نشانی |
| Warndreieck (n) | alāmat-e ehtiyāt | علامت احتیاط |

| abwürgen (Motor) | xāmuš šodan | خاموش شدن |
| Anhalten (~ des Motors) | tavaqqof | توقف |

kaputt sein	xarāb budan	خراب بودن
überhitzt werden (Motor)	juš āvardan	جوش آوردن
verstopft sein	masdud šodan	مسدود شدن
einfrieren (Schloss, Rohr)	yax bastan	یخ بستن
zerplatzen (vi)	tarakidan	ترکیدن

Druck (m)	fešār	فشار
Pegel (m)	sath	سطح
schlaff (z.B. -e Riemen)	za'if	ضعیف

Delle (f)	foruraftegi	فرورفتگی
Klopfen (n)	sedā	صدا
Riß (m)	tarak	ترک
Kratzer (m)	xarāš	خراش

179. Autos. Straßen

Fahrbahn (f)	rāh	راه
Schnellstraße (f)	bozorgrāh	بزرگراه
Autobahn (f)	āzād-e rāh	آزاد راه
Richtung (f)	samt	سمت
Entfernung (f)	masāfat	مسافت

Brücke (f)	pol	پل
Parkplatz (m)	pārking	پارکینگ
Platz (m)	meydān	میدان
Autobahnkreuz (n)	dowr bargardān	دوربرگردان
Tunnel (m)	tunel	تونل

Tankstelle (f)	pomp-e benzin	پمپ بنزین
Parkplatz (m)	pārking	پارکینگ
Zapfsäule (f)	pomp-e benzin	پمپ بنزین
Reparaturwerkstatt (f)	ta'mirgāh-e xodro	تعمیرگاه خودرو
tanken (vt)	benzin zadan	بنزین زدن
Treibstoff (m)	suxt	سوخت
Kanister (m)	dabbe	دبه

Asphalt (m)	āsfālt	آسفالت
Markierung (f)	alāmat-e gozari	علامت گذاری
Bordstein (m)	labe-ye jadval	لبه جدول
Leitplanke (f)	narde	نرده
Graben (m)	juy	جوی
Straßenrand (m)	kenār rāh	کنار راه
Straßenlaterne (f)	tir-e barq	تیر برق

fahren (vt)	rāndan	راندن
abbiegen (nach links ~)	pičidan	پیچیدن
umkehren (vi)	dowr zadan	دور زدن
Rückwärtsgang (m)	dande aqab	دنده عقب

hupen (vi)	buq zadan	بوق زدن
Hupe (f)	buq	بوق
stecken (im Schlamm ~)	gir kardan	گیر کردن
durchdrehen (Räder)	sor xordan	سر خوردن

abstellen (Motor ~)	xāmuš kardan	خاموش کردن
Geschwindigkeit (f)	sor'at	سرعت
Geschwindigkeit überschreiten	az sor'at-e mojāz gozāštan	ازسرعت مجاز گذشتن
bestrafen (vt)	jarime kardan	جریمه کردن
Ampel (f)	čerāq-e rāhnamā	چراغ راهنما
Führerschein (m)	govāhi-nāme-ye rānandegi	گواهینامهٔ رانندگی
Bahnübergang (m)	taqāto'	تقاطع
Straßenkreuzung (f)	čahārrāh	چهارراه
Fußgängerüberweg (m)	xatt-e āber-e piyāde	خط عابرپیاده
Kehre (f)	pič	پیچ
Fußgängerzone (f)	mantaqe-ye āber-e piyāde	منطقهٔ عابر پیاده

180. Verkehrszeichen

Verkehrsregeln (pl)	āyinnāme-ye rāhnamāyi va rānandegi	آیین نامهٔ راهنمایی ورانندگی
Verkehrszeichen (n)	alāem-e rāhnamāyi-yo rānandegi	علائم راهنمایی ورانندگی
Überholen (n)	sebqat	سبقت
Kurve (f)	pič	پیچ
Wende (f)	dowr	دور
Kreisverkehr (m)	harekat dar meydān	حرکت درمیدان
Einfahrt verboten	vorud-e mamnu'	ورود ممنوع
Verkehr verboten	obur-e vasāyel-e naqliye mamnu'	عبور وسایل نقلیه ممنوع
Überholverbot	sebqat mamnu'	سبقت ممنوع
Parken verboten	pārk-e mamnu'	پارک ممنوع
Halteverbot	tavaqqof mamnu'	توقف ممنوع
gefährliche Kurve (f)	pič-e xatarnāk	پیچ خطرناک
Gefälle (n)	sarāšibi-ye tond	سراشیبی تند
Einbahnstraße (f)	masir-e yektarafe	مسیر یک طرفه
Fußgängerüberweg (m)	xatt-e āber-e piyāde	خط عابرپیاده
Schleudergefahr	jādde-ye laqzande	جاده لغزنده
Vorfahrt gewähren!	re'āyat-e haq-e taqaddom	رعایت حق تقدم

MENSCHEN. LEBENSEREIGNISSE

Lebensereignisse

181. Feiertage. Ereignis

Fest (n)	jašn	جشن
Nationalfeiertag (m)	eyd-e melli	عید ملی
Feiertag (m)	ruz-e jašn	روز جشن
feiern (vt)	jašn gereftan	جشن گرفتن
Ereignis (n)	vāqe'e	واقعه
Veranstaltung (f)	ruydād	رویداد
Bankett (n)	ziyāfat	ضیافت
Empfang (m)	ziyāfat	ضیافت
Festmahl (n)	jašn	جشن
Jahrestag (m)	sālgard	سالگرد
Jubiläumsfeier (f)	sālgard	سالگرد
begehen (vt)	jašn gereftan	جشن گرفتن
Neujahr (n)	sāl-e now	سال نو
Frohes Neues Jahr!	sāl-e now mobārak	سال نو مبارک
Weihnachtsmann (m)	bābā noel	بابا نوئل
Weihnachten (n)	kerismas	کریسمس
Frohe Weihnachten!	kerismas mobārak!	کریسمس مبارک!
Tannenbaum (m)	kāj kerismas	کاج کریسمس
Feuerwerk (n)	ātaš-e bāzi	آتش بازی
Hochzeit (f)	arusi	عروسی
Bräutigam (m)	dāmād	داماد
Braut (f)	arus	عروس
einladen (vt)	da'vat kardan	دعوت کردن
Einladung (f)	da'vatnāme	دعوتنامه
Gast (m)	mehmān	مهمان
besuchen (vt)	be mehmāni raftan	به مهمانی رفتن
Gäste empfangen	az mehmānān esteqbāl kardan	از مهمانان استقبال کردن
Geschenk (n)	hedye	هدیه
schenken (vt)	hadye dādan	هدیه دادن
Geschenke bekommen	hediye gereftan	هدیه گرفتن
Blumenstrauß (m)	daste-ye gol	دسته گل
Glückwunsch (m)	tabrik	تبریک
gratulieren (vi)	tabrik goftan	تبریک گفتن

Glückwunschkarte (f)	kārt-e tabrik	کارت تبریک
eine Karte abschicken	kārt-e tabrik ferestādan	کارت تبریک فرستادن
eine Karte erhalten	kārt-e tabrik gereftan	کارت تبریک گرفتن

Trinkspruch (m)	be salāmati-ye kas-i nušidan	به سلامتی کسی نوشیدن
anbieten (vt)	pazirāyi kardan	پذیرایی کردن
Champagner (m)	šāmpāyn	شامپاین

sich amüsieren	šādi kardan	شادی کردن
Fröhlichkeit (f)	šādi	شادی
Freude (f)	maserrat	مسرت

| Tanz (m) | raqs | رقص |
| tanzen (vi, vt) | raqsidan | رقصیدن |

| Walzer (m) | raqs-e vāls | رقص والس |
| Tango (m) | raqs tāngo | رقص تانگو |

182. Bestattungen. Begräbnis

Friedhof (m)	qabrestān	قبرستان
Grab (n)	qabr	قبر
Kreuz (n)	salib	صلیب
Grabstein (m)	sang-e qabr	سنگ قبر
Zaun (m)	hesār	حصار
Kapelle (f)	kelisā-ye kučak	کلیسای کوچک

Tod (m)	marg	مرگ
sterben (vi)	mordan	مردن
Verstorbene (m)	marhum	مرحوم
Trauer (f)	azā	عزا

begraben (vt)	dafn kardan	دفن کردن
Bestattungsinstitut (n)	xadamat-e kafno dafn	خدمات کفن ودفن
Begräbnis (n)	tašyi-'e jenāze	تشییع جنازه
Kranz (m)	tāj-e gol	تاج گل
Sarg (m)	tābut	تابوت
Katafalk (m)	na'š keš	نعش کش
Totenhemd (n)	kafan	کفن

Trauerzug (m)	tašyi-'e jenāze	تشییع جنازه
Urne (f)	zarf-e xākestar-e morde	ظرف خاکستر مرده
Krematorium (n)	morde suz xāne	مرده سوز خانه

Nachruf (m)	āgahi-ye tarhim	آگهی ترحیم
weinen (vi)	gerye kardan	گریه کردن
schluchzen (vi)	zār zār gerye kardan	زار زارگریه کردن

183. Krieg. Soldaten

| Zug (m) | daste | دسته |
| Kompanie (f) | goruhān | گروهان |

Regiment (n)	hang	هنگ
Armee (f)	arteš	ارتش
Division (f)	laškar	لشکر
Abteilung (f)	daste	دسته
Heer (n)	laškar	لشکر
Soldat (m)	sarbāz	سرباز
Offizier (m)	afsar	افسر
Soldat (m)	sarbāz	سرباز
Feldwebel (m)	goruhbān	گروهبان
Leutnant (m)	sotvān	ستوان
Hauptmann (m)	kāpitān	کاپیتان
Major (m)	sargord	سرگرد
Oberst (m)	sarhang	سرهنگ
General (m)	ženerāl	ژنرال
Matrose (m)	malavān	ملوان
Kapitän (m)	kāpitān	کاپیتان
Bootsmann (m)	sar malavān	سر ملوان
Artillerist (m)	tupči	توپچی
Fallschirmjäger (m)	sarbāz-e čatrbāz	سرباز چترباز
Pilot (m)	xalabān	خلبان
Steuermann (m)	nāvbar	ناور
Mechaniker (m)	mekānik	مکانیک
Pionier (m)	mohandes estehkāmāt	مهندس استحکامات
Fallschirmspringer (m)	čatr bāz	چترباز
Aufklärer (m)	ettelā'āti	اطلاعاتی
Scharfschütze (m)	tak tir andāz	تک تیر انداز
Patrouille (f)	gašt	گشت
patrouillieren (vi)	gašt zadan	گشت زدن
Wache (f)	negahbān	نگهبان
Krieger (m)	jangju	جنگجو
Patriot (m)	mihan parast	میهن پرست
Held (m)	qahremān	قهرمان
Heldin (f)	qahremān-e zan	قهرمان زن
Verräter (m)	xāen	خائن
verraten (vt)	xiyānat kardan	خیانت کردن
Deserteur (m)	farāri	فراری
desertieren (vi)	farāri budan	فراری بودن
Söldner (m)	mozdur	مزدور
Rekrut (m)	sarbāz-e jadid	سرباز جدید
Freiwillige (m)	dāvtalab	داوطلب
Getoetete (m)	morde	مرده
Verwundete (m)	zaxmi	زخمی
Kriegsgefangene (m)	asir	اسیر

184. Krieg. Militärische Aktionen. Teil 1

Krieg (m)	jang	جنگ
Krieg führen	jangidan	جنگیدن
Bürgerkrieg (m)	jang-e dāxeli	جنگ داخلی
heimtückisch (Adv)	xāenāne	خائنانه
Kriegserklärung (f)	e'lān-e jang	اعلان جنگ
erklären (den Krieg ~)	e'lān kardan	اعلان کردن
Aggression (f)	tajāvoz	تجاوز
einfallen (Staat usw.)	hamle kardan	حمله کردن
einfallen (in ein Land ~)	tajāvoz kardan	تجاوز کردن
Invasoren (pl)	tajāvozgar	تجاوزگر
Eroberer (m), Sieger (m)	fāteh	فاتح
Verteidigung (f)	defā'	دفاع
verteidigen (vt)	defā' kardan	دفاع کردن
sich verteidigen	az xod defā' kardan	از خود دفاع کردن
Feind (m)	došman	دشمن
Gegner (m)	moxālef	مخالف
Feind-	došman	دشمن
Strategie (f)	rāhbord	راهبرد
Taktik (f)	tāktik	تاکتیک
Befehl (m)	farmān	فرمان
Anordnung (f)	dastur	دستور
befehlen (vt)	farmān dādan	فرمان دادن
Auftrag (m)	ma'muriyat	مأموریت
geheim (Adj)	mahramāne	محرمانه
Schlacht (f)	jang	جنگ
Kampf (m)	nabard	نبرد
Angriff (m)	hamle	حمله
Sturm (m)	yureš	یورش
stürmen (vt)	yureš bordan	یورش بردن
Belagerung (f)	mohāsere	محاصره
Angriff (m)	hamle	حمله
angreifen (vt)	hamle kardan	حمله کردن
Rückzug (m)	aqab nešini	عقب نشینی
sich zurückziehen	aqab nešini kardan	عقب نشینی کردن
Einkesselung (f)	mohāsere	محاصره
einkesseln (vt)	mohāsere kardan	محاصره کردن
Bombenangriff (m)	bombārān-e havāyi	بمباران هوایی
eine Bombe abwerfen	bomb āndaxtan	بمب انداختن
bombardieren (vt)	bombārān kardan	بمباران کردن
Explosion (f)	enfejār	انفجار
Schuss (m)	tirandāzi	تیراندازی

| schießen (vt) | tirandāzi kardan | تیراندازی کردن |
| Schießerei (f) | tirandāzi | تیراندازی |

zielen auf ...	nešāne raftan	نشانه رفتن
richten (die Waffe)	šhellik kardan	شلیک کردن
treffen (ins Schwarze ~)	residan	رسیدن

versenken (vt)	qarq šodan	غرق شدن
Loch (im Schiffsrumpf)	surāx	سوراخ
versinken (Schiff)	qarq šodan	غرق شدن

Front (f)	jebhe	جبهه
Evakuierung (f)	taxliye	تخلیه
evakuieren (vt)	taxliye kardan	تخلیه کردن

Schützengraben (m)	sangar	سنگر
Stacheldraht (m)	sim-e xārdār	سیم خاردار
Sperre (z.B. Panzersperre)	hesār	حصار
Wachtturm (m)	borj	برج

Lazarett (n)	bimārestān-e nezāmi	بیمارستان نظامی
verwunden (vt)	majruh kardan	مجروح کردن
Wunde (f)	zaxm	زخم
Verwundete (m)	zaxmi	زخمی
verletzt sein	zaxmi šodan	زخمی شدن
schwer (-e Verletzung)	zaxm-e saxt	زخم سخت

185. Krieg. Militärische Aktionen. Teil 2

Gefangenschaft (f)	esārat	اسارت
gefangen nehmen (vt)	be esārat gereftan	به اسارت گرفتن
in Gefangenschaft sein	dar esārat budan	در اسارت بودن
in Gefangenschaft geraten	be esārat oftādan	به اسارت افتادن

Konzentrationslager (n)	ordugāh-e kār-e ejbāri	اردوگاه کار اجباری
Kriegsgefangene (m)	asir	اسیر
fliehen (vi)	farār kardan	فرار کردن

verraten (vt)	xiyānat kardan	خیانت کردن
Verräter (m)	xāen	خائن
Verrat (m)	xiyānat	خیانت

| erschießen (vt) | tirbārān kardan | تیرباران کردن |
| Erschießung (f) | tirbārān | تیرباران |

Ausrüstung (persönliche ~)	uniform	یونیفرم
Schulterstück (n)	daraje-ye sarduši	درجه سردوشی
Gasmaske (f)	māsk-e zedd-e gāz	ماسک ضد گاز

Funkgerät (n)	dastgāh-e bisim	دستگاه بی سیم
Chiffre (f)	ramz	رمز
Geheimhaltung (f)	mahramāne budan	محرمانه بودن
Kennwort (n)	ramz	رمز
Mine (f)	min	مین

Minen legen	min gozāštan	مین گذاشتن
Minenfeld (n)	meydān-e min	میدان مین
Luftalarm (m)	āžir-e havāyi	آژیر هوایی
Alarm (m)	āžir	آژیر
Signal (n)	alāmat	علامت
Signalrakete (f)	monavvar	منور
Hauptquartier (n)	setād	ستاد
Aufklärung (f)	šenāsāyi	شناسایی
Lage (f)	vaz'iyat	وضعیت
Bericht (m)	gozāreš	گزارش
Hinterhalt (m)	kamin	کمین
Verstärkung (f)	taqviyat	تقویت
Zielscheibe (f)	hadaf giri	هدف گیری
Schießplatz (m)	meydān-e tir	میدان تیر
Manöver (n)	mānovr	مانور
Panik (f)	vahšat	وحشت
Verwüstung (f)	xarābi	خرابی
Trümmer (pl)	xarābi-hā	خرابی ها
zerstören (vt)	xarāb kardan	خراب کردن
überleben (vi)	zende māndan	زنده ماندن
entwaffnen (vt)	xal'-e selāh kardan	خلع سلاح کردن
handhaben (vt)	be kār bordan	به کار بردن
Stillgestanden!	xabardār!	خبردار!
Rühren!	āzād!	آزاد!
Heldentat (f)	delāvari	دلاوری
Eid (m), Schwur (m)	sowgand	سوگند
schwören (vi, vt)	sowgand xordan	سوگند خوردن
Lohn (Orden, Medaille)	pādāš	پاداش
auszeichnen (mit Orden)	medāl dādan	مدال دادن
Medaille (f)	medāl	مدال
Orden (m)	nešān	نشان
Sieg (m)	piruzi	پیروزی
Niederlage (f)	šekast	شکست
Waffenstillstand (m)	ātaš bas	آتش بس
Fahne (f)	parčam	پرچم
Ruhm (m)	eftexār	افتخار
Parade (f)	reže	رژه
marschieren (vi)	reže raftan	رژه رفتن

186. Waffen

Waffe (f)	selāh	سلاح
Schusswaffe (f)	aslahe-ye garm	اسلحهٔ گرم
blanke Waffe (f)	aslahe-ye sard	اسلحهٔ سرد

chemischen Waffen (pl)	taslihāt-e šimiyāyi	تسليحات شيميايى
Kern-, Atom-	haste i	هسته اى
Kernwaffe (f)	taslihāt-e hastei	تسليمات هسته اى

Bombe (f)	bomb	بمب
Atombombe (f)	bomb-e atomi	بمب اتمى

Pistole (f)	kolt	كلت
Gewehr (n)	tofang	تفنگ
Maschinenpistole (f)	mosalsal-e xodkār	مسلسل خودكار
Maschinengewehr (n)	mosalsal	مسلسل

Mündung (f)	sar-e lule-ye tofang	سر لوله تفنگ
Lauf (Gewehr-)	lule-ye tofang	لوله تفنگ
Kaliber (n)	kālibr	كاليبر

Abzug (m)	māše	ماشه
Visier (n)	nešāne ravi	نشانه روى
Magazin (n)	xešāb	خشاب
Kolben (m)	qondāq	قنداق

Handgranate (f)	nārenjak	نارنجک
Sprengstoff (m)	mādde-ye monfajere	مادة منفجره

Kugel (f)	golule	گلوله
Patrone (f)	fešang	فشنگ
Ladung (f)	mohemmāt	مهمات
Munition (f)	mohemmāt	مهمات

Bomber (m)	bomb-afkan	بمبافكن
Kampfflugzeug (n)	jangande	جنگنده
Hubschrauber (m)	helikopter	هليكوپتر

Flugabwehrkanone (f)	tup-e zedd-e havāyi	توپ ضد هوايى
Panzer (m)	tānk	تانک
Panzerkanone (f)	tup	توپ

Artillerie (f)	tupxāne	توپخانه
Kanone (f)	tofang	تفنگ
richten (die Waffe)	šellik kardan	شليک كردن

Geschoß (n)	xompāre	خمپاره
Wurfgranate (f)	xompāre	خمپاره
Granatwerfer (m)	xompāre andāz	خمپاره انداز
Splitter (m)	tarkeš	تركش

U-Boot (n)	zirdaryāyi	زيردريايى
Torpedo (m)	eždar	اژدر
Rakete (f)	mušak	موشک

laden (Gewehr)	por kardan	پر كردن
schießen (vi)	tirandāzi kardan	تيراندازى كردن
zielen auf ...	nešāne raftan	نشانه رفتن
Bajonett (n)	sarneyze	سرنيزه
Degen (m)	šamšir	شمشير
Säbel (m)	šamšir	شمشير

Speer (m)	neyze	نیزه
Bogen (m)	kamān	کمان
Pfeil (m)	tir	تیر
Muskete (f)	tofang fetile-i	تفنگ فتیله‌ای
Armbrust (f)	kamān zanburak-i	کمان زنبورکی

187. Menschen der Antike

vorzeitlich	avvaliye	اولیه
prähistorisch	piš az tārix	پیش از تاریخ
alt (antik)	qadimi	قدیمی

Steinzeit (f)	asr-e hajar	عصر حجر
Bronzezeit (f)	asr-e mafraq	عصر مفرغ
Eiszeit (f)	dowre-ye yaxbandān	دورهٔ یخبندان

Stamm (m)	qabile	قبیله
Kannibale (m)	ādam xār	آدم خوار
Jäger (m)	šekārči	شکارچی
jagen (vi)	šekār kardan	شکار کردن
Mammut (n)	māmut	ماموت

Höhle (f)	qār	غار
Feuer (n)	ātaš	آتش
Lagerfeuer (n)	ātaš	آتش
Höhlenmalerei (f)	qār negāre	غار نگاره

Werkzeug (n)	abzār-e kār	ابزار کار
Speer (m)	neyze	نیزه
Steinbeil (n), Steinaxt (f)	tabar-e sangi	تبر سنگی

| Krieg führen | jangidan | جنگیدن |
| domestizieren (vt) | rām kardan | رام کردن |

| Idol (n) | bot | بت |
| anbeten (vt) | parastidan | پرستیدن |

| Aberglaube (m) | xorāfe | خرافه |
| Brauch (m), Ritus (m) | marāsem | مراسم |

| Evolution (f) | takāmol | تکامل |
| Entwicklung (f) | pišraft | پیشرفت |

| Verschwinden (n) | enqerāz | انقراض |
| sich anpassen | sāzgār šodan | سازگار شدن |

Archäologie (f)	bāstān-šenāsi	باستان شناسی
Archäologe (m)	bāstān-šenās	باستان شناس
archäologisch	bāstān-šenāsi	باستان شناسی

Ausgrabungsstätte (f)	mahall-e haffārihā	محل حفاری ها
Ausgrabungen (pl)	haffāri-hā	حفاری ها
Fund (m)	yāfteh	یافته
Fragment (n)	qet'e	قطعه

188. Mittelalter

Volk (n)	mellat	ملت
Völker (pl)	mellat-hā	ملت ها
Stamm (m)	qabile	قبيله
Stämme (pl)	qabāyel	قبايل
Barbaren (pl)	barbar-hā	بربر ها
Gallier (pl)	gul-hā	گول ها
Goten (pl)	gat-hā	گت ها
Slawen (pl)	eslāv-hā	اسلاو ها
Wikinger (pl)	vāyking-hā	وايكينگ ها
Römer (pl)	rumi-hā	رومى ها
römisch	rumi	رومى
Byzantiner (pl)	bizānsi-hā	بيزانسى ها
Byzanz (n)	bizāns	بيزانس
byzantinisch	bizānsi	بيزانسى
Kaiser (m)	emperātur	امپراطور
Häuptling (m)	rahbar	رهبر
mächtig (Kaiser usw.)	moqtader	مقتدر
König (m)	šāh	شاه
Herrscher (Monarch)	hākem	حاكم
Ritter (m)	šovālie	شواليه
Feudalherr (m)	feodāl	فئودال
feudal, Feudal-	feodāli	فئودالى
Vasall (m)	ra'yat	رعيت
Herzog (m)	duk	دوک
Graf (m)	kont	کنت
Baron (m)	bāron	بارون
Bischof (m)	osqof	اسقف
Rüstung (f)	zereh	زره
Schild (m)	separ	سپر
Schwert (n)	šamšir	شمشير
Visier (n)	labe-ye kolāh	لبه کلاه
Panzerhemd (n)	jowšan	جوشن
Kreuzzug (m)	jang-e salibi	جنگ صليبى
Kreuzritter (m)	jangju-ye salibi	جنگجوى صليبى
Territorium (n)	qalamrow	قلمرو
einfallen (vt)	hamle kardan	حمله کردن
erobern (vt)	fath kardan	فتح کردن
besetzen (Land usw.)	ešqāl kardan	اشغال کردن
Belagerung (f)	mohāsere	محاصره
belagert	mahsur	محصور
belagern (vt)	mohāsere kardan	محاصره کردن
Inquisition (f)	taftiš-e aqāyed	تفتيش عقايد
Inquisitor (m)	mofatteš	مفتش

Folter (f)	šekanje	شکنجه
grausam (-e Folter)	bi rahm	بی رحم
Häretiker (m)	molhed	ملحد
Häresie (f)	ertedād	ارتداد

Seefahrt (f)	daryānavardi	دریانوردی
Seeräuber (m)	dozd-e daryāyi	دزد دریایی
Seeräuberei (f)	dozdi-ye daryāyi	دزدی دریایی
Enterung (f)	hamle ruye arše	حمله روی عرشه
Beute (f)	qanimat	غنیمت
Schätze (pl)	ganj	گنج

Entdeckung (f)	kašf	کشف
entdecken (vt)	kašf kardan	کشف کردن
Expedition (f)	safar	سفر

Musketier (m)	tofangdār	تفنگدار
Kardinal (m)	kārdināl	کاردینال
Heraldik (f)	nešān-šenāsi	نشان شناسی
heraldisch	manquš	منقوش

189. Führungspersonen. Chef. Behörden

König (m)	šāh	شاه
Königin (f)	maleke	ملکه
königlich	šāhi	شاهی
Königreich (n)	pādšāhi	پادشاهی

| Prinz (m) | šāhzāde | شاهزاده |
| Prinzessin (f) | pranses | پرنسس |

Präsident (m)	ra'is jomhur	رئیس جمهور
Vizepräsident (m)	mo'āven-e rais-e jomhur	معاون رئیس جمهور
Senator (m)	senātor	سناتور

Monarch (m)	pādšāh	پادشاه
Herrscher (m)	hākem	حاکم
Diktator (m)	diktātor	دیکتاتور
Tyrann (m)	zālem	ظالم
Magnat (m)	najib zāde	نجیب زاده

Direktor (m)	modir	مدیر
Chef (m)	ra'is	رئیس
Leiter (einer Abteilung)	modir	مدیر
Boss (m)	ra'is	رئیس
Eigentümer (m)	sāheb	صاحب

Führer (m)	rahbar	رهبر
Leiter (Delegations-)	ra'is	رئیس
Behörden (pl)	maqāmāt	مقامات
Vorgesetzten (pl)	roasā	رؤسا

| Gouverneur (m) | farmāndār | فرماندار |
| Konsul (m) | konsul | کنسول |

169

Diplomat (m)	diplomāt	دیپلمات
Bürgermeister (m)	šahrdār	شهردار
Sheriff (m)	kalāntar	کلانتر

Kaiser (m)	emperātur	امپراطور
Zar (m)	tezār	تزار
Pharao (m)	fer'own	فرعون
Khan (m)	xān	خان

190. Straße. Weg. Richtungen

| Fahrbahn (f) | rāh | راه |
| Weg (m) | rāh | راه |

Autobahn (f)	āzād-e rāh	آزاد راه
Schnellstraße (f)	bozorgrāh	بزرگراه
Bundesstraße (f)	rāh-e beyn-e eyālati	راه بین ایالتی

| Hauptstraße (f) | rāh-e asli | راه اصلی |
| Feldweg (m) | jādde-ye xāki | جاده خاکی |

| Pfad (m) | gozargāh | گذرگاه |
| Fußweg (m) | kure-ye rāh | کوره راه |

Wo?	kojā?	کجا؟
Wohin?	kojā?	کجا؟
Woher?	az kojā?	از کجا؟

| Richtung (f) | samt | سمت |
| zeigen (vt) | nešān dādan | نشان دادن |

nach links	be čap	به چپ
nach rechts	be rāst	به راست
geradeaus	mostaqim be jelo	مستقیم به جلو
zurück	be aqab	به عقب

Kurve (f)	pič	پیچ
abbiegen (nach links ~)	pičidan	پیچیدن
umkehren (vi)	dowr zadan	دور زدن

| sichtbar sein | qābel-e mošāhede budan | قابل مشاهده بودن |
| erscheinen (vi) | padidār šodan | پدیدار شدن |

Aufenthalt (m)	tavaqqof	توقف
sich erholen	esterāhat kardan	استراحت کردن
Erholung (f)	esterāhat	استراحت

sich verirren	gom šodan	گم شدن
führen nach ... (Straße usw.)	be jā-yi bordan	به جایی بردن
ankommen in ...	residan be	رسیدن به
Strecke (f)	emtedād	امتداد

| Asphalt (m) | āsfālt | آسفالت |
| Bordstein (m) | labe-ye jadval | لبه جدول |

Graben (m)	juy	جوی
Gully (m)	dariče	دریچه
Straßenrand (m)	kenār rāh	کنار راه
Schlagloch (n)	gowdāl	گودال

gehen (zu Fuß gehen)	raftan	رفتن
überholen (vt)	sebqat gereftan	سبقت گرفتن

Schritt (m)	gām	گام
zu Fuß	piyāde	پیاده

blockieren (Straße usw.)	masdud kardan	مسدود کردن
Schlagbaum (m)	māne'	مانع
Sackgasse (f)	bon bast	بن بست

191. Gesetzesverstoß Verbrecher. Teil 1

Bandit (m)	rāhzan	راهزن
Verbrechen (n)	jenāyat	جنایت
Verbrecher (m)	jenāyatkār	جنایتکار

Dieb (m)	dozd	دزد
stehlen (vt)	dozdidan	دزدیدن
Diebstahl (Aktivität)	dozdi	دزدی
Stehlen (n)	serqat	سرقت

kidnappen (vt)	ādam robudan	آدم ربودن
Kidnapping (n)	ādam robāyi	آدم ربایی
Kidnapper (m)	ādam robā	آدم ربا

Lösegeld (n)	bāj	باج
Lösegeld verlangen	bāj xāstan	باج خواستن

rauben (vt)	serqat kardan	سرقت کردن
Raub (m)	serqat	سرقت
Räuber (m)	qāratgar	غارتگر

erpressen (vt)	axxāzi kardan	اخاذی کردن
Erpresser (m)	axxāz	اخاذ
Erpressung (f)	axxāzi	اخاذی

morden (vt)	koštan	کشتن
Mord (m)	qatl	قتل
Mörder (m)	qātel	قاتل

Schuss (m)	tirandāzi	تیراندازی
schießen (vt)	tirandāzi kardan	تیراندازی کردن
erschießen (vt)	bā tir zadan	با تیر زدن
feuern (vi)	tirandāzi kardan	تیراندازی کردن
Schießerei (f)	tirandāzi	تیراندازی

Vorfall (m)	vāqe'e	واقعه
Schlägerei (f)	zad-o xord	زد و خورد
Hilfe!	komak!	کمک!

Opfer (n)	qorbāni	قربانی
beschädigen (vt)	xesārat resāndan	خسارت رساندن
Schaden (m)	xesārat	خسارت
Leiche (f)	jasad	جسد
schwer (-es Verbrechen)	vaxim	وخیم
angreifen (vt)	hamle kardan	حمله کردن
schlagen (vt)	zadan	زدن
verprügeln (vt)	kotak zadan	کتک زدن
wegnehmen (vt)	bezur gereftan	به زور گرفتن
erstechen (vt)	čāqu zadan	چاقو زدن
verstümmeln (vt)	ma'yub kardan	معیوب کردن
verwunden (vt)	majruh kardan	مجروح کردن
Erpressung (f)	šāntāž	شانتاژ
erpressen (vt)	axxāzi kardan	اخاذی کردن
Erpresser (m)	axxāz	اخاذ
Schutzgelderpressung (f)	axxāzi	اخاذی
Erpresser (Racketeer)	axxāz	اخاذ
Gangster (m)	gāngester	گانگستر
Mafia (f)	māfiyā	مافیا
Taschendieb (m)	jib bor	جیب بر
Einbrecher (m)	sāreq	سارق
Schmuggel (m)	qāčāq	قاچاق
Schmuggler (m)	qāčāqči	قاچاقچی
Fälschung (f)	qollābi	قلابی
fälschen (vt)	ja'l kardan	جعل کردن
gefälscht	ja'li	جعلی

192. Gesetzesbruch. Verbrecher. Teil 2

Vergewaltigung (f)	tajāvoz be nāmus	تجاوز به ناموس
vergewaltigen (vt)	tajāvoz kardan	تجاوز کردن
Gewalttäter (m)	zenā konande	زنا کننده
Besessene (m)	majnun	مجنون
Prostituierte (f)	fāheše	فاحشه
Prostitution (f)	fāhešegi	فاحشگی
Zuhälter (m)	jākeš	جاکش
Drogenabhängiger (m)	mo'tād	معتاد
Drogenhändler (m)	forušande-ye mavādd-e moxadder	فروشندهٔ مواد مخدر
sprengen (vt)	monfajer kardan	منفجر کردن
Explosion (f)	enfejār	انفجار
in Brand stecken	ātaš zadan	آتش زدن
Brandstifter (m)	ātaš afruz	آتش افروز
Terrorismus (m)	terorism	تروریسم
Terrorist (m)	terorist	تروریست

Geisel (m, f)	gerowgān	گروگان
betrügen (vt)	farib dādan	فریب دادن
Betrug (m)	farib	فریب
Betrüger (m)	hoqqe bāz	حقه باز

bestechen (vt)	rešve dādan	رشوه دادن
Bestechlichkeit (f)	rešve	رشوه
Bestechungsgeld (n)	rešve	رشوه

Gift (n)	zahr	زهر
vergiften (vt)	masmum kardan	مسموم کردن
sich vergiften	masmum šodan	مسموم شدن

| Selbstmord (m) | xod-koši | خودکشی |
| Selbstmörder (m) | xod-koši konande | خودکشی کننده |

drohen (vi)	tahdid kardan	تهدید کردن
Drohung (f)	tahdid	تهدید
versuchen (vt)	su'-e qasd kardan	سوء قصد کردن
Attentat (n)	su'-e qasd	سوء قصد

| stehlen (Auto ~) | robudan | ربودن |
| entführen (Flugzeug ~) | havāpeymā robāyi | هواپیما ربایی |

| Rache (f) | enteqām | انتقام |
| sich rächen | enteqām gereftan | انتقام گرفتن |

foltern (vt)	šekanje dādan	شکنجه دادن
Folter (f)	šekanje	شکنجه
quälen (vt)	aziyat kardan	اذیت کردن

Seeräuber (m)	dozd-e daryāyi	دزد دریایی
Rowdy (m)	owbāš	اوباش
bewaffnet	mosallah	مسلح
Gewalt (f)	xošunat	خشونت
ungesetzlich	qeyr-e qānuni	غیر قانونی

| Spionage (f) | jāsusi | جاسوسی |
| spionieren (vi) | jāsusi kardan | جاسوسی کردن |

193. Polizei Recht. Teil 1

| Justiz (f) | edālat | عدالت |
| Gericht (n) | dādgāh | دادگاه |

Richter (m)	qāzi	قاضی
Geschworenen (pl)	hey'at-e monsefe	هیئت منصفه
Geschworenengericht (n)	hey'at-e monsefe	هیئت منصفه
richten (vt)	mohākeme kardan	محاکمه کردن

Rechtsanwalt (m)	vakil	وکیل
Angeklagte (m)	mottaham	متهم
Anklagebank (f)	jāygāh-e mottaham	جایگاه متهم
Anklage (f)	ettehām	اتهام

Beschuldigte (m)	mottaham	متهم
Urteil (n)	hokm	حکم
verurteilen (vt)	mahkum kardan	محکوم کردن

Schuldige (m)	moqasser	مقصر
bestrafen (vt)	mojāzāt kardan	مجازات کردن
Strafe (f)	mojāzāt	مجازات

Geldstrafe (f)	jarime	جریمه
lebenslange Haft (f)	habs-e abad	حبس ابد
Todesstrafe (f)	e'dām	اعدام
elektrischer Stuhl (m)	sandali-ye barqi	صندلی برقی
Galgen (m)	čube-ye dār	چوبه دار

| hinrichten (vt) | e'dām kardan | اعدام کردن |
| Hinrichtung (f) | e'dām | اعدام |

Gefängnis (n)	zendān	زندان
Zelle (f)	sellul-e zendān	سلول زندان
Eskorte (f)	eskort	اسکورت
Gefängniswärter (m)	negahbān zendān	نگهبان زندان
Gefangene (m)	zendāni	زندانی

| Handschellen (pl) | dastband | دستبند |
| Handschellen anlegen | dastband zadan | دستبند زدن |

Ausbruch (Flucht)	farār	فرار
ausbrechen (vi)	farār kardan	فرار کردن
verschwinden (vi)	nāpadid šodan	ناپدید شدن
aus ... entlassen	āzād kardan	آزاد کردن
Amnestie (f)	afv-e omumi	عفو عمومی

Polizei (f)	polis	پلیس
Polizist (m)	polis	پلیس
Polizeiwache (f)	kalāntari	کلانتری
Gummiknüppel (m)	bātum	باتوم
Sprachrohr (n)	bolandgu	بلندگو

Streifenwagen (m)	māšin-e gašt	ماشین گشت
Sirene (f)	āžir-e xatar	آژیر خطر
die Sirene einschalten	āžir rā rowšan kardan	آژیررا روشن کردن
Sirenengeheul (n)	sedā-ye āžir	صدای آژیر

Tatort (m)	mahall-e jenāyat	محل جنایت
Zeuge (m)	šāhed	شاهد
Freiheit (f)	āzādi	آزادی
Komplize (m)	hamdast	همدست
verschwinden (vi)	maxfi šodan	مخفی شدن
Spur (f)	rad	رد

194. Polizei. Recht. Teil 2

| Fahndung (f) | jostoju | جستجو |
| suchen (vt) | jostoju kardan | جستجو کردن |

Verdacht (m)	šok	شک
verdächtig (Adj)	maškuk	مشکوک
anhalten (Polizei)	motevaghef kardan	متوقف کردن
verhaften (vt)	dastgir kardan	دستگیر کردن
Fall (m), Klage (f)	parvande	پرونده
Untersuchung (f)	tahqiq	تحقیق
Detektiv (m)	kārāgāh	کارآگاه
Ermittlungsrichter (m)	bāzpors	بازپرس
Version (f)	farziye	فرضیه
Motiv (n)	angize	انگیزه
Verhör (n)	bāzporsi	بازپرسی
verhören (vt)	bāzporsi kardan	بازپرسی کردن
vernehmen (vt)	estentāq kardan	استنطاق کردن
Kontrolle (Personen-)	taftiš	تفتیش
Razzia (f)	mohāsere	محاصره
Durchsuchung (f)	taftiš	تفتیش
Verfolgung (f)	taʿqib	تعقیب
nachjagen (vi)	taʿqib kardan	تعقیب کردن
verfolgen (vt)	donbāl kardan	دنبال کردن
Verhaftung (f)	bāzdāšt	بازداشت
verhaften (vt)	bāzdāšt kardan	بازداشت کردن
fangen (vt)	dastgir kardan	دستگیر کردن
Festnahme (f)	dastgiri	دستگیری
Dokument (n)	sanad	سند
Beweis (m)	esbāt	اثبات
beweisen (vt)	esbāt kardan	اثبات کردن
Fußspur (f)	rad-e pā	رد پا
Fingerabdrücke (pl)	asar-e angošt	اثر انگشت
Beweisstück (n)	šavāhed	شواهد
Alibi (n)	ozr-e qeybat	عذر غیبت
unschuldig	bi gonāh	بی گناه
Ungerechtigkeit (f)	bi edālati	بی عدالتی
ungerecht	qeyr-e ādelāne	غیر عادلانه
Kriminal-	jenāyi	جنایی
beschlagnahmen (vt)	mosādere kardan	مصادره کردن
Droge (f)	mavādd-e moxadder	مواد مخدر
Waffe (f)	selāh	سلاح
entwaffnen (vt)	xalʿ-e selāh kardan	خلع سلاح کردن
befehlen (vt)	farmān dādan	فرمان دادن
verschwinden (vi)	nāpadid šodan	ناپدید شدن
Gesetz (n)	qānun	قانون
gesetzlich	qānuni	قانونی
ungesetzlich	qeyr-e qānuni	غیر قانونی
Verantwortlichkeit (f)	masʿuliyat	مسئولیت
verantwortlich	masʿul	مسئول

NATUR

Die Erde. Teil 1

195. Weltall

Kosmos (m)	fazā	فضا
kosmisch, Raum-	fazāyi	فضایی
Weltraum (m)	fazā-ye keyhān	فضای کیهان
All (n)	jahān	جهان
Universum (n)	giti	گیتی
Galaxie (f)	kahkešān	کهکشان
Stern (m)	setāre	ستاره
Gestirn (n)	surat-e falaki	صورت فلکی
Planet (m)	sayyāre	سیاره
Satellit (m)	māhvāre	ماهواره
Meteorit (m)	sang-e āsmāni	سنگ آسمانی
Komet (m)	setāre-ye donbāle dār	ستارۀ دنباله دار
Asteroid (m)	šahāb	شهاب
Umlaufbahn (f)	madār	مدار
sich drehen	gardidan	گردیدن
Atmosphäre (f)	jav	جو
Sonne (f)	āftāb	آفتاب
Sonnensystem (n)	manzume-ye šamsi	منظومه شمسی
Sonnenfinsternis (f)	kosuf	کسوف
Erde (f)	zamin	زمین
Mond (m)	māh	ماه
Mars (m)	merrix	مریخ
Venus (f)	zahre	زهره
Jupiter (m)	moštari	مشتری
Saturn (m)	zohal	زحل
Merkur (m)	atārod	عطارد
Uran (m)	orānus	اورانوس
Neptun (m)	nepton	نپتون
Pluto (m)	poloton	پلوتون
Milchstraße (f)	kahkešān rāh-e širi	کهکشان راه شیری
Der Große Bär	dobb-e akbar	دب اکبر
Polarstern (m)	setāre-ye qotbi	ستاره قطبی
Marsbewohner (m)	merrixi	مریخی
Außerirdischer (m)	farā zamini	فرا زمینی

außerirdisches Wesen (n)	mowjud fazāyi	موجود فضایی
fliegende Untertasse (f)	bošqāb-e parande	بشقاب پرنده
Raumschiff (n)	fazā peymā	فضا پیما
Raumstation (f)	istgāh-e fazāyi	ایستگاه فضایی
Raketenstart (m)	rāh andāzi	راه اندازی
Triebwerk (n)	motor	موتور
Düse (f)	nāzel	نازل
Treibstoff (m)	suxt	سوخت
Kabine (f)	kābin	کابین
Antenne (f)	ānten	آنتن
Bullauge (n)	panjere	پنجره
Sonnenbatterie (f)	bātri-ye xoršidi	باطری خورشیدی
Raumanzug (m)	lebās-e fazānavardi	لباس فضانوردی
Schwerelosigkeit (f)	bi vazni	بی وزنی
Sauerstoff (m)	oksižen	اکسیژن
Ankopplung (f)	vasl	وصل
koppeln (vi)	vasl kardan	وصل کردن
Observatorium (n)	rasadxāne	رصدخانه
Teleskop (n)	teleskop	تلسکوپ
beobachten (vt)	mošāhede kardan	مشاهده کردن
erforschen (vt)	kašf kardan	کشف کردن

196. Die Erde

Erde (f)	zamin	زمین
Erdkugel (f)	kare-ye zamin	کرۀ زمین
Planet (m)	sayyāre	سیاره
Atmosphäre (f)	jav	جو
Geographie (f)	joqrāfiyā	جغرافیا
Natur (f)	tabi'at	طبیعت
Globus (m)	kare-ye joqrāfiyāyi	کرۀ جغرافیایی
Landkarte (f)	naqše	نقشه
Atlas (m)	atlas	اطلس
Europa (n)	orupā	اروپا
Asien (n)	āsiyā	آسیا
Afrika (n)	āfriqā	آفریقا
Australien (n)	ostorāliyā	استرالیا
Amerika (n)	emrikā	امریکا
Nordamerika (n)	emrikā-ye šomāli	امریکای شمالی
Südamerika (n)	emrikā-ye jonubi	امریکای جنوبی
Antarktis (f)	qotb-e jonub	قطب جنوب
Arktis (f)	qotb-e šomāl	قطب شمال

197. Himmelsrichtungen

Norden (m)	šomāl	شمال
nach Norden	be šomāl	به شمال
im Norden	dar šomāl	در شمال
nördlich	šomāli	شمالی
Süden (m)	jonub	جنوب
nach Süden	be jonub	به جنوب
im Süden	dar jonub	در جنوب
südlich	jonubi	جنوبی
Westen (m)	qarb	غرب
nach Westen	be qarb	به غرب
im Westen	dar qarb	در غرب
westlich, West-	qarbi	غربی
Osten (m)	šarq	شرق
nach Osten	be šarq	به شرق
im Osten	dar šarq	در شرق
östlich	šarqi	شرقی

198. Meer. Ozean

Meer (n), See (f)	daryā	دریا
Ozean (m)	oqyānus	اقیانوس
Golf (m)	xalij	خلیج
Meerenge (f)	tange	تنگه
Festland (n)	zamin	زمین
Kontinent (m)	qāre	قاره
Insel (f)	jazire	جزیره
Halbinsel (f)	šeb-e jazire	شبه جزیره
Archipel (m)	majma'-ol-jazāyer	مجمع‌الجزایر
Bucht (f)	xalij-e kučak	خلیج کوچک
Hafen (m)	langargāh	لنگرگاه
Lagune (f)	mordāb	مرداب
Kap (n)	damāqe	دماغه
Atoll (n)	jazire-ye marjāni	جزیره مرجانی
Riff (n)	tappe-ye daryāyi	تپه دریایی
Koralle (f)	marjān	مرجان
Korallenriff (n)	tappe-ye marjāni	تپه مرجانی
tief (Adj)	amiq	عمیق
Tiefe (f)	omq	عمق
Abgrund (m)	partgāh	پرتگاه
Graben (m)	derāz godāl	درازگودال
Strom (m)	jaryān	جریان
umspülen (vt)	ehāte kardan	احاطه کردن

| Ufer (n) | sāhel | ساحل |
| Küste (f) | sāhel | ساحل |

Flut (f)	mod	مد
Ebbe (f)	jazr	جزر
Sandbank (f)	sāhel-e šeni	ساحل شنی
Boden (m)	qa'r	قعر

Welle (f)	mowj	موج
Wellenkamm (m)	nok	نوک
Schaum (m)	kaf	کف

Sturm (m)	tufān-e daryāyi	طوفان دریایی
Orkan (m)	tufān	طوفان
Tsunami (m)	sonāmi	سونامی
Windstille (f)	sokun-e daryā	سکون دریا
ruhig	ārām	آرام

| Pol (m) | qotb | قطب |
| Polar- | qotbi | قطبی |

Breite (f)	arz-e joqrāfiyāyi	عرض جغرافیایی
Länge (f)	tul-e joqrāfiyāyi	طول جغرافیایی
Breitenkreis (m)	movāzi	موازی
Äquator (m)	xatt-e ostavā	خط استوا

Himmel (m)	āsemān	آسمان
Horizont (m)	ofoq	افق
Luft (f)	havā	هوا

Leuchtturm (m)	fānus-e daryāyi	فانوس دریایی
tauchen (vi)	širje raftan	شیرجه رفتن
versinken (vi)	qarq šodan	غرق شدن
Schätze (pl)	ganj	گنج

199. Namen der Meere und Ozeane

Atlantischer Ozean (m)	oqyānus-e atlas	اقیانوس اطلس
Indischer Ozean (m)	oqyānus-e hend	اقیانوس هند
Pazifischer Ozean (m)	oqyānus-e ārām	اقیانوس آرام
Arktischer Ozean (m)	oqyānus-e monjamed-e šomāli	اقیانوس منجمد شمالی

Schwarzes Meer (n)	daryā-ye siyāh	دریای سیاه
Rotes Meer (n)	daryā-ye sorx	دریای سرخ
Gelbes Meer (n)	daryā-ye zard	دریای زرد
Weißes Meer (n)	daryā-ye sefid	دریای سفید

Kaspisches Meer (n)	daryā-ye xazar	دریای خزر
Totes Meer (n)	daryā-ye morde	دریای مرده
Mittelmeer (n)	daryā-ye meditarāne	دریای مدیترانه

| Ägäisches Meer (n) | daryā-ye eže | دریای اژه |
| Adriatisches Meer (n) | daryā-ye ādriyātik | دریای آدریاتیک |

Arabisches Meer (n)	daryā-ye arab	دریای عرب
Japanisches Meer (n)	daryā-ye žāpon	دریای ژاپن
Beringmeer (n)	daryā-ye brinq	دریای برینگ
Südchinesisches Meer (n)	daryā-ye čin-e jonubi	دریای چین جنوبی
Korallenmeer (n)	daryā-ye marjān	دریای مرجان
Tasmansee (f)	daryā-ye tās-emān	دریای تاسمان
Karibisches Meer (n)	daryā-ye kārāib	دریای کارائیب
Barentssee (f)	daryā-ye barntz	دریای بارنتز
Karasee (f)	daryā-ye kārā	دریای کارا
Nordsee (f)	daryā-ye šomāl	دریای شمال
Ostsee (f)	daryā-ye bāltik	دریای بالتیک
Nordmeer (n)	daryā-ye norvež	دریای نروژ

200. Berge

Berg (m)	kuh	کوه
Gebirgskette (f)	rešte-ye kuh	رشته کوه
Bergrücken (m)	selsele-ye jebāl	سلسله جبال
Gipfel (m)	qolle	قله
Spitze (f)	qolle	قله
Bergfuß (m)	dāmane-ye kuh	دامنۀ کوه
Abhang (m)	šib	شیب
Vulkan (m)	ātaš-fešān	آتشفشان
tätiger Vulkan (m)	ātaš-fešān-e faʿāl	آتش فشان فعال
schlafender Vulkan (m)	ātaš-fešān-e xāmuš	آتش فشان خاموش
Ausbruch (m)	favarān	فوران
Krater (m)	dahāne-ye ātašfešān	دهانۀ آتش فشان
Magma (n)	māgmā	ماگما
Lava (f)	godāze	گدازه
glühend heiß (-e Lava)	godāxte	گداخته
Cañon (m)	tange	تنگه
Schlucht (f)	darre-ye tang	دره تنگ
Spalte (f)	tange	تنگه
Abgrund (m) (steiler ~)	partgāh	پرتگاه
Gebirgspass (m)	gozargāh	گذرگاه
Plateau (n)	falāt	فلات
Fels (m)	saxre	صخره
Hügel (m)	tappe	تپه
Gletscher (m)	yaxčāl	یخچال
Wasserfall (m)	ābšār	آبشار
Geiser (m)	češme-ye āb-e garm	چشمۀ آب گرم
See (m)	daryāče	دریاچه
Ebene (f)	jolge	جلگه
Landschaft (f)	manzare	منظره

Echo (n)	en'ekās-e sowt	انعكاس صوت
Bergsteiger (m)	kuhnavard	كوهنورد
Kletterer (m)	saxre-ye navard	صخره نورد
bezwingen (vt)	fath kardan	فتح كردن
Aufstieg (m)	so'ud	صعود

201. Namen der Berge

Alpen (pl)	ālp	آلپ
Montblanc (m)	moan belān	مون بلان
Pyrenäen (pl)	pirene	پيرنه
Karpaten (pl)	kuhhā-ye kārpāt	كوههاى كارپات
Uralgebirge (n)	kuhe-i orāl	كوههاى اورال
Kaukasus (m)	qafqāz	قفقاز
Elbrus (m)	alborz	البرز
Altai (m)	āltāy	آلتاى
Tian Shan (m)	tiyān šān	تيان شان
Pamir (m)	pāmir	پامير
Himalaja (m)	himāliyā-vo	هيماليا
Everest (m)	everest	اورست
Anden (pl)	ānd	آند
Kilimandscharo (m)	kelimānjāro	كليمانجارو

202. Flüsse

Fluss (m)	rudxāne	رودخانه
Quelle (f)	češme	چشمه
Flussbett (n)	bastar	بستر
Stromgebiet (n)	howze	حوضه
einmünden in …	rixtan	ريختن
Nebenfluss (m)	enše'āb	انشعاب
Ufer (n)	sāhel	ساحل
Strom (m)	jaryān	جريان
stromabwärts	be samt-e pāin-e rudxāne	به سمت پائين رودخانه
stromaufwärts	be samt-e bālā-ye rudxāne	به سمت بالاى رودخانه
Überschwemmung (f)	seyl	سيل
Hochwasser (n)	toqyān	طغيان
aus den Ufern treten	toqyān kardan	طغيان كردن
überfluten (vt)	toqyān kardan	طغيان كردن
Sandbank (f)	tangāb	تنگاب
Stromschnelle (f)	tondāb	تندآب
Damm (m)	sad	سد
Kanal (m)	kānāl	كانال
Stausee (m)	maxzan-e āb	مخزن آب

Schleuse (f)	ābgir	آبگیر
Gewässer (n)	maxzan-e āb	مخزن آب
Sumpf (m), Moor (n)	bātlāq	باتلاق
Marsch (f)	lajan zār	لجن زار
Strudel (m)	gerdāb	گرداب
Bach (m)	ravad	رود
Trink- (z.B. Trinkwasser)	āšāmidani	آشامیدنی
Süß- (Wasser)	širin	شیرین
Eis (n)	yax	یخ
zufrieren (vi)	yax bastan	یخ بستن

203. Namen der Flüsse

Seine (f)	sen	سن
Loire (f)	lavār	لوآر
Themse (f)	timz	تیمز
Rhein (m)	rāyn	راین
Donau (f)	dānub	دانوب
Wolga (f)	volgā	ولگا
Don (m)	don	دن
Lena (f)	lenā	لنا
Gelber Fluss (m)	rud-e zard	رود زرد
Jangtse (m)	yāng tese	یانگ تسه
Mekong (m)	mekung	مکونگ
Ganges (m)	gong	گنگ
Nil (m)	neyl	نیل
Kongo (m)	kongo	کنگو
Okavango (m)	okavango	اوکاوانگو
Sambesi (m)	zāmbezi	زامبزی
Limpopo (m)	rud-e limpupu	رود لیمپوپو
Mississippi (m)	mi si si pi	می سی سی پی

204. Wald

Wald (m)	jangal	جنگل
Wald-	jangali	جنگلی
Dickicht (n)	jangal-e anbuh	جنگل انبوه
Gehölz (n)	biše	بیشه
Lichtung (f)	marqzār	مرغزار
Dickicht (n)	biše-hā	بیشه ها
Gebüsch (n)	bute zār	بوته زار
Fußweg (m)	kure-ye rāh	کوره راه
Erosionsrinne (f)	darre	دره

Baum (m)	deraxt	درخت
Blatt (n)	barg	برگ
Laub (n)	šāx-o barg	شاخ و برگ

Laubfall (m)	barg rizi	برگ ریزی
fallen (Blätter)	rixtan	ریختن
Wipfel (m)	nok	نوک

Zweig (m)	šāxe	شاخه
Ast (m)	šāxe	شاخه
Knospe (f)	šokufe	شکوفه
Nadel (f)	suzan	سوزن
Zapfen (m)	maxrut-e kāj	مخروط کاج

Höhlung (f)	surāx	سوراخ
Nest (n)	lāne	لانه
Höhle (f)	lāne	لانه

Stamm (m)	tane	تنه
Wurzel (f)	riše	ریشه
Rinde (f)	pust	پوست
Moos (n)	xaze	خزه

entwurzeln (vt)	rišekan kardan	ریشه کن کردن
fällen (vt)	boridan	بریدن
abholzen (vt)	boridan	بریدن
Baumstumpf (m)	kande-ye deraxt	کنده درخت

Lagerfeuer (n)	ātaš	آتش
Waldbrand (m)	ātaš suzi	آتش سوزی
löschen (vt)	xāmuš kardan	خاموش کردن

Förster (m)	jangal bān	جنگل بان
Schutz (m)	mohāfezat	محافظت
beschützen (vt)	mohāfezat kardan	محافظت کردن
Wilddieb (m)	šekārči-ye qeyr-e qānuni	شکارچی غیر قانونی
Falle (f)	tale	تله

| sammeln, pflücken (vt) | čidan | چیدن |
| sich verirren | gom šodan | گم شدن |

205. natürliche Lebensgrundlagen

Naturressourcen (pl)	manābe-'e tabii	منابع طبیعی
Bodenschätze (pl)	mavādd-e ma'dani	مواد معدنی
Vorkommen (n)	tah nešast	ته نشست
Feld (Ölfeld usw.)	meydān	میدان

gewinnen (vt)	estexrāj kardan	استخراج کردن
Gewinnung (f)	estexrāj	استخراج
Erz (n)	sang-e ma'dani	سنگ معدنی
Bergwerk (n)	ma'dan	معدن
Schacht (m)	ma'dan	معدن
Bergarbeiter (m)	ma'danči	معدنچی

| Erdgas (n) | gāz | گاز |
| Gasleitung (f) | lule-ye gāz | لولهٔ گاز |

Erdöl (n)	naft	نفت
Erdölleitung (f)	lule-ye naft	لولهٔ نفت
Ölquelle (f)	čāh-e naft	چاه نفت
Bohrturm (m)	dakal-e haffāri	دکل حفاری
Tanker (m)	tānker	تانکر

Sand (m)	šen	شن
Kalkstein (m)	sang-e āhak	سنگ آهک
Kies (m)	sangrize	سنگریزه
Torf (m)	turb	تورب
Ton (m)	xāk-e ros	خاک رس
Kohle (f)	zoqāl sang	زغال سنگ

Eisen (n)	āhan	آهن
Gold (n)	talā	طلا
Silber (n)	noqre	نقره
Nickel (n)	nikel	نیکل
Kupfer (n)	mes	مس

Zink (n)	ruy	روی
Mangan (n)	mangenez	منگنز
Quecksilber (n)	jive	جیوه
Blei (n)	sorb	سرب

Mineral (n)	mādde-ye ma'dani	مادهٔ معدنی
Kristall (m)	bolur	بلور
Marmor (m)	marmar	مرمر
Uran (n)	orāniyom	اورانیوم

Die Erde. Teil 2

206. Wetter

Wetter (n)	havā	هوا
Wetterbericht (m)	piš bini havā	پیش بینی هوا
Temperatur (f)	damā	دما
Thermometer (n)	damāsanj	دماسنج
Barometer (n)	havāsanj	هواسنج
feucht	martub	مرطوب
Feuchtigkeit (f)	rotubat	رطوبت
Hitze (f)	garmā	گرما
glutheiß	dāq	داغ
ist heiß	havā xeyli garm ast	هوا خیلی گرم است
ist warm	havā garm ast	هوا گرم است
warm (Adj)	garm	گرم
ist kalt	sard ast	سرد است
kalt (Adj)	sard	سرد
Sonne (f)	āftāb	آفتاب
scheinen (vi)	tābidan	تابیدن
sonnig (Adj)	āftābi	آفتابی
aufgehen (vi)	tolu' kardan	طلوع کردن
untergehen (vi)	qorob kardan	غروب کردن
Wolke (f)	abr	ابر
bewölkt, wolkig	abri	ابری
Regenwolke (f)	abr-e bārānzā	ابر باران زا
trüb (-er Tag)	tire	تیره
Regen (m)	bārān	باران
Es regnet	bārān mibārad	باران می بارد
regnerisch (-er Tag)	bārāni	بارانی
nieseln (vi)	nam-nam bāridan	نم نم باریدن
strömender Regen (m)	bārān šodid	باران شدید
Regenschauer (m)	ragbār	رگبار
stark (-er Regen)	šadid	شدید
Pfütze (f)	čāle	چاله
nass werden (vi)	xis šodan	خیس شدن
Nebel (m)	meh	مه
neblig (-er Tag)	meh ālud	مه آلود
Schnee (m)	barf	برف
Es schneit	barf mibārad	برف می بارد

207. Unwetter Naturkatastrophen

Gewitter (n)	tufān	طوفان
Blitz (m)	barq	برق
blitzen (vi)	barq zadan	برق زدن
Donner (m)	ra'd	رعد
donnern (vi)	qorridan	غریدن
Es donnert	ra'd mizanad	رعد می زند
Hagel (m)	tagarg	تگرگ
Es hagelt	tagarg mibārad	تگرگ می بارد
überfluten (vt)	toqyān kardan	طغیان کردن
Überschwemmung (f)	seyl	سیل
Erdbeben (n)	zamin-larze	زمین لرزه
Erschütterung (f)	tekān	تکان
Epizentrum (n)	kānun-e zaminlarze	کانون زمین لرزه
Ausbruch (m)	favarān	فوران
Lava (f)	godāze	گدازه
Wirbelsturm (m), Tornado (m)	gerdbād	گردباد
Taifun (m)	tufān	طوفان
Orkan (m)	tufān	طوفان
Sturm (m)	tufān	طوفان
Tsunami (m)	sonāmi	سونامی
Zyklon (m)	gerdbād	گردباد
Unwetter (n)	havā-ye bad	هوای بد
Brand (m)	ātaš suzi	آتش سوزی
Katastrophe (f)	balā-ye tabi'i	بلای طبیعی
Meteorit (m)	sang-e āsmāni	سنگ آسمانی
Lawine (f)	bahman	بهمن
Schneelawine (f)	bahman	بهمن
Schneegestöber (n)	kulāk	کولاک
Schneesturm (m)	barf-o burān	برف و بوران

208. Geräusche. Klänge

Stille (f)	sokut	سکوت
Laut (m)	sedā	صدا
Lärm (m)	sar-o sedā	سر و صدا
lärmen (vi)	sar-o sedā kardan	سر و صدا کردن
lärmend (Adj)	por sar-o sedā	پر سر و صدا
laut (in lautemTon)	boland	بلند
laut (eine laute Stimme)	boland	بلند
ständig (Adj)	dāemi	دائمی
Schrei (m)	faryād	فریاد

schreien (vi)	faryād zadan	فریاد زدن
Flüstern (n)	najvā	نجوا
flüstern (vt)	najvā kardan	نجوا کردن
Gebell (n)	vāq vāq	واق واق
bellen (vi)	vāq-vāq kardan	واق واق کردن
Stöhnen (n)	nāle	ناله
stöhnen (vi)	nāle kardan	ناله کردن
Husten (m)	sorfe	سرفه
husten (vi)	sorfe kardan	سرفه کردن
Pfiff (m)	sut	سوت
pfeifen (vi)	sut zadan	سوت زدن
Klopfen (n)	dar zadan	درزدن
klopfen (vi)	dar zadan	درزدن
krachen (Laut)	šekastan	شکستن
Krachen (n)	tarak	ترک
Sirene (f)	āžir-e xatar	آژیر خطر
Pfeife (Zug usw.)	buq	بوق
pfeifen (vi)	buq zadan	بوق زدن
Hupe (f)	buq	بوق
hupen (vi)	buq zadan	بوق زدن

209. Winter

Winter (m)	zemestān	زمستان
Winter-	zemestāni	زمستانی
im Winter	dar zemestān	در زمستان
Schnee (m)	barf	برف
Es schneit	barf mibārad	برف می بارد
Schneefall (m)	bāreš-e barf	بارش برف
Schneewehe (f)	tappe-ye barf	تپۀ برف
Schneeflocke (f)	barf-e rize	برف ریزه
Schneeball (m)	golule-ye barf	گلولۀ برف
Schneemann (m)	ādam-e barfi	آدم برفی
Eiszapfen (m)	qandil	قندیل
Dezember (m)	desāmr	دسامبر
Januar (m)	žānvie	ژانویه
Februar (m)	fevriye	فوریه
Frost (m)	yaxbandān	یخبندان
frostig, Frost-	sard	سرد
unter Null	zir-e sefr	زیر صفر
leichter Frost (m)	avalin moje sarmā	اولین موج سرما
Reif (m)	barf-e rize	برف ریزه
Kälte (f)	sarmā	سرما
Es ist kalt	sard ast	سرد است

Pelzmantel (m)	pālto-ye pustin	پالتوی پوستین
Fausthandschuhe (pl)	dastkeš-e yek angošti	دستکش یک انگشتی
erkranken (vi)	bimār šodan	بیمار شدن
Erkältung (f)	sarmā xordegi	سرما خوردگی
sich erkälten	sarmā xordan	سرما خوردن
Eis (n)	yax	یخ
Glatteis (n)	lāye-ye yax	لایه یخ
zufrieren (vi)	yax bastan	یخ بستن
Eisscholle (f)	tekke-ye yax-e šenāvar	تکه یخ شناور
Ski (pl)	eski	اسکی
Skiläufer (m)	eski bāz	اسکی باز
Ski laufen	eski kardan	اسکی کردن
Schlittschuh laufen	eskeyt bāzi kardan	اسکیت بازی کردن

Fauna

210. Säugetiere. Raubtiere

Raubtier (n)	heyvān-e darande	حیوان درنده
Tiger (m)	bebar	ببر
Löwe (m)	šir	شیر
Wolf (m)	gorg	گرگ
Fuchs (m)	rubāh	روباه
Jaguar (m)	jagvār	جگوار
Leopard (m)	palang	پلنگ
Gepard (m)	yuzpalang	یوزپلنگ
Panther (m)	palang-e siyāh	پلنگ سیاه
Puma (m)	yuzpalang	یوزپلنگ
Schneeleopard (m)	palang-e barfi	پلنگ برفی
Luchs (m)	siyāh guš	سیاه گوش
Kojote (m)	gorg-e sahrāyi	گرگ صحرایی
Schakal (m)	šoqāl	شغال
Hyäne (f)	kaftār	کفتار

211. Tiere in freier Wildbahn

Tier (n)	heyvān	حیوان
Bestie (f)	heyvān	حیوان
Eichhörnchen (n)	sanjāb	سنجاب
Igel (m)	xārpošt	خارپشت
Hase (m)	xarguš	خرگوش
Kaninchen (n)	xarguš	خرگوش
Dachs (m)	gurkan	گورکن
Waschbär (m)	rākon	راکون
Hamster (m)	muš-e bozorg	موش بزرگ
Murmeltier (n)	muš-e xormā-ye kuhi	موش خرمای کوهی
Maulwurf (m)	muš-e kur	موش کور
Maus (f)	muš	موش
Ratte (f)	muš-e sahrāyi	موش صحرایی
Fledermaus (f)	xoffāš	خفاش
Hermelin (n)	qāqom	قاقم
Zobel (m)	samur	سمور
Marder (m)	samur	سمور
Wiesel (n)	rāsu	راسو
Nerz (m)	tire-ye rāsu	تیره راسو

| Biber (m) | sag-e ābi | سگ آبی |
| Fischotter (m) | samur ābi | سمور آبی |

Pferd (n)	asb	اسب
Elch (m)	gavazn	گوزن
Hirsch (m)	āhu	آهو
Kamel (n)	šotor	شتر

Bison (m)	gāvmiš	گاومیش
Wisent (m)	gāv miš	گاو میش
Büffel (m)	bufālo	بوفالو

Zebra (n)	gurexar	گورخر
Antilope (f)	boz-e kuhi	بز کوهی
Reh (n)	šukā	شوکا
Damhirsch (m)	qazāl	غزال
Gämse (f)	boz-e kuhi	بز کوهی
Wildschwein (n)	gorāz	گراز

Wal (m)	nahang	نهنگ
Seehund (m)	fak	فک
Walroß (n)	širmāhi	شیرماهی
Seebär (m)	gorbe-ye ābi	گربهٔ آبی
Delfin (m)	delfin	دلفین

Bär (m)	xers	خرس
Eisbär (m)	xers-e sefid	خرس سفید
Panda (m)	pāndā	پاندا

Affe (m)	meymun	میمون
Schimpanse (m)	šampānze	شمپانزه
Orang-Utan (m)	orāngutān	اورانگوتان
Gorilla (m)	guril	گوریل
Makak (m)	mākāk	ماکاک
Gibbon (m)	gibon	گیبون

Elefant (m)	fil	فیل
Nashorn (n)	kargadan	کرگدن
Giraffe (f)	zarrāfe	زرافه
Flusspferd (n)	asb-e ābi	اسب آبی

| Känguru (n) | kāngoro | کانگورو |
| Koala (m) | kovālā | کوالا |

Manguste (f)	xadang	خدنگ
Chinchilla (n)	čin čila	چین چیلا
Stinktier (n)	rāsu-ye badbu	راسوی بدبو
Stachelschwein (n)	taši	تشی

212. Haustiere

Katze (f)	gorbe	گربه
Kater (m)	gorbe-ye nar	گربهٔ نر
Hund (m)	sag	سگ

Pferd (n)	asb	اسب
Hengst (m)	asb-e nar	اسب نر
Stute (f)	mādiyān	مادیان

Kuh (f)	gāv	گاو
Stier (m)	gāv-e nar	گاو نر
Ochse (m)	gāv-e axte	گاو اخته

Schaf (n)	gusfand	گوسفند
Widder (m)	gusfand-e nar	گوسفند نر
Ziege (f)	boz-e mādde	بز ماده
Ziegenbock (m)	boz-e nar	بز نر

| Esel (m) | xar | خر |
| Maultier (n) | qāter | قاطر |

Schwein (n)	xuk	خوک
Ferkel (n)	bače-ye xuk	بچهٔ خوک
Kaninchen (n)	xarguš	خرگوش

| Huhn (n) | morq | مرغ |
| Hahn (m) | xorus | خروس |

Ente (f)	ordak	اردک
Enterich (m)	ordak-e nar	اردک نر
Gans (f)	qāz	غاز

| Puter (m) | buqalamun-e nar | بوقلمون نر |
| Pute (f) | buqalamun-e māde | بوقلمون ماده |

Haustiere (pl)	heyvānāt-e ahli	حیوانات اهلی
zahm	ahli	اهلی
zähmen (vt)	rām kardan	رام کردن
züchten (vt)	parvareš dādan	پرورش دادن

Farm (f)	mazrae	مزرعه
Geflügel (n)	morq-e xānegi	مرغ خانگی
Vieh (n)	dām	دام
Herde (f)	galle	گله

Pferdestall (m)	establ	اصطبل
Schweinestall (m)	āqol xuk	آغل خوک
Kuhstall (m)	āqol gāv	آغل گاو
Kaninchenstall (m)	lanye xarguš	لانه خرگوش
Hühnerstall (m)	morq dāni	مرغ دانی

213. Hunde. Hunderassen

Hund (m)	sag	سگ
Schäferhund (m)	sag-e gele	سگ گله
Deutsche Schäferhund (m)	sag-e ĵerman šeperd	سگ ژرمن شپرد
Pudel (m)	pudel	پودل
Dachshund (m)	sag-e pākutāh	سگ پاکوتاه
Bulldogge (f)	buldāg	بولداگ

Boxer (m)	boksor	بوكسور
Mastiff (m)	māstif	ماستيف
Rottweiler (m)	rotveylir	روتويلر
Dobermann (m)	dobermen	دوبرمن

Basset (m)	ba's-at	باست
Bobtail (m)	dam čatri	دم چتری
Dalmatiner (m)	dālmāsi	دالماسى
Cocker-Spaniel (m)	kākir spāniyel	كاكير سپانييل

| Neufundländer (m) | nyufāundland | نيوفاوندلند |
| Bernhardiner (m) | sant bernārd | سنت برنارد |

Eskimohund (m)	sag-e surtme	سگ سورتمه
Chow-Chow (m)	čāu-čāu	چاو-چاو
Spitz (m)	espitz	اسپيتز
Mops (m)	pāg	پاگ

214. Tierlaute

Gebell (n)	vāq vāq	واق واق
bellen (vi)	vāq-vāq kardan	واق واق كردن
miauen (vi)	miyu-miyu kardan	ميو ميو كردن
schnurren (Katze)	xor-xor kardan	خرخر كردن

muhen (vi)	mu-mu kardan	مو مو كردن
brüllen (Stier)	na're kešidan	نعره كشيدن
knurren (Hund usw.)	qorqor kardan	غرغر كردن

Heulen (n)	zuze	زوزه
heulen (vi)	zuze kešidan	زوزه كشيدن
winseln (vi)	zuze kešidan	زوزه كشيدن

meckern (Ziege)	ba'ba' kardan	بع بع كردن
grunzen (vi)	xor-xor kardan	خرخر كردن
kreischen (vi)	jiq zadan	جيغ زدن

quaken (vi)	qur-qur kardan	قورقور كردن
summen (Insekt)	vez-vez kardan	وزوز كردن
zirpen (vi)	jir-jir kardan	جير جير كردن

215. Jungtiere

Tierkind (n)	tule	توله
Kätzchen (n)	bačče gorbe	بچه گربه
Mausjunge (n)	bače-ye muš	بچۀ موش
Hündchen (n), Welpe (m)	tule-ye sag	تولۀ سگ

Häschen (n)	bače-ye xarguš	بچۀ خرگوش
Kaninchenjunge (n)	bače-ye xarguš	بچۀ خرگوش
Wolfsjunge (n)	bače-ye gorg	بچۀ گرگ
Fuchsjunge (n)	bače-ye rubāh	بچۀ روباه

Bärenjunge (n)	bače-ye xers	بچهٔ خرس
Löwenjunge (n)	bače-ye šir	بچهٔ شیر
junger Tiger (m)	bače-ye bebar	بچهٔ ببر
Elefantenjunge (n)	bače-ye fil	بچهٔ فیل

Ferkel (n)	bače-ye xuk	بچهٔ خوک
Kalb (junge Kuh)	gusāle	گوساله
Ziegenkitz (n)	bozqāle	بزغاله
Lamm (n)	barre	بره
Hirschkalb (n)	bače-ye gavazn	بچهٔ گوزن
Kamelfohlen (n)	bače-ye šotor	بچهٔ شتر

| junge Schlange (f) | bače-ye mār | بچهٔ مار |
| Fröschlein (n) | bače-ye qurbāqe | بچهٔ قرباغه |

junger Vogel (m)	juje	جوجه
Küken (n)	juje	جوجه
Entlein (n)	juje-ye ordak	جوجهٔ اردک

216. Vögel

Vogel (m)	parande	پرنده
Taube (f)	kabutar	کبوتر
Spatz (m)	gonješk	گنجشک
Meise (f)	morq-e zanburxār	مرغ زنبورخوار
Elster (f)	zāqi	زاغی

Rabe (m)	kalāq-e siyāh	کلاغ سیاه
Krähe (f)	kalāq	کلاغ
Dohle (f)	zāq	زاغ
Saatkrähe (f)	kalāq-e siyāh	کلاغ سیاه

Ente (f)	ordak	اردک
Gans (f)	qāz	غاز
Fasan (m)	qarqāvol	قرقاول

Adler (m)	oqāb	عقاب
Habicht (m)	qerqi	قرقی
Falke (m)	šāhin	شاهین
Greif (m)	karkas	کرکس
Kondor (m)	karkas-e emrikāyi	کرکس امریکایی

Schwan (m)	qu	قو
Kranich (m)	dornā	درنا
Storch (m)	lak lak	لک لک

Papagei (m)	tuti	طوطی
Kolibri (m)	morq-e magas-e xār	مرغ مگس خوار
Pfau (m)	tāvus	طاووس

Strauß (m)	šotormorq	شترمرغ
Reiher (m)	havāsil	حواصیل
Flamingo (m)	felāmingo	فلامینگو
Pelikan (m)	pelikān	پلیکان

| Nachtigall (f) | bolbol | بلبل |
| Schwalbe (f) | parastu | پرستو |

Drossel (f)	bāstarak	باسترک
Singdrossel (f)	torqe	طرقه
Amsel (f)	tukā-ye siyāh	توکای سیاه

Segler (m)	bādxorak	بادخورک
Lerche (f)	čakāvak	چکاوک
Wachtel (f)	belderčin	بلدرچین

Specht (m)	dārkub	دارکوب
Kuckuck (m)	fāxte	فاخته
Eule (f)	joqd	جغد
Uhu (m)	šāh buf	شاه بوف
Auerhahn (m)	siāh xorus	سیاه خروس
Birkhahn (m)	siāh xorus-e jangali	سیاه خروس جنگلی
Rebhuhn (n)	kabk	کبک

Star (m)	sār	سار
Kanarienvogel (m)	qanāri	قناری
Haselhuhn (n)	siyāh xorus-e fandoqi	سیاه خروس فندقی
Buchfink (m)	sehre-ye jangali	سهره جنگلی
Gimpel (m)	sohre sar-e siyāh	سهره سر سیاه

Möwe (f)	morq-e daryāyi	مرغ دریایی
Albatros (m)	morq-e daryāyi	مرغ دریایی
Pinguin (m)	pangoan	پنگوئن

217. Vögel. Gesang und Laute

singen (vt)	xāndan	خواندن
schreien (vi)	faryād kardan	فریاد کردن
kikeriki schreien	ququli ququ kardan	قوقولی قوقو کردن
kikeriki	ququli ququ	قوقولی قوقو

gackern (vi)	qodqod kardan	قدقد کردن
krächzen (vi)	qār-qār kardan	قارقار کردن
schnattern (Ente)	qāt-qāt kardan	قات قات کردن
piepsen (vi)	jir-jir kardan	جیر جیر کردن
zwitschern (vi)	jik-jik kardan	جیک جیک کردن

218. Fische. Meerestiere

Brachse (f)	māhi-ye sim	ماهی سیم
Karpfen (m)	kapur	کپور
Barsch (m)	māhi-e luti	ماهی لوتی
Wels (m)	gorbe-ye māhi	گربه ماهی
Hecht (m)	ordak māhi	اردک ماهی

| Lachs (m) | māhi-ye salemon | ماهی سالمون |
| Stör (m) | māhi-ye xāviār | ماهی خاویار |

Hering (m)	māhi-ye šur	ماهى شور
atlantische Lachs (m)	sālmon-e atlāntik	سالمون اتلانتیک
Makrele (f)	māhi-ye esqumeri	ماهى اسقومرى
Scholle (f)	sofre māhi	سفره ماهى
Zander (m)	suf	سوف
Dorsch (m)	māhi-ye rowqan	ماهى روغن
Tunfisch (m)	tan māhi	تن ماهى
Forelle (f)	māhi-ye qezelālā	ماهى قزل آلا
Aal (m)	mārmāhi	مارماهى
Zitterrochen (m)	partomahiye barqi	پرتوماهى برقى
Muräne (f)	mārmāhi	مارماهى
Piranha (m)	pirānā	پیرانا
Hai (m)	kuse-ye māhi	کوسه ماهى
Delfin (m)	delfin	دلفین
Wal (m)	nahang	نهنگ
Krabbe (f)	xarčang	خرچنگ
Meduse (f)	arus-e daryāyi	عروس دریایى
Krake (m)	hašt pā	هشت پا
Seestern (m)	setāre-ye daryāyi	ستاره دریایى
Seeigel (m)	xārpošt-e daryāyi	خارپشت دریایى
Seepferdchen (n)	asb-e daryāyi	اسب دریایى
Auster (f)	sadaf-e xorāki	صدف خوراکى
Garnele (f)	meygu	میگو
Hummer (m)	xarčang-e daryāyi	خرچنگ دریایى
Languste (f)	xarčang-e xārdār	خرچنگ خاردار

219. Amphibien Reptilien

Schlange (f)	mār	مار
Gift-, giftig	sammi	سمى
Viper (f)	af'i	افعى
Kobra (f)	kobrā	کبرا
Python (m)	mār-e pinton	مار پیتون
Boa (f)	mār-e bwa	مار بوا
Ringelnatter (f)	mār-e čaman	مار چمن
Klapperschlange (f)	mār-e zangi	مار زنگى
Anakonda (f)	mār-e ānākondā	مار آناکوندا
Eidechse (f)	susmār	سوسمار
Leguan (m)	susmār-e deraxti	سوسمار درختى
Waran (m)	bozmajje	بزمجه
Salamander (m)	samandar	سمندر
Chamäleon (n)	āftāb-parast	آفتاب پرست
Skorpion (m)	aqrab	عقرب
Schildkröte (f)	lāk pošt	لاک پشت
Frosch (m)	qurbāqe	قورباغه

195

| Kröte (f) | vazaq | وزغ |
| Krokodil (n) | temsāh | تمساح |

220. Insekten

Insekt (n)	hašare	حشره
Schmetterling (m)	parvāne	پروانه
Ameise (f)	murče	مورچه
Fliege (f)	magas	مگس
Mücke (f)	paše	پشه
Käfer (m)	susk	سوسک

Wespe (f)	zanbur	زنبور
Biene (f)	zanbur-e asal	زنبور عسل
Hummel (f)	xar zanbur	خرزنبور
Bremse (f)	xarmagas	خرمگس

| Spinne (f) | ankabut | عنکبوت |
| Spinnennetz (n) | tār-e ankabut | تارعنکبوت |

Libelle (f)	sanjāqak	سنجاقک
Grashüpfer (m)	malax	ملخ
Schmetterling (m)	bid	بید

Schabe (f)	susk	سوسک
Zecke (f)	kane	کنه
Floh (m)	kak	کک
Kriebelmücke (f)	paše-ye rize	پشه ریزه

Heuschrecke (f)	malax	ملخ
Schnecke (f)	halazun	حلزون
Heimchen (n)	jirjirak	جیرجیرک
Leuchtkäfer (m)	kerm-e šab-tāb	کرم شب تاب
Marienkäfer (m)	kafšduzak	کفشدوزک
Maikäfer (m)	susk bāldār	سوسک بالدار

Blutegel (m)	zālu	زالو
Raupe (f)	kerm-e abrišam	کرم ابریشم
Wurm (m)	kerm	کرم
Larve (f)	lārv	لارو

221. Tiere. Körperteile

Schnabel (m)	nok	نوک
Flügel (pl)	bāl-hā	بال ها
Fuß (m)	panje	پنجه
Gefieder (n)	por-o bāl	پر و بال
Feder (f)	por	پر
Haube (f)	kākol	کاکل

| Kiemen (pl) | ābšoš | آبشش |
| Laich (m) | toxme mahi | تخم ماهی |

Larve (f)	lārv	لارو
Flosse (f)	bāle-ye māhi	باله ماهی
Schuppe (f)	fals	فلس

Stoßzahn (m)	niš	نیش
Pfote (f)	panje	پنجه
Schnauze (f)	puze	پوزه
Rachen (m)	dahān	دهان
Schwanz (m)	dam	دم
Barthaar (n)	sebil	سبیل

| Huf (m) | sam | سم |
| Horn (n) | šāx | شاخ |

Panzer (m)	lāk	لاک
Muschel (f)	sadaf	صدف
Schale (f)	puste	پوسته

| Fell (n) | pašm | پشم |
| Haut (f) | pust | پوست |

222. Tierverhalten

| fliegen (vi) | parvāz kardan | پرواز کردن |
| herumfliegen (vi) | dowr zadan | دور زدن |

| wegfliegen (vi) | parvāz kardan | پرواز کردن |
| schlagen (mit den Flügeln ~) | bāl zadan | بال زدن |

| picken (vt) | nok zadan | نوک زدن |
| bebrüten (vt) | ru-ye toxm xābidan | روی تخم خوابیدن |

| ausschlüpfen (vi) | az toxm birun āmadan | از تخم بیرون آمدن |
| ein Nest bauen | lāne sāxtan | لانه ساختن |

kriechen (vi)	xazidan	خزیدن
stechen (Insekt)	gozidan	گزیدن
beißen (vt)	gāz gereftan	گاز گرفتن

schnüffeln (vt)	buyidan	بوییدن
bellen (vi)	vāq-vāq kardan	واق واق کردن
zischen (vi)	his kardan	هیس کردن

| erschrecken (vt) | tarsāndan | ترساندن |
| angreifen (vt) | hamle kardan | حمله کردن |

nagen (vi)	javidan	جویدن
kratzen (vt)	čang zadan	چنگ زدن
sich verstecken	penhān šodan	پنهان شدن

spielen (vi)	bāzi kardan	بازی کردن
jagen (vi)	šekār kardan	شکار کردن
Winterschlaf halten	dar xāb-e zemestāni budan	درخواب زمستانی بودن
aussterben (vi)	monqarez šodan	منقرض شدن

223. Tiere. Lebensräume

Deutsch	Transkription	Persisch
Lebensraum (f)	zistgäh	زیستگاه
Wanderung (f)	mohäjerat	مهاجرت
Berg (m)	kuh	کوه
Riff (n)	tappe-ye daryāyi	تپه دریایی
Fels (m)	saxre	صخره
Wald (m)	jangal	جنگل
Dschungel (m, n)	jangal	جنگل
Savanne (f)	sāvānā	ساوانا
Tundra (f)	tondrā	توندرا
Steppe (f)	estep	استپ
Wüste (f)	biyābān	بیابان
Oase (f)	vāhe	واحه
Meer (n), See (f)	daryā	دریا
See (m)	daryāče	دریاچه
Ozean (m)	oqyānus	اقیانوس
Sumpf (m)	bātlāq	باتلاق
Süßwasser-	ab-e širin	آب شیرین
Teich (m)	tālāb	تالاب
Fluss (m)	rudxāne	رودخانه
Höhle (f), Bau (m)	lāne-ye xers	لانه خرس
Nest (n)	lāne	لانه
Höhlung (f)	surāx	سوراخ
Loch (z.B. Wurmloch)	lāne	لانه
Ameisenhaufen (m)	lāne-ye murče	لانه مورچه

224. Tierpflege

Deutsch	Transkription	Persisch
Zoo (m)	bāq-e vahš	باغ وحش
Schutzgebiet (n)	mantaqe hefāzat šode	منطقه حفاظت شده
Zucht (z.B. Hunde~)	zaxire-ye gāh	ذخیره گاه
Freigehege (n)	lāne	لانه
Käfig (m)	qafas	قفس
Hundehütte (f)	lāne-ye sag	لانه سگ
Taubenschlag (m)	lāne-ye kabutar	لانه کبوتر
Aquarium (n)	ākvāriyom	آکواریوم
Delphinarium (n)	delfin xane	دلفین خانه
züchten (vt)	parvareš dādan	پرورش دادن
Wurf (m)	juje, tule	جوجه، توله
zähmen (vt)	rām kardan	رام کردن
dressieren (vt)	tarbiyat kardan	تربیت کردن
Futter (n)	xorāk	خوراک
füttern (vt)	xorāk dādan	خوراک دادن

Zoohandlung (f)	forušgāh-e heyvānāt-e ahli	فروشگاه حیوانات اهلی
Maulkorb (m)	puze band	پوزه بند
Halsband (n)	qallāde	قلاده
Rufname (m)	laqab	لقب
Stammbaum (m)	nežād	نژاد

225. Tiere. Verschiedenes

Rudel (Wölfen)	daste	دسته
Vogelschwarm (m)	daste	دسته
Schwarm (~ Heringe usw.)	daste	دسته
Pferdeherde (f)	galle	گله

| Männchen (n) | nar | نر |
| Weibchen (n) | mādde | ماده |

hungrig	gorosne	گرسنه
wild	vahši	وحشی
gefährlich	xatarnāk	خطرناک

226. Pferde

| Pferd (n) | asb | اسب |
| Rasse (f) | nežād | نژاد |

| Fohlen (n) | korre asb | کره اسب |
| Stute (f) | mādiyān | مادیان |

Mustang (m)	asb-e vahš-i	اسب وحشی
Pony (n)	asbče	اسبچه
schweres Zugpferd (n)	asb-e bārkeš	اسب بارکش

| Mähne (f) | yāl | یال |
| Schwanz (m) | dam | دم |

Huf (m)	sam	سم
Hufeisen (n)	na'l	نعل
beschlagen (vt)	na'l zadan	نعل زدن
Schmied (m)	āhangar	آهنگر

Sattel (m)	zin	زین
Steigbügel (m)	rekāb	رکاب
Zaum (m)	lejām	لجام
Zügel (pl)	afsār	افسار
Peitsche (f)	tāziyāne	تازیانه

Reiter (m)	savārkār	سوارکار
satteln (vt)	zin kardan	زین کردن
besteigen (vt)	ruy-ye zin nešastan	روی زین نشستن

| Galopp (m) | čāhārna'l | چهارنعل |
| galoppieren (vi) | čāhārna'l tāxtan | چهارنعل تاختن |

Trab (m)	yurtme	یورتمه
im Trab	yurtme	یورتمه
traben (vi)	yurtme raftan	یورتمه رفتن
Rennpferd (n)	asb-e mosābeqe	اسب مسابقه
Rennen (n)	asb-e davāni	اسب دوانی
Pferdestall (m)	establ	اصطبل
füttern (vt)	xorāk dādan	خوراک دادن
Heu (n)	alaf-e xošk	علف خشک
tränken (vt)	āb dādan	آب دادن
striegeln (vt)	pāk kardan	پاک کردن
Pferdewagen (m)	gāri	گاری
weiden (vi)	čaridan	چریدن
wiehern (vi)	šeyhe kešidan	شیهه کشیدن
ausschlagen (Pferd)	lagad zadan	لگد زدن

Flora

227. Bäume

Baum (m)	deraxt	درخت
Laub-	barg riz	برگ ریز
Nadel-	maxrutiyān	مخروطیان
immergrün	hamiše sabz	همیشه سبز
Apfelbaum (m)	deraxt-e sib	درخت سیب
Birnbaum (m)	golābi	گلابی
Süßkirschbaum (m)	gilās	گیلاس
Sauerkirschbaum (m)	ālbālu	آلبالو
Pflaumenbaum (m)	ālu	آلو
Birke (f)	tus	توس
Eiche (f)	balut	بلوط
Linde (f)	zirfun	زیرفون
Espe (f)	senowbar-e larzān	صنوبر لرزان
Ahorn (m)	afrā	افرا
Fichte (f)	senowbar	صنوبر
Kiefer (f)	kāj	کاج
Lärche (f)	senowbar-e ārāste	صنوبر آراسته
Tanne (f)	šāh deraxt	شاه درخت
Zeder (f)	sedr	سدر
Pappel (f)	sepidār	سپیدار
Vogelbeerbaum (m)	zabān gonješk-e kuhi	زبان گنجشک کوهی
Weide (f)	bid	بید
Erle (f)	tuskā	توسکا
Buche (f)	rāš	راش
Ulme (f)	nārvan-e qermez	نارون قرمز
Esche (f)	zabān-e gonješk	زبان گنجشک
Kastanie (f)	šāh balut	شاه بلوط
Magnolie (f)	māgnoliyā	ماگنولیا
Palme (f)	naxl	نخل
Zypresse (f)	sarv	سرو
Mangrovenbaum (m)	karnā	کرنا
Baobab (m)	bāobāb	بائوباب
Eukalyptus (m)	okaliptus	اوکالیپتوس
Mammutbaum (m)	sorx-e čub	سرخ چوب

228. Büsche

Strauch (m)	bute	بوته
Gebüsch (n)	bute zār	بوته زار

Weinstock (m)	angur	انگور
Weinberg (m)	tākestān	تاکستان

Himbeerstrauch (m)	tamešk	تمشک
schwarze Johannisbeere (f)	angur-e farangi-ye siyāh	انگور فرنگی سیاه
rote Johannisbeere (f)	angur-e farangi-ye sorx	انگور فرنگی سرخ
Stachelbeerstrauch (m)	angur-e farangi	انگور فرنگی

Akazie (f)	aqāqiyā	اقاقیا
Berberitze (f)	zerešk	زرشک
Jasmin (m)	yāsaman	یاسمن

Wacholder (m)	ardaj	اردج
Rosenstrauch (m)	bute-ye gol-e mohammadi	بوتهٔ گل محمدی
Heckenrose (f)	nastaran	نسترن

229. Pilze

Pilz (m)	qārč	قارچ
essbarer Pilz (m)	qārč-e xorāki	قارچ خوراکی
Giftpilz (m)	qārč-e sammi	قارچ سمی
Hut (m)	kolāhak-e qārč	کلاهک قارچ
Stiel (m)	pāye	پایه

Steinpilz (m)	qārč-e sefid	قارچ سفید
Rotkappe (f)	samāruq	سماروغ
Birkenpilz (m)	qārč-e bulet	قارچ بولت
Pfifferling (m)	qārč-e zard	قارچ زرد
Täubling (m)	qārč-e tiqe-ye tord	قارچ تیغه ترد

Morchel (f)	qārč-e morkelā	قارچ مورکلا
Fliegenpilz (m)	qārč-e magas	قارچ مگس
Grüner Knollenblätterpilz	kolāhak-e marg	کلاهک مرگ

230. Obst. Beeren

Frucht (f)	mive	میوه
Früchte (pl)	mive jāt	میوه جات

Apfel (m)	sib	سیب
Birne (f)	golābi	گلابی
Pflaume (f)	ālu	آلو

Erdbeere (f)	tut-e farangi	توت فرنگی
Sauerkirsche (f)	ālbālu	آلبالو
Süßkirsche (f)	gilās	گیلاس
Weintrauben (pl)	angur	انگور

Himbeere (f)	tamešk	تمشک
schwarze Johannisbeere (f)	angur-e farangi-ye siyāh	انگور فرنگی سیاه
rote Johannisbeere (f)	angur-e farangi-ye sorx	انگور فرنگی سرخ
Stachelbeere (f)	angur-e farangi	انگور فرنگی

Moosbeere (f)	nārdānak-e vahši	ناردانک وحشی
Apfelsine (f)	porteqāl	پرتقال
Mandarine (f)	nārengi	نارنگی
Ananas (f)	ānānās	آناناس
Banane (f)	mowz	موز
Dattel (f)	xormā	خرما

Zitrone (f)	limu	لیمو
Aprikose (f)	zardālu	زردآلو
Pfirsich (m)	holu	هلو
Kiwi (f)	kivi	کیوی
Grapefruit (f)	gerip forut	گریپ فروت

Beere (f)	mive-ye butei	میوهٔ بوته ای
Beeren (pl)	mivehā-ye butei	میوه های بوته ای
Preiselbeere (f)	tut-e farangi-ye jangali	توت فرنگی جنگلی
Walderdbeere (f)	zoqāl axte	زغال اخته
Heidelbeere (f)	zoqāl axte	زغال اخته

231. Blumen. Pflanzen

| Blume (f) | gol | گل |
| Blumenstrauß (m) | daste-ye gol | دسته گل |

Rose (f)	gol-e sorx	گل سرخ
Tulpe (f)	lāle	لاله
Nelke (f)	mixak	میخک
Gladiole (f)	susan-e sefid	سوسن سفید

Kornblume (f)	gol-e gandom	گل گندم
Glockenblume (f)	gol-e estekāni	گل استکانی
Löwenzahn (m)	gol-e qāsedak	گل قاصدک
Kamille (f)	bābune	بابونه

Aloe (f)	oloviye	آلوئه
Kaktus (m)	kāktus	کاکتوس
Gummibaum (m)	fikus	فیکوس

Lilie (f)	susan	سوسن
Geranie (f)	gol-e šam'dāni	گل شمعدانی
Hyazinthe (f)	sonbol	سنبل

Mimose (f)	mimosā	میموسا
Narzisse (f)	narges	نرگس
Kapuzinerkresse (f)	gol-e lādan	گل لادن

Orchidee (f)	orkide	ارکیده
Pfingstrose (f)	gol-e ašrafi	گل اشرفی
Veilchen (n)	banafše	بنفشه

Stiefmütterchen (n)	banafše-ye farangi	بنفشه فرنگی
Vergissmeinnicht (n)	gol-e farāmuš-am makon	گل فراموشم مکن
Gänseblümchen (n)	gol-e morvārid	گل مروارید
Mohn (m)	xašxāš	خشخاش

| Hanf (m) | šāh dāne | شاه دانه |
| Minze (f) | na'nā' | نعناع |

| Maiglöckchen (n) | muge | موگه |
| Schneeglöckchen (n) | gol-e barfi | گل برفی |

Brennnessel (f)	gazane	گزنه
Sauerampfer (m)	toršak	ترشک
Seerose (f)	nilufar-e abi	نیلوفر آبی
Farn (m)	saraxs	سرخس
Flechte (f)	golesang	گلسنگ

Gewächshaus (n)	golxāne	گلخانه
Rasen (m)	čaman	چمن
Blumenbeet (n)	baqče-ye gol	باغچه گل

Pflanze (f)	giyāh	گیاه
Gras (n)	alaf	علف
Grashalm (m)	alaf	علف

Blatt (n)	barg	برگ
Blütenblatt (n)	golbarg	گلبرگ
Stiel (m)	sāqe	ساقه
Knolle (f)	riše	ریشه

| Jungpflanze (f) | javāne | جوانه |
| Dorn (m) | xār | خار |

blühen (vi)	gol kardan	گل کردن
welken (vi)	pažmorde šodan	پژمرده شدن
Geruch (m)	bu	بو
abschneiden (vt)	boridan	بریدن
pflücken (vt)	kandan	کندن

232. Getreide, Körner

Getreide (n)	dāne	دانه
Getreidepflanzen (pl)	qallāt	غلات
Ähre (f)	xuše	خوشه

Weizen (m)	gandom	گندم
Roggen (m)	čāvdār	چاودار
Hafer (m)	jow-e sahrāyi	جو صحرایی
Hirse (f)	arzan	ارزن
Gerste (f)	jow	جو
Mais (m)	zorrat	ذرت
Reis (m)	berenj	برنج
Buchweizen (m)	gandom-e siyāh	گندم سیاه

Erbse (f)	noxod	نخود
weiße Bohne (f)	lubiyā qermez	لوبیا قرمز
Sojabohne (f)	sowyā	سویا
Linse (f)	adas	عدس
Bohnen (pl)	lubiyā	لوبیا

233. Gemüse. Grünzeug

Gemüse (n)	sabzijāt	سبزیجات
grünes Gemüse (pl)	sabzi	سبزی
Tomate (f)	gowje farangi	گوجه فرنگی
Gurke (f)	xiyār	خیار
Karotte (f)	havij	هویج
Kartoffel (f)	sib zamini	سیب زمینی
Zwiebel (f)	piyāz	پیاز
Knoblauch (m)	sir	سیر
Kohl (m)	kalam	کلم
Blumenkohl (m)	gol kalam	گل کلم
Rosenkohl (m)	koll-am boruksel	کلم بروکسل
Brokkoli (m)	kalam borokli	کلم بروکلی
Rote Bete (f)	čoqondar	چغندر
Aubergine (f)	bādenjān	بادنجان
Zucchini (f)	kadu sabz	کدو سبز
Kürbis (m)	kadu tanbal	کدو تنبل
Rübe (f)	šalqam	شلغم
Petersilie (f)	ja'fari	جعفری
Dill (m)	šavid	شوید
Kopf Salat (m)	kāhu	کاهو
Sellerie (m)	karafs	کرفس
Spargel (m)	mārčube	مارچوبه
Spinat (m)	esfenāj	اسفناج
Erbse (f)	noxod	نخود
Bohnen (pl)	lubiyā	لوبیا
Mais (m)	zorrat	ذرت
weiße Bohne (f)	lubiyā qermez	لوبیا قرمز
Pfeffer (m)	felfel	فلفل
Radieschen (n)	torobče	تربچه
Artischocke (f)	kangar farangi	کنگر فرنگی

REGIONALE GEOGRAPHIE

Länder. Nationalitäten

234. Westeuropa

Europa (n)	orupā	اروپا
Europäische Union (f)	ettehādiye-ye orupā	اتحادیه اروپا
Europäer (m)	orupāyi	اروپایی
europäisch	orupāyi	اروپایی
Österreich	otriš	اتریش
Österreicher (m)	mard-e otriši	مرد اتریشی
Österreicherin (f)	zan-e otriši	زن اتریشی
österreichisch	otriši	اتریشی
Großbritannien	beritāniyā-ye kabir	بریتانیای کبیر
England	engelestān	انگلستان
Brite (m)	mard-e engelisi	مرد انگلیسی
Britin (f)	zan-e engelisi	زن انگلیسی
englisch	engelisi	انگلیسی
Belgien	belžik	بلژیک
Belgier (m)	mard-e belžiki	مرد بلژیکی
Belgierin (f)	zan-e belžiki	زن بلژیکی
belgisch	belžiki	بلژیکی
Deutschland	ālmān	آلمان
Deutsche (m)	mard-e ālmāni	مرد آلمانی
Deutsche (f)	zan-e ālmāni	زن آلمانی
deutsch	ālmāni	آلمانی
Niederlande (f)	holand	هلند
Holland (n)	holand	هلند
Holländer (m)	mard-e holandi	مرد هلندی
Holländerin (f)	zan-e holandi	زن هلندی
holländisch	holandi	هلندی
Griechenland	yunān	یونان
Grieche (m)	mard-e yunāni	مرد یونانی
Griechin (f)	zan-e yunāni	زن یونانی
griechisch	yunāni	یونانی
Dänemark	dānmārk	دانمارک
Däne (m)	mard-e dānmārki	مرد دانمارکی
Dänin (f)	zan-e dānmārki	زن دانمارکی
dänisch	dānmārki	دانمارکی
Irland	irland	ایرلند
Ire (m)	mard-e irlandi	مرد ایرلندی

| Irin (f) | zan-e irlandi | زن ایرلندی |
| irisch | irlandi | ایرلندی |

Island	island	ایسلند
Isländer (m)	mard-e island-i	مرد ایسلندی
Isländerin (f)	zan-e island-i	زن ایسلندی
isländisch	island-i	ایسلندی

Spanien	espāniyā	اسپانیا
Spanier (m)	mard-e espāniyāyi	مرد اسپانیایی
Spanierin (f)	zan-e espāniyāyi	زن اسپانیایی
spanisch	espāniyāyi	اسپانیایی

Italien	itāliyā	ایتالیا
Italiener (m)	mard-e itāliyāyi	مرد ایتالیایی
Italienerin (f)	zan-e itāliyāyi	زن ایتالیایی
italienisch	itāliyāyi	ایتالیایی

Zypern	qebres	قبرس
Zypriot (m)	mard-e qebresi	مرد قبرسی
Zypriotin (f)	zan-e qebresi	زن قبرسی
zyprisch	qebresi	قبرسی

Malta	mālt	مالت
Malteser (m)	mard-e mālti	مرد مالتی
Malteserin (f)	zan-e mālti	زن مالتی
maltesisch	mālti	مالتی

Norwegen	norvež	نروژ
Norweger (m)	mard-e norveži	مرد نروژی
Norwegerin (f)	zan-e norveži	زن نروژی
norwegisch	norveži	نروژی

Portugal	porteqāl	پرتغال
Portugiese (m)	mard-e porteqāli	مرد پرتغالی
Portugiesin (f)	zan-e porteqāli	زن پرتغالی
portugiesisch	porteqāli	پرتغالی

Finnland	fanlānd	فنلاند
Finne (m)	mard-e fanlāndi	مرد فنلاندی
Finnin (f)	zan-e fanlāndi	زن فنلاندی
finnisch	fanlāndi	فنلاندی

Frankreich	farānse	فرانسه
Franzose (m)	mard-e farānsavi	مرد فرانسوی
Französin (f)	zan-e farānsavi	زن فرانسوی
französisch	farānsavi	فرانسوی

Schweden	sued	سوئد
Schwede (m)	mard-e suedi	مرد سوئدی
Schwedin (f)	zan-e suedi	زن سوئدی
schwedisch	suedi	سوئدی

Schweiz (f)	suis	سوئیس
Schweizer (m)	mard-e suisi	مرد سوئیسی
Schweizerin (f)	zan-e suisi	زن سوئیسی

schweizerisch	suisi	سوئیسی
Schottland	eskätland	اسکاتلند
Schotte (m)	mard-e eskätlandi	مرد اسکاتلندی
Schottin (f)	zan-e eskätlandi	زن اسکاتلندی
schottisch	eskätlandi	اسکاتلندی
Vatikan (m)	vätikän	واتیکان
Liechtenstein	lixteneštäyn	لیختن‌اشتاین
Luxemburg	lokzämborg	لوکزامبورگ
Monaco	monäko	موناکو

235. Mittel- und Osteuropa

Albanien	älbäni	آلبانی
Albaner (m)	mard-e älbäniyäyi	مرد آلبانیایی
Albanerin (f)	zan-e älbäniyäyi	زن آلبانیایی
albanisch	älbäniyäyi	آلبانیایی
Bulgarien	bolqärestän	بلغارستان
Bulgare (m)	mard-e bolqäri	مرد بلغاری
Bulgarin (f)	zan-e bolqäri	زن بلغاری
bulgarisch	bolqäri	بلغاری
Ungarn	majärestän	مجارستان
Ungar (m)	mard-e majäri	مرد مجاری
Ungarin (f)	zan-e majäri	زن مجاری
ungarisch	majäri	مجاری
Lettland	letuni	لتونی
Lette (m)	mard-e letoniyäyi	مرد لتونیایی
Lettin (f)	zan-e letoniyäyi	زن لتونیایی
lettisch	letuniyäyi	لتونیایی
Litauen	litväni	لیتوانی
Litauer (m)	mard-e litväniyäyi	مرد لیتوانیایی
Litauerin (f)	zan-e litväniyäyi	زن لیتوانیایی
litauisch	litväniyäyi	لیتوانیایی
Polen	lahestän	لهستان
Pole (m)	mard-e lahestäni	مرد لهستانی
Polin (f)	zan-e lahestäni	زن لهستانی
polnisch	lahestäni	لهستانی
Rumänien	romäni	رومانی
Rumäne (m)	mard-e romäniyäyi	مرد رومانیایی
Rumänin (f)	zan-e romäniyäyi	زن رومانیایی
rumänisch	romäniyäyi	رومانیایی
Serbien	serbestän	صربیستان
Serbe (m)	mard-e serb	مرد صرب
Serbin (f)	zan-e serb	زن صرب
serbisch	serb	صرب
Slowakei (f)	eslkäki	اسلواکی
Slowake (m)	mard-e eslovák	مرد اسلواک

Slowakin (f)	zan-e eslovāk	زن اسلواک
slowakisch	eslovāk	اسلواک
Kroatien	korovāsi	کرواسی
Kroate (m)	mard-e korovāt	مرد کروات
Kroatin (f)	zan-e korovāt	زن کروات
kroatisch	korovāt	کروات
Tschechien	jomhuri-ye ček	جمهوری چک
Tscheche (m)	mard-e ček	مرد چک
Tschechin (f)	zan-e ček	زن چک
tschechisch	ček	چک
Estland	estoni	استونی
Este (m)	mard-e estuniyāyi	مرد استونیایی
Estin (f)	zan-e estuniyāyi	زن استونیایی
estnisch	estuniyāyi	استونیایی
Bosnien und Herzegowina	bosni-yo herzogovin	بوسنی وهرزگوین
Makedonien	jomhuri-ye maqduniye	جمهوری مقدونیه
Slowenien	eslovoni	اسلوونی
Montenegro	montenegro	مونته‌نگرو

236. Frühere UdSSR Republiken

Aserbaidschan	āzarbāyjān	آذربایجان
Aserbaidschaner (m)	mard-e āzarbāyejāni	مرد آذربایجانی
Aserbaidschanerin (f)	zan-e āzarbāyejāni	زن آذربایجانی
aserbaidschanisch	āzarbāyejāni	آذربایجانی
Armenien	armanestān	ارمنستان
Armenier (m)	mard-e armani	مرد ارمنی
Armenierin (f)	zan-e armani	زن ارمنی
armenisch	armani	ارمنی
Weißrussland	belārus	بلاروس
Weißrusse (m)	mard belārus-i	مرد بلاروسی
Weißrussin (f)	zan belārus-i	زن بلاروسی
weißrussisch	belārus-i	بلاروسی
Georgien	gorjestān	گرجستان
Georgier (m)	mard-e gorji	مرد گرجی
Georgierin (f)	zan-e gorji	زن گرجی
georgisch	gorji	گرجی
Kasachstan	qazzāqestān	قزاقستان
Kasache (m)	mard-e qazzāq	مرد قزاق
Kasachin (f)	zan-e qazzāq	زن قزاق
kasachisch	qazzāqi	قزاقی
Kirgisien	qerqizestān	قرقیزستان
Kirgise (m)	mard-e qerqiz	مرد قرقیز
Kirgisin (f)	zan-e qerqiz	زن قرقیز
kirgisisch	qerqiz	قرقیز

Moldawien	moldāvi	مولداوی
Moldauer (m)	mard-e moldāv	مرد مولداو
Moldauerin (f)	zan-e moldāv	زن مولداو
moldauisch	moldāv	مولداو

Russland	rusiye	روسیه
Russe (m)	mard-e rusi	مرد روسی
Russin (f)	zan-e rusi	زن روسی
russisch	rusi	روسی

Tadschikistan	tājikestān	تاجیکستان
Tadschike (m)	mard-e tājik	مرد تاجیک
Tadschikin (f)	zan-e tājik	زن تاجیک
tadschikisch	tājik	تاجیک

Turkmenistan	torkamanestān	ترکمنستان
Turkmene (m)	mard-e torkaman	مرد ترکمن
Turkmenin (f)	zan-e torkaman	زن ترکمن
turkmenisch	torkaman	ترکمن

Usbekistan	ozbakestān	ازبکستان
Usbeke (m)	mard-e ozbak	مرد ازبک
Usbekin (f)	zan-e ozbak	زن ازبک
usbekisch	ozbak	ازبک

Ukraine (f)	okrāyn	اوکراین
Ukrainer (m)	mard-e okrāyni	مرد اوکراینی
Ukrainerin (f)	zan-e okrāyni	زن اوکراینی
ukrainisch	okrāyni	اوکراینی

237. Asien

| Asien | āsiyā | آسیا |
| asiatisch | āsiyāyi | آسیایی |

Vietnam	viyetnām	ویتنام
Vietnamese (m)	mard-e viyetnāmi	مرد ویتنامی
Vietnamesin (f)	zan-e viyetnāmi	زن ویتنامی
vietnamesisch	viyetnāmi	ویتنامی

Indien	hendustān	هندوستان
Inder (m)	mard-e hendi	مرد هندی
Inderin (f)	zan-e hendi	زن هندی
indisch	hendi	هندی

Israel	esrāil	اسرائیل
Israeli (m)	mard-e esrāili	مرد اسرائیلی
Israeli (f)	zan-e esrāili	زن اسرائیلی
israelisch	esrāili	اسرائیلی

Jude (m)	mard-e yahudi	مرد یهودی
Jüdin (f)	zan-e yahudi	زن یهودی
jüdisch	yahudi	یهودی
China	čin	چین

Chinese (m)	mard-e čini	مرد چينى
Chinesin (f)	zan-e čini	زن چينى
chinesisch	čini	چينى
Koreaner (m)	mard-e karei	مرد كره اى
Koreanerin (f)	zan-e karei	زن كره اى
koreanisch	kare i	كره اى
Libanon (m)	lobnān	لبنان
Libanese (m)	mard-e lobnāni	مرد لبنانى
Libanesin (f)	zan-e lobnāni	زن لبنانى
libanesisch	lobnāni	لبنانى
Mongolei (f)	moqolestān	مغولستان
Mongole (m)	mard-e moqol	مرد مغول
Mongolin (f)	zan-e moqol	زن مغول
mongolisch	moqol	مغول
Malaysia	mālezi	مالزى
Malaie (m)	mard-e māleziāyi	مرد مالزيايى
Malaiin (f)	zan-e māleziāyi	زن مالزيايى
malaiisch	māleziāyi	مالزيايى
Pakistan	pākestān	پاكستان
Pakistaner (m)	mard-e pākestāni	مرد پاكستانى
Pakistanerin (f)	zan-e pākestāni	زن پاكستانى
pakistanisch	pākestāni	پاكستانى
Saudi-Arabien	arabestān-e so'udi	عربستان سعودى
Araber (m)	mard-e arab	مرد عرب
Araberin (f)	zan-e arab	زن عرب
arabisch	arab	عرب
Thailand	tāyland	تايلند
Thailänder (m)	mard-e tāylandi	مرد تايلندى
Thailänderin (f)	zan-e tāylandi	زن تايلندى
thailändisch	tāylandi	تايلندى
Taiwan	tāyvān	تايوان
Taiwaner (m)	mard-e tāyvāni	مرد تايوانى
Taiwanerin (f)	zan-e tāyvāni	زن تايوانى
taiwanisch	tāyvāni	تايوانى
Türkei (f)	torkiye	تركيه
Türke (m)	mard-e tork	مرد ترك
Türkin (f)	zan-e tork	زن ترك
türkisch	tork	ترك
Japan	žāpon	ژاپن
Japaner (m)	mard-e žāponi	مرد ژاپنى
Japanerin (f)	zan-e žāponi	زن ژاپنى
japanisch	žāponi	ژاپنى
Afghanistan	afqānestān	افغانستان
Bangladesch	bangelādeš	بنگلادش
Indonesien	andonezi	اندونزى

Jordanien	ordon	اردن
Irak	arāq	عراق
Iran	irān	ایران
Kambodscha	kāmboj	کامبوج
Kuwait	koveyt	کویت

Laos	lāus	لائوس
Myanmar	miyānmār	میانمار
Nepal	nepāl	نپال
Vereinigten Arabischen Emirate	emārāt-e mottahede-ye arabi	امارات متحده عربی

Syrien	suriye	سوریه
Palästina	felestin	فلسطین
Südkorea	kare-ye jonubi	کرۀ جنوبی
Nordkorea	kare-ye šomāli	کرۀ شمالی

238. Nordamerika

Die Vereinigten Staaten	eyālāt-e mottahede-ye emrikā	ایالات متحدۀ امریکا
Amerikaner (m)	mard-e emrikāyi	مرد امریکایی
Amerikanerin (f)	zan-e emrikāyi	زن امریکایی
amerikanisch	emrikāyi	امریکایی

Kanada	kānādā	کانادا
Kanadier (m)	mard-e kānādāyi	مرد کانادایی
Kanadierin (f)	zan-e kānādāyi	زن کانادایی
kanadisch	kānādāyi	کانادایی

Mexiko	mekzik	مکزیک
Mexikaner (m)	mard-e mekziki	مرد مکزیکی
Mexikanerin (f)	zan-e mekziki	زن مکزیکی
mexikanisch	mekziki	مکزیکی

239. Mittel- und Südamerika

Argentinien	āržāntin	آرژانتین
Argentinier (m)	mard-e āržāntini	مرد آرژانتینی
Argentinierin (f)	zan-e āržāntini	زن آرژانتینی
argentinisch	āržāntini	آرژانتینی

Brasilien	berezil	برزیل
Brasilianer (m)	mard-e berezili	مرد برزیلی
Brasilianerin (f)	zan-e berezili	زن برزیلی
brasilianisch	berezili	برزیلی

Kolumbien	kolombiyā	کلمبیا
Kolumbianer (m)	mard-e kolombiyāyi	مرد کلمبیایی
Kolumbianerin (f)	zan-e kolombiyāyi	زن کلمبیایی
kolumbianisch	kolombiyāyi	کلمبیایی
Kuba	kubā	کوبا

Kubaner (m)	mard-e kubāyi	مرد کوبایی
Kubanerin (f)	zan-e kubāyi	زن کوبایی
kubanisch	kubāyi	کوبایی

Chile	šili	شیلی
Chilene (m)	mard-e šiliyāyi	مرد شیلیایی
Chilenin (f)	zan-e šiliyāyi	زن شیلیایی
chilenisch	šiliyāyi	شیلیایی

Bolivien	bulivi	بولیوی
Venezuela	venezuelā	ونزوئلا
Paraguay	pārāgue	پاراگوئه
Peru	porov	پرو

Suriname	surinām	سورینام
Uruguay	orogue	اوروگوئه
Ecuador	ekvādor	اکوادور

Die Bahamas	bāhāmā	باهاما
Haiti	hāiti	هائتی
Dominikanische Republik	jomhuri-ye dominikan	جمهوری دومینیکن
Panama	pānāmā	پاناما
Jamaika	jāmāikā	جامائیکا

240. Afrika

Ägypten	mesr	مصر
Ägypter (m)	mard-e mesri	مرد مصری
Ägypterin (f)	zan-e mesri	زن مصری
ägyptisch	mesri	مصری

Marokko	marākeš	مراکش
Marokkaner (m)	mard-e marākeši	مرد مراکشی
Marokkanerin (f)	zan-e marākeši	زن مراکشی
marokkanisch	marākeši	مراکشی

Tunesien	tunes	تونس
Tunesier (m)	mard-e tunesi	مرد تونسی
Tunesierin (f)	zan-e tunesi	زن تونسی
tunesisch	tunesi	تونسی
Ghana	qanā	غنا
Sansibar	zangbar	زنگبار
Kenia	keniyā	کنیا
Libyen	libi	لیبی
Madagaskar	mādāgāskār	ماداگاسکار

Namibia	nāmibiyā	نامیبیا
Senegal	senegāl	سنگال
Tansania	tānzāniyā	تانزانیا
Republik Südafrika	jomhuri-ye āfriqā-ye jonubi	جمهوری آفریقای جنوبی

Afrikaner (m)	mard-e āfriqāyi	مرد آفریقایی
Afrikanerin (f)	zan-e āfriqāyi	زن آفریقایی
afrikanisch	āfriqāyi	آفریقایی

241. Australien. Ozeanien

Australien	ostorāliyā	استرالیا
Australier (m)	mard-e ostorāliyāyi	مرد استرالیایی
Australierin (f)	zan-e ostorāliyāyi	زن استرالیایی
australisch	ostorāliyāyi	استرالیایی

Neuseeland	niyuzland	نیوزلند
Neuseeländer (m)	mard-e niyuzlandi	مرد نیوزلندی
Neuseeländerin (f)	zan-e niyuzlandi	زن نیوزلندی
neuseeländisch	niyuzlandi	نیوزلندی

| Tasmanien | tāsmāni | تاسمانی |
| Französisch-Polynesien | polinezi-ye farānse | پلینزی فرانسه |

242. Städte

Amsterdam	āmesterdām	آمستردام
Ankara	ānkārā	آنکارا
Athen	āten	آتن

Bagdad	baqdād	بغداد
Bangkok	bānkok	بانکوک
Barcelona	bārselon	بارسلون
Beirut	beyrut	بیروت
Berlin	berlin	برلین

Bombay	bombai	بمبئی
Bonn	bon	بن
Bordeaux	bordo	بوردو
Bratislava	bratislav	براتیسلاو
Brüssel	boruksel	بروکسل
Budapest	budāpest	بوداپست
Bukarest	boxārest	بخارست

Chicago	šikāgo	شیکاگو
Daressalam	dārossalām	دارالسلام
Delhi	dehli	دهلی
Den Haag	lāhe	لاهه
Dubai	debi	دبی
Dublin	dublin	دوبلین
Düsseldorf	duseldorf	دوسلدورف

Florenz	felorāns	فلورانس
Frankfurt	ferānkfort	فرانکفورت
Genf	ženev	ژنو

Hamburg	hāmborg	هامبورگ
Hanoi	hānoy	هانوی
Havanna	hāvānā	هاوانا
Helsinki	helsinki	هلسینکی
Hiroshima	hirošimā	هیروشیما
Hongkong	hong kong	هنگ کنگ

Istanbul	estānbol	استامبول
Jerusalem	beytolmoqaddas	بیت المقدس
Kairo	qāhere	قاهره
Kalkutta	kalkate	کلکته
Kiew	keyf	کیف
Kopenhagen	kopenhāk	کپنهاک
Kuala Lumpur	kuālālāmpur	کوالالامپور
Lissabon	lisbun	لیسبون
London	landan	لندن
Los Angeles	losānjeles	لس آنجلس
Lyon	liyon	لیون
Madrid	mādrid	مادرید
Marseille	mārsey	مارسی
Mexiko-Stadt	mekziko	مکزیکو
Miami	mayāmey	میامی
Montreal	montreāl	مونترآل
Moskau	moskow	مسکو
München	munix	مونیخ
Nairobi	nāyrubi	نایروبی
Neapel	nāpl	ناپل
New York	niyuyork	نیویورک
Nizza	nis	نیس
Oslo	oslo	اسلو
Ottawa	otāvā	اتاوا
Paris	pāris	پاریس
Peking	pekan	پکن
Prag	perāg	پراگ
Rio de Janeiro	riyo-do-žāniro	ریو دو ژانیرو
Rom	ram	رم
Sankt Petersburg	sān peterzburg	سن پترزبورگ
Schanghai	šānghāy	شانگهای
Seoul	seul	سئول
Singapur	sangāpur	سنگاپور
Stockholm	āstokholm	استکهلم
Sydney	sidni	سیدنی
Taipeh	tāype	تایپه
Tokio	tokiyo	توکیو
Toronto	torento	تورنتو
Venedig	veniz	ونیز
Warschau	varšow	ورشو
Washington	vāšangton	واشنگتن
Wien	viyan	وین

243. Politik. Regierung. Teil 1

Politik (f)	siyāsat	سیاست
politisch	siyāsi	سیاسی

Politiker (m)	siyāsatmadār	سیاستمدار
Staat (m)	dowlat	دولت
Bürger (m)	šahrvand	شهروند
Staatsbürgerschaft (f)	šahrvandi	شهروندی
Staatswappen (n)	nešān melli	نشان ملی
Nationalhymne (f)	sorud-e melli	سرود ملی
Regierung (f)	hokumat	حکومت
Staatschef (m)	rahbar-e dowlat	رهبر دولت
Parlament (n)	pārlemān	پارلمان
Partei (f)	hezb	حزب
Kapitalismus (m)	sarmāye dāri	سرمایه داری
kapitalistisch	kāpitālisti	کاپیتالیستی
Sozialismus (m)	sosiyālism	سوسیالیسم
sozialistisch	sosiyālisti	سوسیالیستی
Kommunismus (m)	komonism	کمونیسم
kommunistisch	komonisti	کمونیستی
Kommunist (m)	komonist	کمونیست
Demokratie (f)	demokrāsi	دموکراسی
Demokrat (m)	demokrāt	دموکرات
demokratisch	demokrātik	دموکراتیک
demokratische Partei (f)	hezb-e demokrāt	حزب دموکرات
Liberale (m)	liberāl	لیبرال
liberal	liberāli	لیبرالی
Konservative (m)	mohāfeze kār	محافظه کار
konservativ	mohāfeze kāri	محافظه کاری
Republik (f)	jomhuri	جمهوری
Republikaner (m)	jomhuri xāh	جمهوری خواه
Republikanische Partei (f)	hezb-e jomhurixāh	حزب جمهوری خواه
Wahlen (pl)	entexābāt	انتخابات
wählen (vt)	entexāb kardan	انتخاب کردن
Wähler (m)	entexāb konande	انتخاب کننده
Wahlkampagne (f)	kampeyn-e entexābāti	کمپین انتخاباتی
Abstimmung (f)	axz-e ra'y	اخذ رأی
abstimmen (vi)	ra'y dādan	رأی دادن
Abstimmungsrecht (n)	haqq-e ra'y	حق رأی
Kandidat (m)	nāmzad	نامزد
kandidieren (vi)	nāmzad šodan	نامزد شدن
Kampagne (f)	kampeyn	کمپین
Oppositions-	moxālef	مخالف
Opposition (f)	opozisyon	اپزیسیون
Besuch (m)	vizit	ویزیت
Staatsbesuch (m)	vizit-e rasmi	ویزیت رسمی

international	beynolmelali	بین المللی
Verhandlungen (pl)	mozākerāt	مذاکرات
verhandeln (vi)	mozākere kardan	مذاکره کردن

244. Politik. Regierung. Teil 2

Gesellschaft (f)	jam'iyat	جمعیت
Verfassung (f)	qānun-e asāsi	قانون اساسی
Macht (f)	hākemiyat	حاکمیت
Korruption (f)	fesād	فساد
Gesetz (n)	qānun	قانون
gesetzlich (Adj)	qānuni	قانونی
Gerechtigkeit (f)	edālat	عدالت
gerecht	ādel	عادل
Komitee (n)	komite	کمیته
Gesetzentwurf (m)	lāyehe-ye qānun	لایحهٔ قانون
Budget (n)	budje	بودجه
Politik (f)	siyāsat	سیاست
Reform (f)	eslāhāt	اصلاحات
radikal	efrāti	افراطی
Macht (f)	niru	نیرو
mächtig (Adj)	moqtader	مقتدر
Anhänger (m)	tarafdār	طرفدار
Einfluss (m)	ta'sir	تأثیر
Regime (n)	nezām	نظام
Konflikt (m)	dargiri	درگیری
Verschwörung (f)	towtee	توطئه
Provokation (f)	tahrik	تحریک
stürzen (vt)	sarnegun kardan	سرنگون کردن
Sturz (m)	sarneguni	سرنگونی
Revolution (f)	enqelāb	انقلاب
Staatsstreich (m)	kudetā	کودتا
Militärputsch (m)	kudetā-ye nezāmi	کودتای نظامی
Krise (f)	bohrān	بحران
Rezession (f)	rokud-e eqtesādi	رکود اقتصادی
Demonstrant (m)	tazāhorāt konande	تظاهرات کننده
Demonstration (f)	tazāhorāt	تظاهرات
Ausnahmezustand (m)	hālat-e nezāmi	حالت نظامی
Militärbasis (f)	pāygāh-e nezāmi	پایگاه نظامی
Stabilität (f)	sobāt	ثبات
stabil	bāsobāt	باثبات
Ausbeutung (f)	bahre bardār-i	بهره برداری
ausbeuten (vt)	bahre bardār-i kardan	بهره برداری کردن
Rassismus (m)	nežādparasti	نژادپرستی

Rassist (m)	nežādparast	نژادپرست
Faschismus (m)	fāšizm	فاشیزم
Faschist (m)	fāšist	فاشیست

245. Länder. Verschiedenes

Ausländer (m)	xāreji	خارجی
ausländisch	xāreji	خارجی
im Ausland	dar xārej	در خارج

Auswanderer (m)	mohājer	مهاجر
Auswanderung (f)	mohājerat	مهاجرت
auswandern (vi)	mohājerat kardan	مهاجرت کردن

Westen (m)	qarb	غرب
Osten (m)	xāvar	خاور
Ferner Osten (m)	xāvar-e-dur	خاوردور
Zivilisation (f)	tamaddon	تمدن
Menschheit (f)	ensāniyat	انسانیت
Welt (f)	jahān	جهان
Frieden (m)	solh	صلح
Welt-	jahāni	جهانی

Heimat (f)	vatan	وطن
Volk (n)	mellat	ملت
Bevölkerung (f)	mardom	مردم
Leute (pl)	afrād	افراد
Nation (f)	mellat	ملت
Generation (f)	nasl	نسل
Territorium (n)	qalamrow	قلمرو
Region (f)	mantaqe	منطقه
Staat (z.B. ~ Alaska)	eyālat	ایالت

Tradition (f)	sonnat	سنت
Brauch (m)	ādat	عادت
Ökologie (f)	mohit-e zist	محیط زیست

Indianer (m)	hendi	هندی
Zigeuner (m)	mard-e kowli	مرد کولی
Zigeunerin (f)	zan-e kowli	زن کولی
Zigeuner-	kowli	کولی

Reich (n)	emperāturi	امپراطوری
Kolonie (f)	mosta'mere	مستعمره
Sklaverei (f)	bardegi	بردگی
Einfall (m)	tahājom	تهاجم
Hunger (m)	gorosnegi	گرسنگی

246. Wichtige Religionsgruppen. Konfessionen

| Religion (f) | din | دین |
| religiös | dini | دینی |

Glaube (m)	e'teqād	اعتقاد
glauben (vt)	e'teqād dāštan	اعتقاد داشتن
Gläubige (m)	mo'men	مؤمن
Atheismus (m)	bi dini	بی دینی
Atheist (m)	molhed	ملحد
Christentum (n)	masihiyat	مسیحیت
Christ (m)	masihi	مسیحی
christlich	masihi	مسیحی
Katholizismus (m)	mazhab-e kātolik	مذهب کاتولیک
Katholik (m)	kātolik	کاتولیک
katholisch	kātolik	کاتولیک
Protestantismus (m)	āin-e porotestān	آئین پروتستان
Protestantische Kirche (f)	kelisā-ye porotestān	کلیسای پروتستان
Protestant (m)	porotestān	پروتستان
Orthodoxes Christentum (n)	mazhab-e ortodoks	مذهب ارتدوکس
Orthodoxe Kirche (f)	kelisā-ye ortodoks	کلیسای ارتدوکس
orthodoxer Christ (m)	ortodoks	ارتدوکس
Presbyterianismus (m)	persbiterinism	پرسبیترینیسم
Presbyterianische Kirche (f)	kelisā-ye persbiteri	کلیسای پرسبیتری
Presbyterianer (m)	persbiteri	پرسبیتری
Lutherische Kirche (f)	kelisā-ye lutrān	کلیسای لوتران
Lutheraner (m)	lutrān	لوتران
Baptismus (m)	kelisā-ye baptist	کلیسای باپتیست
Baptist (m)	baptist	باپتیست
Anglikanische Kirche (f)	kelisā-ye anglikān	کلیسای انگلیکان
Anglikaner (m)	anglikān	انگلیکان
Mormonismus (m)	ferqe-ye mormon	فرقه مورمون
Mormone (m)	mormon	مورمون
Judentum (n)	yahudiyat	یهودیت
Jude (m)	yahudi	یهودی
Buddhismus (m)	budism	بودیسم
Buddhist (m)	budāyi	بودایی
Hinduismus (m)	hendi	هندی
Hindu (m)	hendu	هندو
Islam (m)	eslām	اسلام
Moslem (m)	mosalmān	مسلمان
moslemisch	mosalmāni	مسلمانی
Schiismus (m)	ši'e	شیعه
Schiit (m)	ši'e	شیعه
Sunnismus (m)	senni	سنی
Sunnit (m)	senni	سنی

247. Religionen. Priester

Priester (m)	kešiš	کشیش
Papst (m)	pāp	پاپ
Mönch (m)	rāheb	راهب
Nonne (f)	rāhebe	راهبه
Pfarrer (m)	pišvā-ye ruhān-i	پیشوای روحانی
Abt (m)	rāheb-e bozorg	راهب بزرگ
Vikar (m)	keš-yaš baxš	کشیش بخش
Bischof (m)	osqof	اسقف
Kardinal (m)	kārdināl	کاردینال
Prediger (m)	vā'ez	واعظ
Predigt (f)	mo'eze	موعظه
Gemeinde (f)	kešiš tabār	کشیش تبار
Gläubige (m)	mo'men	مؤمن
Atheist (m)	molhed	ملحد

248. Glauben. Christentum. Islam

Adam	ādam	آدم
Eva	havvā	حوا
Gott (m)	xodā	خدا
Herr (m)	xodā	خدا
Der Allmächtige	xodā	خدا
Sünde (f)	gonāh	گناه
sündigen (vi)	gonāh kardan	گناه کردن
Sünder (m)	gonāhkār	گناهکار
Sünderin (f)	gonāhkār	گناهکار
Hölle (f)	jahannam	جهنم
Paradies (n)	behešt	بهشت
Jesus	isā	عیسی
Jesus Christus	isā masih	عیسی مسیح
der Heiliger Geist	ruh olqodos	روح القدس
der Erlöser	monji	منجی
die Jungfrau Maria	maryam bākere	مریم باکره
Teufel (m)	šeytān	شیطان
teuflisch	šeytāni	شیطانی
Satan (m)	šeytān	شیطان
satanisch	šeytāni	شیطانی
Engel (m)	ferešte	فرشته
Schutzengel (m)	ferešte-ye negahbān	فرشتۀ نگهبان
Engel(s)-	ferešte i	فرشته ای

Apostel (m)	havāri	حواری
Erzengel (m)	ferešte-ye moqarrab	فرشتهٔ مقرب
Antichrist (m)	dajjāl	دجال
Kirche (f)	kelisā	کلیسا
Bibel (f)	enjil	انجیل
biblisch	enjili	انجیلی
Altes Testament (n)	ahd-e atiq	عهد عتیق
Neues Testament (n)	ahd-e jadid	عهد جدید
Evangelium (n)	enjil	انجیل
Heilige Schrift (f)	ketāb-e moqaddas	کتاب مقدس
Himmelreich (n)	behešt	بهشت
Gebot (n)	farmān	فرمان
Prophet (m)	payāmbar	پیامبر
Prophezeiung (f)	payāmbari	پیامبری
Allah	allāh	الله
Mohammed	mohammad	محمد
Koran (m)	qor'ān	قرآن
Moschee (f)	masjed	مسجد
Mullah (m)	mala'	ملا
Gebet (n)	namāz	نماز
beten (vi)	do'ā kardan	دعا کردن
Wallfahrt (f)	ziyārat	زیارت
Pilger (m)	zāer	زائر
Mekka (n)	makke	مکه
Kirche (f)	kelisā	کلیسا
Tempel (m)	haram	حرم
Kathedrale (f)	kelisā-ye jāme'	کلیسای جامع
gotisch	gotik	گوتیک
Synagoge (f)	kenešt	کنشت
Moschee (f)	masjed	مسجد
Kapelle (f)	kelisā-ye kučak	کلیسای کوچک
Abtei (f)	sowme'e	صومعه
Nonnenkloster (n)	sowme'e	صومعه
Mönchskloster (n)	deyr	دیر
Glocke (f)	nāqus	ناقوس
Glockenturm (m)	borj-e nāqus	برج ناقوس
läuten (Glocken)	sedā kardan	صدا کردن
Kreuz (n)	salib	صلیب
Kuppel (f)	gonbad	گنبد
Ikone (f)	šamāyel-e moqaddas	شمایل مقدس
Seele (f)	jān	جان
Schicksal (n)	sarnevešt	سرنوشت
das Böse	badi	بدی
Gute (n)	niki	نیکی
Vampir (m)	xun āšām	خون آشام

Hexe (f)	jādugar	جادوگر
Dämon (m)	div	دیو
Geist (m)	ruh	روح

| Sühne (f) | talab-e afv | طلب عفو |
| sühnen (vt) | talab-e afv kardan | طلب عفو کردن |

Gottesdienst (m)	ebādat	عبادت
die Messe lesen	ebādat kardan	عبادت کردن
Beichte (f)	marāsem-e towbe	مراسم توبه
beichten (vi)	towbe kardan	توبه کردن

Heilige (m)	qeddis	قدیس
heilig	moqaddas	مقدس
Weihwasser (n)	āb-e moqaddas	آب مقدس

Ritual (n)	marāsem	مراسم
rituell	āyini	آیینی
Opfer (n)	qorbāni	قربانی

Aberglaube (m)	xorāfe	خرافه
abergläubisch	xorāfāti	خرافاتی
Nachleben (n)	zendegi pas az marg	زندگی پس ازمرگ
ewiges Leben (n)	zendegi-ye jāvid	زندگی جاوید

VERSCHIEDENES

249. Verschiedene nützliche Wörter

Anfang (m)	šoru'	شروع
Anstrengung (f)	kušeš	کوشش
Anteil (m)	joz	جزء
Art (Typ, Sorte)	no'	نوع
Auswahl (f)	entexāb	انتخاب

Barriere (f)	hesār	حصار
Basis (f)	pāye	پایه
Beispiel (n)	mesāl	مثال
bequem (gemütlich)	rāhat	راحت
Bilanz (f)	ta'ādol	تعادل

Ding (n)	čiz	چیز
dringend (Adj)	fowri	فوری
dringend (Adv)	foran	فوراً
Effekt (m)	asar	اثر

Eigenschaft (Werkstoff~)	xāsiyat	خاصیت
Element (n)	onsor	عنصر
Ende (n)	etmām	اتمام
Entwicklung (f)	pišraft	پیشرفت
Fachwort (n)	estelāh	اصطلاح

Fehler (m)	eštebāh	اشتباه
Form (z.B. Kugel-)	šekl	شکل
Fortschritt (m)	taraqqi	ترقی
Gegenstand (m)	mabhas	مبحث

Geheimnis (n)	rāz	راز
Grad (Ausmaß)	daraje	درجه
Halt (m), Pause (f)	tavaqqof	توقف
häufig (Adj)	mokarrar	مکرر
Hilfe (f)	komak	کمک

Hindernis (n)	māne'	مانع
Hintergrund (m)	zamine	زمینه
Ideal (n)	ide āl	ایده آل
Kategorie (f)	tabaqe	طبقه
Kompensation (f)	jobrān	جبران

Labyrinth (n)	hezār tuy	هزارتوی
Lösung (Problem usw.)	hal	حل
Moment (m)	lahze	لحظه
Nutzen (m)	fāyede	فایده
Original (Schriftstück)	asli	اصلی
Pause (kleine ~)	maks	مکث

Position (f)	vaz'	وضع
Prinzip (n)	asl	اصل
Problem (n)	moškel	مشکل
Prozess (m)	ravand	روند

Reaktion (f)	vākoneš	واکنش
Reihe (Sie sind an der ~)	nowbat	نوبت
Risiko (n)	risk	ریسک
Serie (f)	seri	سری

Situation (f)	vaz'iyat	وضعیت
Standard-	estāndārd	استاندارد
Standard (m)	estāndārd	استاندارد
Stil (m)	sabok	سبک

System (n)	sistem	سیستم
Tabelle (f)	jadval	جدول
Tatsache (f)	haqiqat	حقیقت
Teilchen (n)	zarre	ذره
Tempo (n)	sor'at	سرعت

Typ (m)	no'	نوع
Unterschied (m)	farq	فرق
Ursache (z.B. Todes-)	sabab	سبب
Variante (f)	moteqayyer	متغیر
Vergleich (m)	qiyās	قیاس

Wachstum (n)	rošd	رشد
Wahrheit (f)	haqiqat	حقیقت
Weise (Weg, Methode)	tariq	طریق
Zone (f)	mantaqe	منطقه
Zufall (m)	tatāboq	تطابق

250. Bestimmungswörter. Adjektive. Teil 1

abgemagert	lāqar	لاغر
ähnlich	šabih	شبیه
alt (z.B. die -en Griechen)	qadimi	قدیمی
alt, betagt	qadimi	قدیمی
andauernd	tulāni	طولانی

angenehm	delpasand	دلپسند
arm	faqir	فقیر
ausgezeichnet	āli	عالی
ausländisch, Fremd-	xāreji	خارجی
Außen-, äußer	xāreji	خارجی

bedeutend	mohem	مهم
begrenzt	mahdud	محدود
beständig	dāemi	دائمی
billig	arzān	ارزان

| bitter | talx | تلخ |
| blind | kur | کور |

brauchbar	monāseb	مناسب
breit (Straße usw.)	vasi'	وسیع
bürgerlich	madani	مدنی

dankbar	sepāsgozār	سپاسگزار
das wichtigste	mohemmtarin	مهمترین
der letzte	āxarin	آخرین
dicht (-er Nebel)	qaliz	غلیظ
dick (-e Mauer usw.)	koloft	کلفت

dick (-er Nebel)	zaxim	ضخیم
dumm	ahmaq	احمق
dunkel (Raum usw.)	tārik	تاریک
dunkelhäutig	sabze ru	سبزه رو

durchsichtig	šaffāf	شفاف
düster	tārik	تاریک
einfach	ādi	عادی
einfach (Problem usw.)	āsān	آسان

einzigartig (einmalig)	kamyāb	کمیاب
eng, schmal (Straße usw.)	bārik	باریک
ergänzend	ezāfi	اضافی
ermüdend (Arbeit usw.)	xaste konande	خسته کننده
feindlich	xasmāne	خصمانه

fern (weit entfernt)	dur	دور
fern (weit)	dur	دور
fett (-es Essen)	čarb	چرب
feucht	martub	مرطوب
flüssig	māye'	مایع

frei (-er Eintritt)	āzād	آزاد
frisch (Brot usw.)	tāze	تازه
froh	šād	شاد
fruchtbar (-er Böden)	hāzer	حاصلخیز

früher (-e Besitzer)	qabli	قبلی
ganz (komplett)	kāmel	کامل
gebraucht	dast-e dovvom	دست دوم
gebräunt (sonnen-)	boronze	برنزه
gedämpft, matt (Licht)	kam nur	کم نور

gefährlich	xatarnāk	خطرناک
gegensätzlich	moqābel	مقابل
gegenwärtig	hāzer nabudan	حاضر
gemeinsam	moštarek	مشترک
genau, pünktlich	daqiq	دقیق

gerade, direkt	rāst	راست
geräumig (Raum)	vasi'	وسیع
geschlossen	baste	بسته
gesetzlich	qānuni	قانونی
gewöhnlich	ādi	عادی
glatt (z.B. poliert)	hamvār	هموار
glatt, eben	hamvār	هموار

| gleich (z.B. ~ groß) | yeksān | يكسان |
| glücklich | xošbaxt | خوشبخت |

groß	bozorg	بزرگ
gut (das Buch ist ~)	xub	خوب
gut (gütig)	mehrbān	مهربان
hart (harter Stahl)	soft	سفت
Haupt-	asli	اصلی

hauptsächlich	asāsi	اساسی
Heimat-	bumi	بومی
heiß	dāq	داغ
Hinter-	aqab	عقب
höchst	āli	عالی

höflich	moaddab	مؤدب
hungrig	gorosne	گرسنه
in Armut lebend	faqir	فقير
innen-	dāxeli	داخلی

jung	javān	جوان
kalt (Getränk usw.)	sard	سرد
Kinder-	kudakāne	كودكانه
klar (deutlich)	vāzeh	واضح
klein	kučak	كوچك

klug, clever	bāhuš	باهوش
knapp (Kleider, zu eng)	tang	تنگ
kompatibel	sāzgār	سازگار
kostenlos, gratis	majjāni	مجانی
krank	bimār	بيمار

kühl (-en morgen)	xonak	خنك
künstlich	masnu'i	مصنوعی
kurz (räumlich)	kutāh	كوتاه
kurz (zeitlich)	kutāh moddat	كوتاه مدت
kurzsichtig	nazdik bin	نزديك بين

251. Bestimmungswörter. Adjektive. Teil 2

lang (langwierig)	derāz	دراز
laut (-e Stimme)	boland	بلند
lecker	xoš mazze	خوش مزه
leer (kein Inhalt)	xāli	خالی
leicht (wenig Gewicht)	sabok	سبك

leise (~ sprechen)	āheste	آهسته
licht (Farbe)	rowšan	روشن
link (-e Seite)	čap	چپ
mager, dünn	lāqar	لاغر

matt (Lack usw.)	tār	تار
möglich	ehtemāli	احتمالی
müde (erschöpft)	xaste	خسته

Nachbar-	hamsāye	همسایه
nachlässig	bi mas'uliyyat	بی مسئولیت
nächst	nazdik tarin	نزدیک ترین
nächst (am -en Tag)	digar	دیگر
nah	nazdik	نزدیک
nass (-e Kleider)	xis	خیس
negativ	manfi	منفی
nervös	asabi	عصبی
nett (freundlich)	xub	خوب
neu	jadid	جدید
nicht groß	nesbatan kučak	نسبتاً کوچک
nicht schwierig	āsān	آسان
normal	ma'muli	معمولی
nötig	lāzem	لازم
notwendig	zaruri	ضروری
obligatorisch, Pflicht-	ejbāri	اجباری
offen	bāz	باز
öffentlich	omumi	عمومی
original (außergewöhnlich)	orijināl	اوریژینال
persönlich	xosusi	خصوصی
platt (flach)	hamvār	هموار
privat (in Privatbesitz)	xosusi	خصوصی
pünktlich (Ich bin gerne ~)	vaqt šenās	وقت شناس
rätselhaft	asrār āmiz	اسرارآمیز
recht (-e Hand)	rāst	راست
reif (Frucht usw.)	reside	رسیده
richtig	dorost	درست
riesig	bozorg	بزرگ
riskant	xatarnāk	خطرناک
roh (nicht gekocht)	xām	خام
ruhig	ārām	آرام
salzig	šur	شور
sauber (rein)	pāk	پاک
sauer	torš	ترش
scharf (-e Messer usw.)	tiz	تیز
schlecht	bad	بد
schmutzig	kasif	کثیف
schnell	sari'	سریع
schön (-es Mädchen)	zibā	زیبا
schön (-es Schloß usw.)	zibā	زیبا
schwer (~ an Gewicht)	sangin	سنگین
schwierig	moškel	مشکل
schwierig (-es Problem)	saxt	سخت
seicht (nicht tief)	kam omq	کم عمق
selten	nāder	نادر
sicher (nicht gefährlich)	amn	امن

sonnig	āftābi	آفتابی
sorgfältig	daqiq	دقیق
sorgsam	ba molāheze	با ملاحظه
speziell, Spezial-	maxsus	مخصوص
stark (-e Konstruktion)	mohkam	محکم
stark (kräftig)	nirumand	نیرومند
still, ruhig	ārām	آرام
süß	širin	شیرین
Süß- (Wasser)	širin	شیرین
teuer	gerān	گران
tiefgekühlt	yax zade	یخ زده
tot	morde	مرده
traurig	qamgin	غمگین
traurig, unglücklich	anduhgin	اندوهگین
trocken (Klima)	xošk	خشک
übermäßig	ziyād az had	زیاد از حد
unbedeutend	nāčiz	ناچیز
unbeweglich	bi harekat	بی حرکت
undeutlich	nāmo'ayyan	نامعین
unerfahren	bi tajrobe	بی تجربه
unmöglich	qeyr-e momken	غیر ممکن
Untergrund- (geheim)	maxfi	مخفی
unterschiedlich	motefāvet	متفاوت
ununterbrochen	modāvem	مداوم
unverständlich	nāmafhum	نامفهوم
vergangen	gozašte	گذشته
verschieden	moxtalef	مختلف
voll (gefüllt)	por	پر
vorig (in der -en Woche)	piš	پیش
vorzüglich	āli	عالی
wahrscheinlich	mohtamel	محتمل
warm (mäßig heiß)	garm	گرم
weich (-e Wolle)	narm	نرم
wichtig	mohem	مهم
wolkenlos	sāf	صاف
zärtlich	mehrbān	مهربان
zentral (in der Mitte)	markazi	مرکزی
zerbrechlich (Porzellan usw.)	šekanande	شکننده
zufrieden	rāzi	راضی
zufrieden (glücklich und ~)	rāzi	راضی

500 WICHTIGE VERBEN

252. Verben A-D

abbiegen (vi)	pičidan	پیچیدن
abhacken (vt)	boridan	بریدن
abhängen von ...	vābaste budan	وابسته بودن
ablegen (Schiff)	tark kardan	ترک کردن
abnehmen (vt)	bardāštan	برداشتن
abreißen (vt)	kandan	کندن
absagen (vt)	rad kardan	رد کردن
abschicken (vt)	ferestādan	فرستادن
abschneiden (vt)	boridan	بریدن
adressieren (an ...)	morāje'e kardan	مراجعه کردن
ähnlich sein	šabih budan	شبیه بودن
amputieren (vt)	qat' kardan	قطع کردن
amüsieren (vt)	sargarm kardan	سرگرم کردن
anbinden (vt)	bastan	بستن
ändern (vt)	avaz kardan	عوض کردن
andeuten (vt)	kenāye zadan	کنایه زدن
anerkennen (vt)	šenāxtan	شناختن
anflehen (vt)	eltemās kardan	التماس کردن
Angst haben (vor ...)	tarsidan	ترسیدن
anklagen (vt)	mottaham kardan	متهم کردن
anklopfen (vi)	dar zadan	درزدن
ankommen (der Zug)	residan	رسیدن
anlegen (Schiff)	pahlu gereftan	پهلو گرفتن
anstecken (~ mit ...)	mobtalā kardan	مبتلا کردن
anstreben (vt)	eštiyāq dāštan	اشتیاق داشتن
antworten (vi)	javāb dādan	جواب دادن
anzünden (vt)	rowšan kardan	روشن کردن
applaudieren (vi)	dast zadan	دست زدن
arbeiten (vi)	kār kardan	کار کردن
ärgern (vt)	xašmgin kardan	خشمگین کردن
assistieren (vi)	mo'āvenat kardan	معاونت کردن
atmen (vi)	nafas kešidan	نفس کشیدن
attackieren (vt)	hamle kardan	حمله کردن
auf ... zählen	hesāb kardan	حساب کردن
auf jmdn böse sein	baxš-am āmadan	بخشم آمدن
aufbringen (vt)	xašmgin kardan	خشمگین کردن
aufräumen (vt)	jam-o jur kardan	جمع و جورکردن
aufschreiben (vt)	neveštan	نوشتن

aufseufzen (vi)	äh kešidan	آه کشیدن
aufstehen (vi)	boland šodan	بلند شدن
auftauchen (U-Boot)	bālā-ye āb āmadan	بالای آب آمدن
ausdrücken (vt)	bayān kardan	بیان کردن
ausgehen (vi)	birun raftan	بیرون رفتن
aushalten (vt)	tāqat āvordan	طاقت آوردن
ausradieren (vt)	pāk kardan	پاک کردن
ausreichen (vi)	kāfi budan	کافی بودن
ausschalten (vt)	xāmuš kardan	خاموش کردن
ausschließen (vt)	exrāj kardan	اخراج کردن
aussprechen (vt)	talaffoz kardan	تلفظ کردن
austeilen (vt)	paxš kardan	پخش کردن
auswählen (vt)	entexāb kardan	انتخاب کردن
auszeichnen (mit Orden)	medāl dādan	مدال دادن
baden (vt)	hamām kardan	حمام کردن
bedauern (vt)	afsus xordan	افسوس خوردن
bedeuten (bezeichnen)	ma'ni dāštan	معنی داشتن
bedienen (vt)	serv kardan	سرو کردن
beeinflussen (vt)	ta'sir gozāštan	تأثیر گذاشتن
beenden (vt)	be pāyān resāndan	به پایان رساندن
befehlen (vt)	farmān dādan	فرمان دادن
befestigen (vt)	tahkim kardan	تحکیم کردن
befreien (vt)	āzād kardan	آزاد کردن
befriedigen (vt)	qāne' kardan	قانع کردن
begießen (vt)	āb dādan	آب دادن
beginnen (vt)	šoru' kardan	شروع کردن
begleiten (vt)	ham-rāhi kardan	همراهی کردن
begrenzen (vt)	mahdud kardan	محدود کردن
begrüßen (vt)	salām kardan	سلام کردن
behalten (alte Briefe)	negāh dāštan	نگاه داشتن
behandeln (vt)	mo'āleje kardan	معالجه کردن
behaupten (vt)	ta'kid kardan	تأکید کردن
bekannt machen	mo'arrefi kardan	معرفی کردن
belauschen (Gespräch)	esterāq-e sam' kardan	استراق سمع کردن
beleidigen (vt)	ranjāndan	رنجاندن
beleuchten (vt)	rowšan kardan	روشن کردن
bemerken (vt)	motevajjeh šodan	متوجه شدن
beneiden (vt)	hasad bordan	حسد بردن
benennen (vt)	nāmidan	نامیدن
benutzen (vt)	estefāde kardan	استفاده کردن
beobachten (vt)	mošāhede kardan	مشاهده کردن
berichten (vt)	gozāreš dādan	گزارش دادن
bersten (vi)	tarak xordan	ترک خوردن
beruhen auf …	mottaki budan	متکی بودن
beruhigen (vt)	ārām kardan	آرام کردن
berühren (vt)	lams kardan	لمس کردن

beseitigen (vt)	raf' kardan	رفع کردن
besitzen (vt)	sāheb budan	صاحب بودن
besprechen (vt)	bahs kardan	بحث کردن
bestehen auf	esrār kardan	اصرار کردن
bestellen (im Restaurant)	sefāreš dādan	سفارش دادن
bestrafen (vt)	tanbih kardan	تنبیه کردن
beten (vi)	do'ā kardan	دعا کردن
beunruhigen (vt)	negarān kardan	نگران کردن
bewachen (vt)	mohāfezat kardan	محافظت کردن
bewahren (vt)	hefz kardan	حفظ کردن
beweisen (vt)	esbāt kardan	اثبات کردن
bewundern (vt)	tahsin kardan	تحسین کردن
bezeichnen (bedeuten)	ma'ni dādan	معنی دادن
bilden (vt)	bevojud āvardan	بوجود آوردن
binden (vt)	bastan	بستن
bitten (jmdn um etwas ~)	xāstan	خواستن
blenden (vt)	kur kardan	کور کردن
brechen (vt)	šekastan	شکستن
bügeln (vt)	oto kardan	اتو کردن

253. Verben E-H

danken (vi)	tašakkor kardan	تشکر کردن
denken (vi, vt)	fekr kardan	فکر کردن
denunzieren (vt)	lo dādan	لو دادن
dividieren (vt)	taqsim kardan	تقسیم کردن
dressieren (vt)	tarbiyat kardan	تربیت کردن
drohen (vi)	tahdid kardan	تهدید کردن
eindringen (vi)	nofuz kardan	نفوذ کردن
einen Fehler machen	eštebāh kardan	اشتباه کردن
einen Schluss ziehen	estenbāt kardan	استنباط کردن
einladen (zum Essen ~)	da'vat kardan	دعوت کردن
einpacken (vt)	baste bandi kardan	بسته بندی کردن
einrichten (vt)	mojahhaz kardan	مجهز کردن
einschalten (vt)	rowšan kardan	روشن کردن
einschreiben (vt)	darj kardan	درج کردن
einsetzen (vt)	qarār dādan	قرار دادن
einstellen (Personal ~)	estexdām kardan	استخدام کردن
einstellen (vt)	bas kardan	بس کردن
einwenden (vt)	moxalefat kardan	مخالفت کردن
empfehlen (vt)	towsie kardan	توصیه کردن
entdecken (Land usw.)	kašf kardan	کشف کردن
entfernen (Flecken ~)	bardāštan	برداشتن
entscheiden (vt)	tasmim gereftan	تصمیم گرفتن
entschuldigen (vt)	baxšidan	بخشیدن
entzücken (vt)	del bordan	دل بردن

erben (vt)	be ers bordan	به ارث بردن
erblicken (vt)	didan	دیدن
erfinden (das Rad neu ~)	exterā' kardan	اختراع کردن
erinnern (vt)	yād-āvari kardan	یادآوری کردن
erklären (vt)	touzih dādan	توضیح دادن
erlauben (jemandem etwas)	ejāze dādan	اجازه دادن
erlauben, gestatten (vt)	ejāze dādan	اجازه دادن
erleichtern (vt)	āsān kardan	آسان کردن
ermorden (vt)	koštan	کشتن
ermüden (vt)	xaste kardan	خسته کردن
ermutigen (vt)	elhām baxšidan	الهام بخشیدن
ernennen (vt)	ta'yin kardan	تعیین کردن
erörtern (vt)	barresi kardan	بررسی کردن
erraten (vt)	hads zadan	حدس زدن
erreichen (Nordpol usw.)	residan	رسیدن
erröten (vi)	sorx šodan	سرخ شدن
erscheinen (am Horizont ~)	padidār šodan	پدیدار شدن
erscheinen (Buch usw.)	montašer šodan	منتشر شدن
erschweren (vt)	pičide kardan	پیچیده کردن
erstaunen (vt)	mote'ajjeb kardan	متعجب کردن
erstellen (einer Liste ~)	tanzim kardan	تنظیم کردن
ertrinken (vi)	qarq šodan	غرق شدن
erwähnen (vt)	zekr kardan	ذکر کردن
erwarten (vt)	montazer budan	منتظر بودن
erzählen (vt)	hekāyat kardan	حکایت کردن
erzielen (Ergebnis usw.)	be natije residan	به نتیجه رسیدن
essen (vi, vt)	xordan	خوردن
existieren (vi)	vojud dāštan	وجود داشتن
fahren (mit 90 km/h ~)	raftan	رفتن
fallen lassen	andāxtan	انداختن
fangen (vt)	gereftan	گرفتن
finden (vt)	peydā kardan	پیدا کردن
fischen (vt)	māhi gereftan	ماهی گرفتن
fliegen (vi)	parvāz kardan	پرواز کردن
folgen (vi)	donbāl kardan	دنبال کردن
fortbringen (vt)	bā xod bordan	با خود بردن
fortsetzen (vt)	edāme dādan	ادامه دادن
fotografieren (vt)	aks gereftan	عکس گرفتن
frühstücken (vi)	sobhāne xordan	صبحانه خوردن
fühlen (vt)	hess kardan	حس کردن
führen (vt)	rahbari kardan	رهبری کردن
füllen (mit Wasse usw.)	por kardan	پر کردن
füttern (vt)	xorāk dādan	خوراک دادن
garantieren (vt)	tazmin kardan	تضمین کردن
geben (sein Bestes ~)	dādan	دادن
gebrauchen (vt)	este'māl kardan	استعمال کردن

gefallen (vi)	dust dāštan	دوست داشتن
gehen (zu Fuß gehen)	raftan	رفتن
gehorchen (vi)	etā'at kardan	اطاعت کردن
gehören (vi)	ta'alloq dāštan	تعلق داشتن
gelegen sein	qarār dāštan	قرار داشتن
genesen (vi)	behbud yāftan	بهبود یافتن
gereizt sein	xašmgin šodan	خشمگین شدن
gernhaben (vt)	dust dāštan	دوست داشتن
gestehen (Verbrecher)	e'terāf kardan	اعتراف کردن
gießen (Wasser ~)	rixtan	ریختن
glänzen (vi)	deraxšidan	درخشیدن
glauben (Er glaubt, dass …)	fekr kardan	فکر کردن
graben (vt)	kandan	کندن
gratulieren (vi)	tabrik goftan	تبریک گفتن
gucken (spionieren)	pāyidan	پاییدن
haben (vt)	dāštan	داشتن
handeln (in Aktion treten)	amal kardan	عمل کردن
hängen (an der Wand usw.)	āvizān kardan	آویزان کردن
heiraten (vi)	ezdevāj kardan	ازدواج کردن
helfen (vi)	komak kardan	کمک کردن
herabsteigen (vi)	pāyin āmadan	پایین آمدن
hereinkommen (vi)	vāred šodan	وارد شدن
herunterlassen (vt)	pāin āvardan	پائین آوردن
hinzufügen (vt)	afzudan	افزودن
hoffen (vi)	omid dāštan	امید داشتن
hören (Geräusch ~)	šenidan	شنیدن
hören (jmdm zuhören)	guš dādan	گوش دادن

254. Verben I-R

imitieren (vt)	taqlid kardan	تقلید کردن
impfen (vt)	vāksine kardan	واکسینه کردن
importieren (vt)	vāred kardan	وارد کردن
in Gedanken versinken	be fekr foru raftan	به فکر فرو رفتن
in Ordnung bringen	morattab kardan	مرتب کردن
informieren (vt)	āgah kardan	آگاه کردن
instruieren (vt)	yād dādan	یاد دادن
interessieren (vt)	jāleb budan	جالب بودن
isolieren (vt)	jodā kardan	جدا کردن
jagen (vi)	šekār kardan	شکار کردن
kämpfen (~ gegen)	mobāreze kardan	مبارزه کردن
kämpfen (sich schlagen)	jangidan	جنگیدن
kaufen (vt)	xarid kardan	خرید کردن
kennen (vt)	šenāxtan	شناختن
kennenlernen (vt)	āšnā šodan	آشنا شدن

klagen (vi)	šekāyat kardan	شکایت کردن
kompensieren (vt)	jobrān kardan	جبران کردن
komponieren (vt)	tasnif kardan	تصنیف کردن
kompromittieren (vt)	badnām kardan	بدنام کردن
konkurrieren (vi)	reqābat kardan	رقابت کردن
können (v mod)	tavānestan	توانستن
kontrollieren (vt)	kontorol kardan	کنترل کردن
koordinieren (vt)	hamāhang kardan	هماهنگ کردن
korrigieren (vt)	eslāh kardan	اصلاح کردن
kosten (vt)	qeymat dāštan	قیمت داشتن
kränken (vt)	towhin kardan	توهین کردن
kratzen (vt)	čang zadan	چنگ زدن
Krieg führen	jangidan	جنگیدن
lächeln (vi)	labxand zadan	لبخند زدن
lachen (vi)	xandidan	خندیدن
laden (Ein Gewehr ~)	por kardan	پر کردن
laden (LKW usw.)	bār kardan	بار کردن
lancieren (starten)	šoru' kardan	شروع کردن
laufen (vi)	davidan	دویدن
leben (vi)	zendegi kardan	زندگی کردن
lehren (vt)	āmuxtan	آموختن
leiden (vi)	ranj didan	رنج دیدن
leihen (Geld ~)	qarz gereftan	قرض گرفتن
leiten (Betrieb usw.)	edāre kardan	اداره کردن
lenken (ein Auto ~)	rāndan	راندن
lernen (vt)	dars xāndan	درس خواندن
lesen (vi, vt)	xāndan	خواندن
lieben (vt)	dust dāštan	دوست داشتن
liegen (im Bett usw.)	derāz kešidan	دراز کشیدن
losbinden (vt)	bāz kardan	باز کردن
löschen (Feuer)	xāmuš kardan	خاموش کردن
lösen (Aufgabe usw.)	hal kardan	حل کردن
loswerden (jmdm. od etwas)	xalās šodan az	خلاص شدن از
lügen (vi)	doruq goftan	دروغ گفتن
machen (vt)	anjām dādan	انجام دادن
markieren (vt)	nešāne gozāštan	نشانه گذاشتن
meinen (glauben)	bāvar kardan	باور کردن
memorieren (vt)	be xāter sepordan	به خاطر سپردن
mieten (ein Boot ~)	kerāye kardan	کرایه کردن
mieten (Haus usw.)	ejāre kardan	اجاره کردن
mischen (vt)	maxlut kardan	مخلوط کردن
mitbringen (vt)	āvardan	آوردن
mitteilen (vt)	xabar dādan	خبر دادن
müde werden	xaste šodan	خسته شدن
multiplizieren (vt)	zarb kardan	ضرب کردن
müssen (v mod)	bāyad	باید

| nachgeben (vi) | taslim šodan | تسلیم شدن |
| nehmen (jmdm. etwas ~) | mahrum kardan | محروم کردن |

nehmen (vt)	bardāštan	برداشتن
noch einmal sagen	tekrār kardan	تکرار کردن
nochmals tun (vt)	dobāre anjām dādan	دوباره انجام دادن
notieren (vt)	yāddāšt kardan	یادداشت کردن

nötig sein	hāmi budan	حامی بودن
notwendig sein	zaruri budan	ضروری بودن
öffnen (vt)	bāz kardan	باز کردن
passen (Schuhe, Kleid)	monāseb budan	مناسب بودن
pflücken (Blumen)	kandan	کندن

planen (vt)	barnāmerizi kardan	برنامه ریزی کردن
prahlen (vi)	be rox kešidan	به رخ کشیدن
projektieren (vt)	tarh rizi kardan	طرح ریزی کردن
protestieren (vi)	e'terāz kardan	اعتراض کردن

provozieren (vt)	tahrik kardan	تحریک کردن
putzen (vt)	tamiz kardan	تمیز کردن
raten (zu etwas ~)	nasihat kardan	نصیحت کردن
rechnen (vt)	hesāb kardan	حساب کردن

regeln (vt)	hal-o-fasl kardan	حل و فصل کردن
reinigen (vt)	pāk kardan	پاک کردن
reparieren (vt)	dorost kardan	درست کردن
reservieren (vt)	rezerv kardan	رزرو کردن

retten (vt)	najāt dādan	نجات دادن
richten (den Weg zeigen)	hedāyat kardan	هدایت کردن
riechen (an etwas ~)	buidan	بوئیدن
riechen (gut ~)	bu dādan	بو دادن

ringen (Sport)	košti gereftan	کشتی گرفتن
riskieren (vt)	risk kardan	ریسک کردن
rufen (seinen Hund ~)	sedā kardan	صدا کردن
rufen (um Hilfe ~)	komak xāstan	کمک خواستن

255. Verben S-U

säen (vt)	kāštan	کاشتن
sagen (vt)	goftan	گفتن
schaffen (Etwas Neues zu ~)	ijād kardan	ایجاد کردن
schelten (vt)	da'vā kardan	دعوا کردن

schieben (drängen)	hel dādan	هل دادن
schießen (vi)	tirandāzi kardan	تیراندازی کردن
schlafen gehen	be raxtexāb raftan	به رختخواب رفتن
schlagen (mit ...)	zad-o-xord kardan	زد و خورد کردن

schlagen (vt)	zadan	زدن
schließen (vt)	bastan	بستن
schmeicheln (vi)	tamalloq goftan	تملق گفتن

schmücken (vt)	tazyin kardan	تزیین کردن
schreiben (vi, vt)	neveštan	نوشتن
schreien (vi)	faryād zadan	فریاد زدن
schütteln (vt)	tekān dādan	تکان دادن
schweigen (vi)	sāket māndan	ساکت ماندن
schwimmen (vi)	šenā kardan	شنا کردن
schwimmen gehen	ābtani kardan	آبتنی کردن
sehen (vt)	negāh kardan	نگاه کردن
sein (vi)	budan	بودن
sich abwenden	ru bargardāndan	رو برگرداندن
sich amüsieren	šādi kardan	شادی کردن
sich anschließen	peyvastan	پیوستن
sich anstecken	mobtalā šodan	مبتلا شدن
sich aufregen	negarān šodan	نگران شدن
sich ausruhen	esterāhat kardan	استراحت کردن
sich beeilen	ajale kardan	عجله کردن
sich benehmen	raftār kardan	رفتار کردن
sich beschmutzen	kasif šodan	کثیف شدن
sich datieren	tārix gozāri šodan	تاریخ گذاری شدن
sich einmischen	modāxele kardan	مداخله کردن
sich empören	xašmgin šodan	خشمگین شدن
sich entschuldigen	ozr xāstan	عذر خواستن
sich erhalten	mahfuz māndan	محفوظ ماندن
sich erinnern	be xāter āvardan	به خاطر آوردن
sich interessieren	alāqe dāštan	علاقه داشتن
sich kämmen	sar xod rā šāne kardan	سر خود را شانه کردن
sich konsultieren mit ...	mošāvere šodan	مشاوره شدن
sich konzentrieren	motemarkez šodan	متمرکز شدن
sich langweilen	hosele sar raftan	حوصله سررفتن
sich nach ... erkundigen	bāxabar šodan	باخبر شدن
sich nähern	nazdik šodan	نزدیک شدن
sich rächen	enteqām gereftan	انتقام گرفتن
sich rasieren	riš tarāšidan	ریش تراشیدن
sich setzen	nešastan	نشستن
sich Sorgen machen	negarān šodan	نگران شدن
sich überzeugen	mo'taqed šodan	معتقد شدن
sich unterscheiden	farq dāštan	فرق داشتن
sich vergrößern	afzāyeš yāftan	افزایش یافتن
sich verlieben	āšeq šodan	عاشق شدن
sich verteidigen	az xod defā' kardan	از خود دفاع کردن
sich vorstellen	tasavvor kardan	تصور کردن
sich waschen	hamām kardan	حمام کردن
sitzen (vi)	nešastan	نشستن
spielen (Ball ~)	bāzi kardan	بازی کردن
spielen (eine Rolle ~)	bāzi kardan	بازی کردن

| spotten (vi) | masxare kardan | مسخره کردن |
| sprechen mit … | harf zadan bā | حرف زدن با |

spucken (vi)	tof kardan	تف کردن
starten (Flugzeug)	parvāz kardan	پرواز کردن
stehlen (vt)	dozdidan	دزدیدن

stellen (ins Regal ~)	qarār dādan	قرار دادن
stimmen (vi)	ra'y dādan	رأی دادن
stoppen (haltmachen)	motevaghef šhodan	متوقف شدن
stören (nicht ~!)	mozāhem šodan	مزاحم شدن

streicheln (vt)	navāzeš kardan	نوازش کردن
suchen (vt)	jostoju kardan	جستجو کردن
sündigen (vi)	gonāh kardan	گناه کردن
tauchen (vi)	širje raftan	شیرجه رفتن

tauschen (vt)	avaz kardan	عوض کردن
täuschen (vt)	farib dādan	فریب دادن
teilnehmen (vi)	šerekat kardan	شرکت کردن
trainieren (vi)	tamrin kardan	تمرین کردن

trainieren (vt)	tamrin dādan	تمرین دادن
transformieren (vt)	taqyir dādan	تغییر دادن
träumen (im Schlaf)	xāb didan	خواب دیدن
träumen (wünschen)	ārezu kardan	آرزو کردن

trinken (vt)	nušidan	نوشیدن
trocknen (vt)	xošk kardan	خشک کردن
überragen (Schloss, Berg)	sar be āsmān kešidan	سر به آسمان کشیدن
überrascht sein	mote'ajjeb šodan	متعجب شدن
überschätzen (vt)	mobāleqe kardan	مبالغه کردن

übersetzen (Buch usw.)	tarjome kardan	ترجمه کردن
überwiegen (vi)	bartari dāštan	برتری داشتن
überzeugen (vt)	moteqā'ed kardan	متقاعد کردن
umarmen (vt)	dar āquš gereftan	در آغوش گرفتن
umdrehen (vt)	qaltāndan	غلتاندن

unternehmen (vt)	mobāderat kardan	مبادرت کردن
unterschätzen (vt)	dast-e kam gereftan	دست کم گرفتن
unterschreiben (vt)	emzā kardan	امضا کردن
unterstreichen (vt)	xatt kešidan	خط کشیدن
unterstützen (vt)	poštibāni kardan	پشتیبانی کردن

256. Verben V-Z

verachten (vt)	tahqir kardan	تحقیر کردن
veranstalten (vt)	taškil dādan	تشکیل دادن
verbieten (vt)	mamnu' kardan	ممنوع کردن
verblüfft sein	heyrat kardan	حیرت کردن

| verbreiten (Broschüren usw.) | towzi' kardan | توزیع کردن |
| verbreiten (Geruch) | paxš kardan | پخش کردن |

verbrennen (vt)	suzāndan	سوزاندن
verdächtigen (vt)	su'-e zann-e dāštan	سوء ظن داشتن
verdienen (Lob ~)	šāyeste budan	شایسته بودن
verdoppeln (vt)	do barābar kardan	دو برابر کردن
vereinfachen (vt)	sāde kardan	ساده کردن
vereinigen (vt)	mottahed kardan	متحد کردن
vergessen (vt)	farāmuš kardan	فراموش کردن
vergießen (vt)	rixtan	ریختن
vergleichen (vt)	moqāyse kardan	مقایسه کردن
vergrößern (vt)	afzudan	افزودن
verhandeln (vi)	mozākere kardan	مذاکره کردن
verjagen (vt)	rāndan	راندن
verkaufen (vt)	foruxtan	فروختن
verlangen (vt)	darxāst kardan	درخواست کردن
verlassen (vt)	jā gozāštan	جا گذاشتن
verlassen (vt)	rahā kardan	رها کردن
verlieren (Regenschirm usw.)	gom kardan	گم کردن
vermeiden (vt)	duri jostan	دوری جستن
vermuten (vt)	farz kardan	فرض کردن
verneinen (vt)	enkār kardan	انکار کردن
vernichten (Dokumente usw.)	az beyn bordan	از بین بردن
verringern (vt)	kam kardan	کم کردن
versäumen (vt)	qāyeb budan	غایب بودن
verschieben (Möbel usw.)	jābejā kardan	جابه جا کردن
verschütten (vt)	rixtan	ریختن
verschwinden (vi)	nāpadid šodan	ناپدید شدن
versprechen (vt)	qowl dādan	قول دادن
verstecken (vt)	penhān kardan	پنهان کردن
verstehen (vt)	fahmidan	فهمیدن
verstummen (vi)	sāket šodan	ساکت شدن
versuchen (vt)	talāš kardan	تلاش کردن
verteidigen (vt)	defā' kardan	دفاع کردن
vertrauen (vt)	etminān kardan	اطمینان کردن
verursachen (vt)	sabab budan	سبب بودن
verurteilen (vt)	mahkum kardan	محکوم کردن
vervielfältigen (vt)	kopi gereftan	کپی گرفتن
verwechseln (vt)	qāti kardan	قاطی کردن
verwirklichen (vt)	amali kardan	عملی کردن
verzeihen (vt)	baxšidan	بخشیدن
vorankommen	piš raftan	پیش رفتن
voraussehen (vt)	pišbini kardan	پیش بینی کردن
vorbeifahren (vi)	gozāštan	گذشتن
vorbereiten (vt)	āmāde kardan	آماده کردن
vorschlagen (vt)	pišnahād dādan	پیشنهاد دادن
vorstellen (vt)	mo'arrefi kardan	معرفی کردن
vorwerfen (vt)	sarzaneš kardan	سرزنش کردن

vorziehen (vt)	tarjih dādan	ترجیح دادن
wagen (vt)	jor'at kardan	جرأت کردن
wählen (vt)	entexāb kardan	انتخاب کردن
wärmen (vt)	garm kardan	گرم کردن
warnen (vt)	hošdār dādan	هشدار دادن
warten (vi)	montazer budan	منتظر بودن
waschen (das Auto ~)	šostan	شستن
waschen (Wäsche ~)	šostan-e lebās	شستن لباس
wechseln (vt)	avaz kardan	عوض کردن
wecken (vt)	bidār kardan	بیدار کردن
wegfahren (vi)	raftan	رفتن
weglassen (Wörter usw.)	az qalam andāxtan	از قلم انداختن
weglegen (vt)	morattab kardan	مرتب کردن
wehen (vi)	vazidan	وزیدن
weinen (vi)	gerye kardan	گریه کردن
werben (Reklame machen)	tabliq kardan	تبلیغ کردن
werden (vi)	šodan	شدن
werfen (vt)	andāxtan	انداختن
widmen (vt)	ehdā kardan	اهدا کردن
wiegen (vi)	vazn dāštan	وزن داشتن
winken (mit der Hand)	tekān dādan	تکان دادن
wissen (vt)	dānestan	دانستن
Witz machen	šuxi kardan	شوخی کردن
wohnen (vi)	zendegi kardan	زندگی کردن
wollen (vt)	xāstan	خواستن
wünschen (vt)	xāstan	خواستن
zahlen (vt)	pardāxtan	پرداختن
zeigen (den Weg ~)	nešān dādan	نشان دادن
zeigen (jemandem etwas ~)	nešān dādan	نشان دادن
zerreißen (vi)	pāre šodan	پاره شدن
zertreten (vt)	lah kardan	له کردن
ziehen (Seil usw.)	kešidan	کشیدن
zielen auf …	nešāne raftan	نشانه رفتن
zitieren (vt)	naql-e qowl kardan	نقل قول کردن
zittern (vi)	larzidan	لرزیدن
zu Abend essen	šām xordan	شام خوردن
zu Mittag essen	nāhār xordan	ناهار خوردن
zubereiten (vt)	hāzer kardan	حاضر کردن
züchten (Pflanzen)	kāštan	کاشتن
zugeben (eingestehen)	e'terāf kardan	اعتراف کردن
zur Eile antreiben	be ajale vā dāštan	به عجله وا داشتن
zurückdenken (vi)	be xāter āvardan	به خاطر آوردن
zurückhalten (vt)	māne' šodan	مانع شدن
zurückkehren (vi)	bargaštan	برگشتن
zurückschicken (vt)	pas ferestādan	پس فرستادن

zurückziehen (vt)	laqv kardan	لغو کردن
zusammenarbeiten (vi)	ham-kāri kardan	همکاری کردن
zusammenzucken (vi)	larzidan	لرزیدن
zustimmen (vi)	movāfeqat kardan	موافقت کردن
zweifeln (vi)	šok dāštan	شک داشتن
zwingen (vt)	majbur kardan	مجبور کردن